U0331405

高等院校旅游管理专业系列规划教材

华东师范大学精品教材建设项目

旅游政策与旅游法教程

主编 **吴文智** 副主编 **马颖杰**

上海交通大学出版社

SHANGHAI JIAO TONG UNIVERSITY PRESS

内容提要

本书结合我国旅游发展最新政策与法律文件,立足于旅游公共管理领域的理论与实践问题,通过具体案例分领域地介绍、解析、应用当前的政策与法规内容,以案说法,系统地阐述我国旅游政策与公共管理、旅游法律法规体系。本书既适用于普通高等院校、高职高专旅游专业教学,也适合旅游行政管理部门、旅游培训机构、旅游企业等相关人员学习和参考。

图书在版编目(CIP)数据

旅游政策与旅游法教程/ 吴文智主编. —上海:
上海交通大学出版社,2024.1
ISBN 978 - 7 - 313 - 29485 - 2

Ⅰ.①旅… Ⅱ.①吴… Ⅲ.①旅游业-方针政策-中国-教材②旅游业-法规-中国-教材 Ⅳ.①F592.0
②D922.296

中国国家版本馆 CIP 数据核字(2023)第 177344 号

旅游政策与旅游法教程
LÜYOU ZHENGCE YU LÜYOUFA JIAOCHENG

主　　编:	吴文智		
出版发行:	上海交通大学出版社	地　　址:	上海市番禺路 951 号
邮政编码:	200030	电　　话:	021 - 64071208
印　　制:	上海景条印刷有限公司	经　　销:	全国新华书店
开　　本:	787 mm×1092 mm　1/16	印　　张:	16.5
字　　数:	357 千字		
版　　次:	2024 年 1 月第 1 版	印　　次:	2024 年 1 月第 1 次印刷
书　　号:	ISBN 978 - 7 - 313 - 29485 - 2		
定　　价:	59.00 元		

前　言

党的二十大报告指出,我们要坚持走中国特色社会主义法治道路,建设中国特色社会主义法治体系、建设社会主义法治国家,围绕保障和促进社会公平正义,坚持依法治国、依法执政、依法行政共同推进,坚持法治国家、法治政府、法治社会一体建设,全面推进科学立法、严格执法、公正司法、全民守法,全面推进国家各方面工作法治化。在此背景下,本书以党中央、国务院出台的关于旅游业发展最新政策意见和修订后的《中华人民共和国旅游法》及相关法律法规为依据,紧紧围绕旅游公共管理这一主线,结合旅游专业教育和旅游行业发展的实际需要,以旅游公共管理部门和旅游业从业人员应具备的旅游政策、法律法规知识为出发点,较为全面地介绍旅游发展所涉及的最新政策与法律法规,并力求与旅游业发展的现实问题、实际案例和最新动态相结合,从而保证教学内容的全面性、规范性,同时也做到课程学习的实用性、时效性。同时,融入多年的课程教学经验,在使用本教材中可以更加注重模块化、专题性教学,更多地引入案例讲解、小组研讨、翻转课堂等教学方法,更好地激发学生参与课堂的兴趣,增加学生的主动性和表现感。

基于上述背景和教学主线,本书编写团队对原先编写的教材进行修订,是原先教材思路的延续、更新和拓展。① 延续。本次修订延续了原先教材注重系统性与思政性的风格和特点,始终秉承教与学相结合,以及理论与实践相结合的"两结合"教学理念。② 更新。根据新的政策与法律、法规、规范性文件,同时吸收国内外最新研究成果及作者研究经验,对全书内容进行了大范围的修改和补充。③ 拓展。在旅游政策部分,增加了旅游公共政策内容,突出在新时代下旅游发展的公共使命与公共事业属性。

在旅游法部分，吸收了生态文明思想中的"人-地-业"协同发展理念，在概述旅游法规的基础上，按照人（第五章、第六章）、地（第七章、第八章）、业（第九章至第十三章）的思路调整了体例结构。

经过本次修订，全书的内容和体例较原先教材都有调整和增删，共分为十三章内容。全书具体分工如下：本书修订由吴文智、马颖杰拟定修订提纲、补充编写与修订要点，并组织专门的课题组协助补充修订，其中第一、二、五章由崔春雨协助修订与补充编写，第三、四、六、十三、十四章由岳菊协助修订与补充编写，第七、八、九章由乔萌协助修订，第十、十一章由李梦莲协助修订，第十二章由李卓允协助修订，第十三章由李慧如协助修订；其中张薇、吴天一、王丹、侯雅婷、周佳宁参与了原先教材相关章节内容编写工作，吴文智、马颖杰、许建波负责最后统稿与校对工作。

总之，本书结合我国旅游发展最新政策与法律文件，立足于旅游公共管理领域的理论与实践问题，通过具体案例分领域地介绍、解析、应用当前的政策与法规内容，以案说法，系统地阐述我国旅游政策与公共管理、旅游法律法规体系，既适用于普通高等院校、高职高专旅游专业教学，如旅游政策与旅游法规（建议54课时）、旅游公共管理（建议36课时）、旅游法（建议36课时）等课程，也适合旅游行政管理部门、旅游培训机构、旅游企业等相关人员学习和参考。

目　录

第一章

旅游政策概述

学习要点

- 旅游政策的概念、特征及构成。
- 国家旅游政策的制定与演变过程。
- 当前国家旅游业发展政策的解读。

第一节 旅游政策的基本内涵

一、旅游政策的概念与特征

（一）旅游政策的概念

旅游经济的稳定运行高度依赖国家的制度环境保障，要与国家经济社会发展的战略目标保持一致[①]。一般来说，旅游政策既是规章、规则、准则、指示，也是发展或促进的目标和战略，是国家权力组织为实现一定时期内旅游发展目标而规定的行动准则，既包括指明前进目标的发展方针，也包括管制前进过程中的行为准则的具体政策[②]。本书进一步认为，旅游政策是指党和政府为实现旅游业发展使命与目标而制定的行动准则，是党的政策在旅游业发展中的具体体现。党的政策是旅游政策制定的根本依据，旅游政策是党的政策在旅游业发展中的具体贯彻与落实。

旅游政策的制定主体一般为党与政府，通常为党中央与各级党组织、国务院及地方各级政府发布的规范性文件，包括具有约束力的决定、命令、规定、办法、实施细则、意见、通知等。旅游政策按内容可分为基本旅游政策和具体旅游政策，按层次可分为全国性旅游政策、地方性旅游政策等，其目标在于促进某个特定时期内国家或某一地区旅游业的发展。

---

① 唐晓云.中国旅游发展政策的历史演进（1949～2013）：一个量化研究的视角［J］.旅游学刊,2014,29(08)：15-27.

② 沈姗姗,苏勤.中国旅游政策研究综述［J］.资源开发与市场,2008,24(8)：2-4.

（二）旅游政策的特征

全国性旅游政策的制定主体为党中央与国务院,更为具体和更为广泛的旅游政策由国务院旅游行政管理部门依据党的政策、法律法规和国务院制定的全国性旅游政策而制定。各级地方党委、政府及其旅游行政管理部门均可在自己的职权范围内,依据党中央和国务院的政策、法律法规,以及上级政府及旅游行政管理部门制定的旅游政策,结合本地区旅游业发展的实际,制定本地区的旅游政策。总的来看,我国的旅游政策具有制定的灵活性、内容的复合性、主体的层次性、目标的差异性和具体条款的弹性等特征。

1. 制定的灵活性

一般而言,较之旅游法律法规与标准,旅游政策制定的周期相对较短,能够针对某一时期旅游发展的实际需要作出反应。在一些具体问题上,这种灵活性和及时性表现得更为明显。例如,为了应对2020年新冠疫情对旅游业的影响,帮助旅游企业脱困,文旅部发布了《关于暂退部分旅游服务质量保证金支持旅行社应对经营困难的通知》(2020年);各地方也积极响应,如海南省政府就出台了《应付新型冠状病毒肺炎疫情支持海南旅游企业共渡难关六条措施》(2020年)。

2. 内容的复合性

旅游业是一项综合性产业,涉及食、住、行、游、购、娱等方方面面的内容,因此旅游业的政策往往也会体现出内容复合性的特征。例如《国务院关于进一步加快旅游业发展的通知》(2001年)就涉及财政、税收、价格、交通、签注等多个领域。此外,由于旅游行政管理部门自身职权有限,很难单独提出促进旅游发展的有关政策,往往需要同各个部门进行协调,共同出台一些利好政策。例如,《关于大力发展旅游业促进就业的指导意见》(2008年)则由国家计划委员会原国家旅游局、人力资源和社会保障部、商务部、财政部、中国人民银行六家联合下发。

3. 主体的层次性

根据制定主体的不同,旅游政策主要包括五大层级。

一是党中央与国务院出台的旅游政策。一般以"国发"或者"国办发"形式体现,国务院出台的旅游政策层级最高,对与旅游业发展相关的各部委办局,以及地方政府发展旅游业都有很强的指导性。例如,《国务院关于促进旅游业改革发展的若干意见》(2014年)、《关于促进全域旅游发展的指导意见》(2018年)、《关于进一步激发文化和旅游消费潜力的意见》(2019年)等。

二是文化和旅游部与其他部门联合发布的政策性文件。在实际操作中,一般是文化和旅游部负责起草,由涉及政策的其他部门会签以后共同发布。由部门联合发文体现的是一种部门合作推进旅游发展的工作方式,这也有利于地方相关部门共同来落实政策。例如,文化和旅游部、国家发展改革委、财政部联合发布的《关于推动公共文化服务高质量发展的意见》(2021年),其发文对象是各省、自治区、直辖市文化和旅游厅(局)、发展改革委、财政厅(局)。

三是文化和旅游部单独下发的政策性文件。一般而言,这类文件的政策基本上在旅游行政管理部门的职能范围就能够落实,文件的执行者基本上是地方文旅部门。例如,文化和旅游部发布的《关于推动数字文化产业高质量发展的意见》(2020年)就体现了这一特点。

四是文化和旅游部内部司(室)发布的政策性文件。实际工作中,由于制定主体层级不高,其内容都与文件发布司(室)的具体业务相关。

五是地方政府发布的旅游政策文件。多数省级地方政府结合地方发展实际,发布进一步贯彻落实国发文件的意见、通知或是决定,这些政策文件往往都包含了更为具体和明确的政策内容。例如,在《国务院关于进一步加快旅游业发展的通知》(2001年)中,只是大体规定了"加大对旅游业的支持力度",而在《浙江省人民政府关于进一步加快旅游产业发展的若干意见》(2001年)中就明确提出了"省政府2001年至2002年每年再安排风景旅游专项资金5 000万元",用于风景区的建设和贴息、旅游精品项目的贷款贴息、扶持精品旅游线路的开发、公益性旅游项目的建设、旅游商品开发等。

4. 目标的差异性

旅游政策目标的差异性主要体现在不同的发展阶段、不同地区之间由于旅游发展水平不同,对发展旅游促进经济社会发展的着眼点不同,其旅游政策的目标也各有差异。比如,在我国改革开放初期,旅游政策的目标可能更注重提高旅游的供给水平,或是更注重满足入境游客的需要。进入21世纪以后,我国政策更加关注如何释放国民旅游需求,如何更好地满足迅速扩大的国内旅游市场的需要。此外,我国东、中、西部旅游特点不同,经济社会发展总体水平也有很大差异,旅游政策在制定中各地方的侧重点肯定也会有所差别。

5. 具体条款的弹性

政策有时会因环境条件发生变化,产生无法适应或推行的状况。而具有一定弹性条款的政策能够自动修正,消弭外部环境变化所导致的政府实施困境,从而增加政策的可执行度。因此,层级越高的政策,一般只对某些带有普遍性的问题作出大致的规定和说明,以保证政策的弹性,这也便于给地方在制定更为具体的政策时留下更大空间。特别针对我国地区差异较大的现实国情,保持政策条款的弹性显得更加重要。一个典型例子就是《国务院关于进一步加快旅游业发展的通知》(2001年)中提出的"对宾馆、饭店实行与一般工商企业同等的用水、用电、用气价格"。由于水电气的定价权多数在地方,如果统一用更为优惠的"工业价格"标准(一般而言,工业企业水电气价格低于商业企业,更低于一些特种行业),许多地方就有可能无法执行而使这一条款达不到实际的效果。而用"工商企业"表述,则可以基本保证宾馆、饭店的水电气价格不高于商业企业的价格,同时也给那些政策操作能力强的地方预留了政策拓展空间。从实际执行情况看,到2008年,虽然这条政策只有不到一半省(区、市)争取到工业价格,但绝大多数地区的宾馆、饭店水电气价格至少没有按照高于商业企业的价格执行①。

---

① 魏小安,等.旅游政策与法规[M].北京:北京师范大学出版社,2009:81-83.

二、旅游政策的一般构成

（一）宏观政策与微观政策

1. 旅游宏观政策：从宏观层面为旅游发展提供基本保障

我国旅游宏观政策主要是政府从国民经济与社会发展全局出发，在内外复杂因素叠加背景下，根据社会经济条件和旅游发展的具体情况制定的一系列统筹性措施和办法。宏观政策从整个经济社会发展全局的角度统筹旅游业的发展，引导旅游业的走向，其重要作用表现为以下几个方面。

（1）有利于明确旅游业的产业地位。1998年，中央政策确立了旅游业作为国民经济新增长点的产业地位。2003年，温家宝总理提出把旅游业培育成国民经济的重要产业。2009年，国务院41号文件把旅游业定位为国民经济的战略性支柱产业和人民群众更加满意的现代服务业。2015年，旅游业被定位为现代服务业的重要组成部分。依据我国宏观的经济走向及未来旅游业的发展状况，我国政府在宏观政策中将进一步明确旅游业在国民经济与社会发展中的地位，这对旅游业发展具有至关重要的意义。

（2）有利于形成高层次的旅游协调机制。旅游业是新兴的综合性很强的经济产业，涉及很多行业和部门，旅游业发展离不开相关部门的协调配合与支持。因此，旅游宏观政策可以引导设立高层次的旅游工作领导小组或协调机构，有效协调解决旅游业发展中的重大问题；同时可以加强相关政策协调，争取发改委、自然资源、农业农村、财政、银行、交通、商务、卫健、教育等部门在制定相关政策和编制有关规划时，充分考虑旅游业发展的要求，以便在国家决策这一层面上形成合力。

（3）有利于加大对旅游业的导向性投入。旅游业发展需要中央和地方财政增加基础性和导向性投入，并安排一定数量的旅游专项资金。特别是在国民经济与社会发展长期规划和年度计划中，都需要通过宏观政策的协调，安排一定的财政资金，用于旅游基础设施建设和重点旅游项目的投资；同时，还需要安排一定数额的财政贴息贷款来扶持旅游企业进行设施改造和重大技术装备更新。

（4）有利于从国家层面促进旅游形象宣传。面对竞争激烈的国际旅游市场，各个国家都在不断提高或大幅度增加国际旅游促销经费，加强国家旅游形象宣传。目前，我国的旅游宣传促销经费与旅游创汇低于世界平均水平，这与我国建设世界旅游强国的目标不相适应。为此，要通过一些宏观政策安排，进一步增加国家层面的旅游促销经费，加大对客源市场的宣传促销力度，增强中国旅游业在国际市场上的主动权与影响力。

2. 旅游微观政策：从微观层面深入旅游方方面面

旅游宏观政策着眼于对国家旅游业发展的综合调控与促进，而旅游微观政策聚焦于旅游业发展的具体领域或某些环节的鼓励、扶持、约束与控制。典型的旅游微观政策包括乡村旅游、红色旅游、研学旅游、康养旅游等领域发展政策和旅游人才、旅游用地、旅游金融等引导政策。

（二）中央旅游政策与地方旅游政策

中央旅游政策一般指由党中央、国务院根据我国经济社会发展的阶段要求制定的有关旅游业发展的大政方针意见，它是地方政策制定的基本依据。典型的中央旅游政策包括《关于加快发展旅游业的意见》（国发〔2009〕41号）、《国民旅游休闲纲要（2013—2020年）》（国发〔2013〕10号）、《关于促进旅游业改革发展的若干意见》（国发〔2014〕31号）等。

地方旅游政策是各级地方政府在贯彻落实中央政策的基础上，结合地方旅游业发展的具体情况提出的一系列措施要求。相较于中央旅游政策，地方旅游政策有更强的指向性、针对性和可操作性。比如，2015年9月出台的《杭州市农村现代民宿业扶持项目实施方案（试行）》，就十分具体地提出了对杭州市发展民宿的鼓励性补助措施；又如，2021年《关于支持上海旅游业提质增能的若干措施》，提出引导旅游数字化转型，支持运用数字全息、VR等技术发展全景旅游、沉浸式旅游等虚拟现实交互旅游场景，逐步实现上海旅游产业的未来赋能。

 **课堂讨论**

文旅数字化转型的"上海方案"

《上海市全面推进城市数字化转型的实施意见》和《推进城市数字化转型构建高质量数字生活行动方案（2021—2023年）》发布以来，上海市文旅局边调研、边谋划，着眼于总结行业现状，提炼现有问题，探索研究文化和旅游数字化转型总体框架，确立了文旅数字化转型"1-2-N"的重点任务框架。"1"是文旅线上总门户，整合线上线下资源，升级打造"乐游上海"线上服务矩阵；"2"是支撑手段，从提升数字治理能力和公共服务能效维度切入，搭建"文旅通"和"随身码·文旅"两个打通全行业数据链路的数字化平台系统，打造全数据赋能的上海数字文旅中心；"N"是应用场景，聚焦提升市民游客体验感，推动数字景区、数字酒店、数字文化场馆建设全面发力。

上海文旅数字化转型主要以文旅数字化服务升级和文旅数字化体验提升为抓手：一是推动文旅数字化服务，构建汇聚数字基础设施、多源数据资源、现代应用技术于一体的数字文旅底座，以"文旅通""文旅码""文化云"为核心载体搭建泛在通用、智能协同、开放共享的新型数字文旅服务架构，为市民游客提供便捷、高效的文旅服务。二是提升文旅数字化体验，加快各环节的数据融通和技术赋能，综合运用5G、人工智能、物联网等现代技术，推动"数字场馆""数字酒店""数字景区"建设，打造融入市民日常生活空间的数字文旅应用场景。建立"乐游上海"线上服务矩阵，跨部门、跨层级整合信息发布渠道、融合优质内容，打造面向市民游客的一站式文旅公共服务门户。

以"强通用性、强交互性、高集智性和高增值性"为特征的数字时代的来临，正在激活文化和旅游资源，为文旅产业发展注入新活力。上海市文化和旅游局局长方世忠曾在接受采访中表示：文旅是数字化、元宇宙落地的优质入口。上海文旅将继续坚持整体性转变、全方位赋能、革命性重塑,全面推进文旅经济、生活、治理数字化转型。"科技＋旅游"将成为文旅行业提升发展的必由之路,上海文旅数字化转型未来可期!

材料来源(节选,有删减): 文旅要闻·上海市文化和旅游局.数字化创新实践赋能上海文旅行业发展[EB/OL]. (2022 - 10 - 24)[2023 - 05 - 26]. https://whlyj.sh.gov.cn/wlyw/20221024/7ef2b42e58db476998a7b3a5fd4bb251.html

第二节　国家旅游政策的制定与演变

一、国家旅游政策的制定

改革开放以来,我国旅游政策随着旅游业的发展而变化,不同时期各种政策的安排为旅游业的发展提供了强大的助力。具体来看,改革开放初期的旅游政策以发展入境旅游为主,目的在于赚取外汇、积累资本。国内旅游兴起阶段,旅游经济功能仍被政府高度关注,这一时期政策文件的精神要求和内容举措也以通过旅游业来带动经济发展为主。进入新世纪后,旅游政策的制定与时俱进,体现了时代精神内核,以及对经济、社会、文化、生态效益的关注。

根据国家信息中心、国家法律法规数据库、国务院官方网站、《中国旅游大事记》等相关政策文件内容梳理,本书列示了改革开放以来各时期能够代表我国旅游业政策制定发展史的一些重要制度文件,如表1-1所示。

表1-1　我国改革开放以来各时期代表性旅游政策文件列示

年　份	政　策　名　称	发文机关	发文字号
1988	《关于加强旅游工作的意见》	国务院办公厅	国办发〔1988〕80号
2000	《关于进一步发展假日旅游若干意见的通知》	国务院办公厅	国办发〔2000〕46号
2001	《国务院关于进一步加快旅游业发展的通知》	国务院办公厅	国发〔2001〕9号
2009	《关于推进海南国际旅游岛建设发展的若干意见》	国务院办公厅	国发〔2009〕44号
2009	《关于加快发展旅游业的意见》	国务院办公厅	国发〔2009〕41号
2012	《关于进一步做好旅游等开发建设活动中文物保护工作的意见》	国务院办公厅	国发〔2012〕63号
2014	《关于促进旅游业改革发展的若干意见》	国务院办公厅	国发〔2014〕31号
2015	《关于进一步促进旅游投资和消费的若干意见》	国务院办公厅	国办发〔2015〕62号
2016	《关于进一步扩大旅游文化体育健康养老教育培训等领域消费的意见》	国务院办公厅	国办发〔2016〕85号

年 份	政 策 名 称	发文机关	发文字号
2018	《关于促进全域旅游发展的指导意见》	国务院办公厅	国办发〔2018〕15 号
2019	《关于进一步激发文化和旅游消费潜力的意见》	国务院办公厅	国办发〔2019〕41 号
2022	《"十四五"旅游业发展规划》	国务院办公厅	国发〔2021〕32 号

二、国家对旅游业发展的政策演变

国家旅游政策的演变是我国旅游业转型升级的必然结果,也是我国改革开放和经济社会转型发展的必然要求。因此,本书以改革开放为起点,考察我国国家旅游政策的演变过程为起步探索(1978—1989 年),发展转轨(1990—2009 年),积蓄突破(2010—2018 年),改进提升(2019 年至今)四个阶段。

(一) 起步探索阶段(1978—1989 年)

1978 年,邓小平同志在黄山考察期间提出"旅游业要变成综合性的行业;大力发展旅游业要将关注重点放在引进先进管理和吸收外资上"等重要论断,对后来的旅游发展有着重要的历史意义。国务院发布的《关于加强旅游工作的意见》(1988 年)指出,"我国旅游事业迅速发展,在增加我国非贸易外汇收入、促进对外经济贸易和文化交流、增进同世界各国人民的相互了解和友谊等方面发挥了积极作用",并提出应进一步提高我国旅游业的创汇水平和经济效益。在这一阶段,国家旅游政策主要着眼于如何解决旅游业发展起步阶段的一系列问题。例如,如何通过旅游业达到补充外汇短缺的目标、如何把旅游业作为经济产业来建设等。

这一阶段中,旅游业仍是作为外事工作的一部分进行发展,系列政策的出台也以规制入境游为主。从政策结果上看,这一时期入境游得到从无到有的跨越式增长,其中入境游客从 1978 年的 180.92 万人次增长到 1989 年的 2 450.14 万人次,国际旅游外汇收入从 263 万美元增长到 1 860 万美元。同时,我国旅游发展在此阶段也开始了从国家专营产业向市场化运营转变。

(二) 发展转轨阶段(1990—2009 年)

随着国家经济实力迅速提升、国民收入不断增加和节假日制度的进一步实施,国内旅游的人数日益增多、范围不断扩大,国内旅游市场也开始形成。我国旅游相关政策文件出台的数量呈现出了爆发式的增长,这一方面归结于起步探索阶段后,旅游产业正式作为国民经济的支柱产业开始重点推进;另一方面归结于我国正式加入 WTO 后,对旅游产业的行业标准、公共设施供给、人才培养、财政及税收政策等诸多方面都提出了与国际接轨的要求。

这一阶段的标志性文件,一是《关于积极发展国内旅游业的意见》(1993 年),提出了在原有国际旅游的基础上,应大力开发国内旅游,并且以旅游业的发展来带动相关一系列产业和文化事业的发展与繁荣;二是《关于进一步做好假日旅游工作的若干意见》(2000

年），文件具体对春节、"五一"和"十一"三个黄金周期间的国内旅游进行了工作指导和布置，居民闲暇时间的增多使国内旅游出现"井喷"现象，显示了国内旅游强劲的内生性消费需求；三是《国务院关于进一步加快旅游业发展的通知》（2001 年）和《关于加快发展旅游业的意见》（2009 年）的出台，明确提出了要"要树立大旅游观念，深化旅游业改革开放，进一步发挥旅游业作为国民经济新增长点的作用"。

这一阶段中，国内旅游已成为中国旅游业的基础和支柱。国内旅游人数长期保持在另外两个市场之和的 10 倍左右，收入远远超过其他两个市场。据统计，到 2006 年国内旅游规模已达到 16.1 亿人次，人均出游一次以上；2007 年我国国内旅游收入达到了 711 亿元，是 1994 年的 8.9 倍。这说明国内旅游已经成为国民生活中不可或缺的重要内容，是中国旅游发展的核心动力和最大市场。

（三）积蓄突破阶段（2010—2018 年）

在旅游业快速发展三十年之后，我国开始认识到旅游业发展对环境及目的地社会的负面影响作用。尤其是 2013 年"两山理论"和"一带一路"倡议的提出，成为至今包括文化和旅游在内所有部门在进行政策制定时必须考虑的背景要求。我国也意识到旅游业不仅具有经济功能，还具有改善环境、发展文化、增进交流、提升国民福利等社会功能。

这一阶段的标志性文件，一是 2014 年国务院发布的《关于促进旅游业改革发展的若干意见》（2014 年），明确提出要深化改革，强调"依法兴旅"，大力培育旅游业的发展引擎，进一步完善旅游业的相关发展政策措施，结合国内外环境优化旅游业发展途径，全面拓宽旅游业的发展边界。这一时期，政府加快职能转变，进一步简政放权，使市场在资源配置中起决定性作用，中央开始从政府管理和市场机制上给旅游业"松绑"。二是 2018 年发布的《关于促进全域旅游发展的指导意见》（2018 年）提出"处处都是旅游环境，人人都是旅游形象"的理念，明确旅游发展全域化、旅游供给品质化、旅游效益最大化的发展目标。

这一阶段中，国内游依然处于爆发式增长的状态，随着 2010 年一系列政策的出台，国内游客从 2010 年的 21 亿人次增长到了 2018 年的 55 亿人次，国内旅游总收入从 12 579.80 亿元增长到 51 278.29 亿元，旅行社个数从 22 784 增长到 37 309 个。旅游业在各个经济部门的发展计划中不断出现，表明其在国民经济中的地位进一步凸显，旅游业的市场化水平与多元化格局进一步提高。

（四）改进提升阶段（2019 年至今）

随着我国旅游市场的成熟发展，国家旅游政策也在逐步成型。文化和旅游部的成立使得我国文化和旅游产业融合发展进入了系统化、法制化轨道，从此我国进入文化和旅游产业改进提升阶段。

这一阶段的标志性文件，一是《关于进一步激发文化和旅游消费潜力的意见》（2019 年）明确提出"顺应文化和旅游业提质转型升级新趋势，进一步深化文化和旅游两个领域的供给侧改革，推动居民在文化和旅游产业中的消费规模保持高速增长"。这一时期，如何加快解决旅游发展过程中供给与需求矛盾，如何促进文旅产业融合发展，进一步激发旅游消费潜力，是实现旅游产业高质量发展的重要途径。二是 2020 年新冠疫情暴发后，《关于促进服务业领域困难行业恢复发展的若干政策》(2022 年)成为疫后旅游产业复苏的重要推动政策。

2020 年新冠疫情的暴发导致出入境旅游和国内旅游业务几乎处于停滞状态,沉重打击了旅游业及相关产业的持续发展,也为数字化旅游的建设,旅游多元化的发展提供了契机。

专栏 1

国家发展改革委会同文化和旅游部等
有关部门制定出台政策推动旅游业恢复发展

新冠疫情发生以来,党中央、国务院高度重视旅游业面临的困难。国家发展和改革委、文化和旅游部等 14 个部门联合印发了《关于促进服务业领域困难行业恢复发展的若干政策》,将旅游业作为重点帮扶行业之一,有针对性地推出一揽子帮扶政策措施,包括 7 项旅游业专项政策、10 项适用于旅游业的普惠性政策,着力缓解旅游业保市场主体、保就业、稳预期压力,将为广大旅游企业渡过现阶段难关、尽快恢复发展提供有力支持,有利于稳住行业基本盘,进一步增强行业发展信心。

新冠肺炎疫情的发生,对我国旅游业造成巨大冲击。随着国内抗疫成果持续巩固和前期纾困政策落实,大多数行业逐步企稳复苏、向好发展。但旅游业因具有人员接触、聚集和流动等特点,受国外疫情扩散蔓延、国内散发和局部聚集性疫情时有发生的影响,入出境团队旅游暂停、国内市场需求不足,旅游业持续承压,至今尚未完全摆脱疫情影响的困境。2020 年,国内旅游人数 28.79 亿人次,国内旅游收入 2.23 万亿元,较 2019 年分别下降 52.1% 和 51%。2021 年,国内旅游人数 32.46 亿人次,国内旅游收入 2.92 万亿元,较 2020 年有所恢复,但仍比 2019 年下降 46% 和 49%。

材料来源:

[1] 中华人民共和国中央人民政府.《文化和旅游部办公厅关于抓好促进旅游业恢复发展纾困扶持政策贯彻落实工作的通知》[EB/OL]. (2022 - 04 - 01)[2023 - 05 - 26]. https://www.gov.cn/zhengce/zhengceku/2022-04-01/content_5682858.htm

[2] 中华人民共和国文化和旅游部.2020 年国内旅游数据情况[EB/OL]. (2021 - 02 - 18)[2023 - 05 - 26]. https://zwgk.mct.gov.cn/zfxxgkml/tjxx/202102/t20210218_921658.html

---

第三节　当前旅游业发展政策解读

一、国家全域旅游示范区相关政策解读

为全面迎接大众旅游时代到来,促进旅游产业更好服务于经济转型发展,原国家旅游

局于 2015 年正式提出全域旅游战略,并正式启动全域旅游示范区创建工作①。

《关于开展"国家全域旅游示范区"创建工作的通知》(2015 年)中提出:"全域旅游是指在一定的行政区域内,以旅游业为优势主导产业,实现区域资源有机整合、产业深度融合发展和全社会共同参与,通过旅游业带动乃至于统领经济社会全面发展的一种新的区域旅游发展理念和模式。"为各地全域旅游的发展明确了方向。随后,相继发布的《全域旅游示范区创建验收标准》(2016 年)、《国家全域旅游示范区认定标准》(2016 年)和《全域旅游示范区创建工作导则》(2017 年)明确了各省份全域旅游示范区的创建目标和方向、验收标准,以及具体的创建任务。2017 年 8 月,原国家旅游局发布《2017 全域旅游发展报告》,对全域旅游发展进行了阶段性总结。

全域旅游的创建工作受到了国家重视,国务院在 2017 年的政府工作报告中明确提出"大力发展乡村、休闲、全域旅游"的要求。次年,国务院办公厅出台《关于促进全域旅游发展的指导意见》,进一步明确了全域旅游的工作部署和总体要求。

(一)国家全域旅游示范区的创建对象及主体

《文化和旅游部办公厅关于修订印发〈国家全域旅游示范区验收、认定和管理实施办法(试行)〉和〈国家全域旅游示范区验收标准(试行)〉的通知》(2020 年)明确地界定了国家全域旅游示范区的创建对象,此次修订的《国家全域旅游示范区验收、认定和管理实施办法(试行)》中明确指出:"示范区是指将一定行政区划作为完整旅游目的地,以旅游业为优势产业,统一规划布局,创新体制机制,优化公共服务,推进融合发展,提升服务品质,实施整体营销,具有较强示范作用,发展经验具备复制推广价值,且经文化和旅游部认定的区域。"

全域旅游示范区的创建对象可分为全域旅游示范县(含县级市)和全域旅游示范市(州)。各地首批申报全域旅游示范区,原则上各市(州)申报 1 个县(市、区),有条件的可视情申报市(州)为创建对象。创建主体为县、市(州)人民政府,成熟一批公布一批。原国家旅游局先后公布了两批国家全域旅游示范区创建名单:2016 年 2 月,原国家旅游局公布了首批国家全域旅游示范区创建名录,共计 262 个;2016 年 11 月,原国家旅游局公布了第二批国家全域旅游示范区创建名录,共计 238 个。

截至 2020 年 12 月,文化和旅游部在确定 500 家国家全域旅游示范区试点单位的基础上,于 2019 年 9 月 25 日公布了首批国家全域旅游示范区名单,共 71 个区县市,于 2020 年 11 月 18 日公布了第二批国家全域旅游示范区名单,共 97 个区县市,两批共 168 个创建成功的国家全域旅游示范基地。这也带动了一批省级全域旅游示范区的建设,对不断提高旅游目的地品质、提升旅游业发展水平、更好地满足广大人民群众的旅游需求起到了重要的促进作用。

(二)国家全域旅游示范区主要考核指标及申报程序

为进一步发挥旅游业在转方式、调结构、惠民生中的作用,实现旅游业与其他行业产

———

① 石培华,张毓利,徐楠,等.全域旅游示范区创建的经济发展效应评估研究:基于中国重点旅游城市的实证检验[J].贵州社会科学,2020(05):117-124.

业的深度融合,原国家旅游局发布了《关于开展"国家全域旅游示范区"创建工作的通知》(2015年)、《国家全域旅游示范区验收、认定和管理实施办法(试行)(2020年修订版)》和《国家全域旅游示范区验收标准(试行)(2020年修订版)》,规定了国家全域旅游示范区创建的申报程序、考核指标和验收标准,不仅是全域旅游从理念向实践落实的重要推动,也是地方践行全域旅游的重要指引。

在申请流程上,《关于开展"国家全域旅游示范区"创建工作的通知》(2015年)规定的国家全域旅游示范区申报程序包括申报-推荐-确定创建名单-组织验收四个环节。首先,由申报单位按照自愿申报的原则,根据相关条件进行自检后,由县、市(州)人民政府向省旅游主管部门提交全域旅游示范区申报材料及不少于一年的创建工作计划;然后,省旅游主管部门对收到申报材料进行审核,合格后择优向原国家旅游局推荐;而后,原国家旅游局根据各地申报情况,组织专家对申报材料进行审核、检查,确定同意创建的县、市(州)名单后对外公布;最后,创建单位应开展不少于一年的创建工作,创建工作完成后,市(州)旅游局初检,省旅游局复检合格后,向原国家旅游局提出正式验收申请,原国家旅游局组织专家验收合格、公示无异议后,正式确定为"国家全域旅游示范区"。

在考核指标上,《关于开展"国家全域旅游示范区"创建工作的通知》(2015年)规定,"① 旅游业增加值占本地GDP比重15%以上""② 旅游从业人数占本地就业总数的比重20%以上""③ 年游客接待人次达到本地常住人口数量10倍以上""④ 当地农民年纯收入20%以上来源于旅游收入""⑤ 旅游税收占地方财政税收10%左右"和"⑥ 区域内有明确的主打产品,丰度高、覆盖度广"为全域旅游示范区创建的六大考核指标。

在验收标准上,《国家全域旅游示范区验收、认定和管理实施办法(试行)(2020年修订版)》和《国家全域旅游示范区验收标准(试行)(2020年修订版)》规定,文化和旅游部以省级文化和旅游行政部门上报的县级、地级创建单位的初审验收报告等材料为认定参考依据,并组织召开专家评审会从"体制机制(90分)""政策保障(140分)""公共服务(230分)""供给体系(240分)""秩序与安全(140分)""资源与环境(100分)""品牌影响(60分)"和"创新示范(200分)"八个方面进行评分,并针对安全生产事故(35分)、市场秩序问题(30分)和生态环境破坏(35分)等问题进行扣分;若近三年存在重大安全事故、重大市场秩序问题和重大生态环境破坏,以及"厕所革命"不达标的情况将不予审核。

二、国家红色旅游发展政策

(一) 红色旅游内涵

在中国,红色旅游的形成和发展与爱国主义、思想政治和革命传统教育活动密不可分,是一种集参观、体验、学习和教育为一体的专项旅游活动[①]。新中国成立后,大部分革命圣地、纪念地和革命遗址等红色旅游资源被作为爱国主义教育、革命传统教育,以及思想政治教育阵地得到了有计划开发与建设。但新中国成立后至改革开放前这段时期的红

---

① 刘海洋,明镜.红色旅游:概念、发展历程及开发模式[J].湖南商学院学报,2010,17(01):66-71.

色旅游活动具有明显政治接待特征,缺少现代旅游活动的主要元素,不是真正意义上的红色旅游。

"红色旅游"一词最早可以追溯到 2000 年江西的"红色之旅"旅游专线,进而引起了学界的广泛关注,很多学者对红色旅游的概念作出界定。其中,国家发布的《2004—2010 年全国红色旅游发展规划纲要》(2004 年)中将红色旅游定义为"以中国共产党领导人民在革命和战争时期建树丰功伟绩所形成的纪念地、标志物为载体,以其所承载的革命历史、革命事迹和革命精神为内涵,组织接待旅游者开展缅怀学习、参观游览的主题性旅游活动",并在《2011—2015 年全国红色旅游发展规划纲要》(2011 年)中将红色旅游的内涵延展为"鸦片战争到改革开放时期所有体现爱国主义和伟大民族精神的历史文化遗产",这一界定得到了广泛的认可和应用。

(二) 相关政策解读

目前,在以国内大循环为主体的国内国际双循环旅游发展格局下,红色旅游的高质量发展有助于拉动旅游内需和激发国内旅游文化消费动能,有助于增强国民文化认同和价值认同,有助于构建革命老区和贫困地区实现可持续减贫的长效机制,具有重要的理论意义、政策含义和实践价值。

《中共中央关于制定国民经济和社会发展第十四个五年规划和 2035 年远景目标的建议》(2020 年)首次提出了"满足人民文化需求与增强人民精神力量相统一"的目标,要求推动文化和旅游融合发展,发展红色旅游和乡村旅游。为发挥红色旅游的经济意义、社会意义和政治意义,国家政策引导各地制定实施门票优惠补贴等政策,支持一批智慧红色旅游景区建设,发展新一代沉浸式体验型红色旅游产品,推出一批具有代表性的智慧红色旅游景区(见表 1-2)。

表 1-2 我国红色旅游行业相关政策

时　间	政　策	制定部门	相　关　内　容
2022.02	《关于利用文化和旅游资源、文物资源提升青少年精神素养的通知》	文旅部	明确提出推动红色旅游资源进行校园等
2021.06	《"十四五"文化和旅游发展规划》	文旅部	深入推进大众旅游,大力发展智慧旅游和红色旅游,提供更多优质旅游产品和服务,完善旅游公共设施,提升旅游服务质量等
2021.02	《关于新时代支持革命老区振兴发展的意见》	国务院	提出坚持统筹谋划、因地制宜、各扬所长,聚焦重点区域、重点领域、重点人群,巩固拓展脱贫攻坚成果,促进革命老区振兴发展;加快完善革命老区基础设施,发展特色产业体系,提升创新能力,培育革命老区振兴发展新动能,提高经济质量效益和核心竞争力

时 间	政 策	制定部门	相 关 内 容
2019.07	《文化旅游提升工程实施方案中央预算内投资管理办法》	国家发改委	公共文化服务设施建设项目,东部地区不安排中央投资,兵团全额安排中央投资。红色旅游基础设施建设项目,不受最高补助限额的限制
2018.07	《关于实施革命文物保护利用工程（2018—2022年)的意见》	国务院	继续扩大革命博物馆、纪念馆免费开放,加强革命文物创意产品的开发,鼓励支持文化文物单位和社会力量参与革命文物创意产品的开发,并提高红色旅游发展质量,包括推出更多以红色文化为主题的研学旅行、体验旅游、休闲旅游项目等
2017.10	《全国红色旅游经典景区三期总体建设方案》	国家发改委	通过重点提升228处红色旅游经典景区的基础设施条件、服务水平以及必要的生态环境,促进红色旅游功能与作用的可持续性
2017.06	《全国红色旅游公路规划(2017—2020年)》	交通运输部等	重点对四级及以下红色旅游经典景区公路和周边路段的升级改造,计划要求红色旅游经典景区到"十三五"末期基本实现三级及以上公路衔接,形成红色旅游公路网络
2016.12	《"十三五"旅游业发展规划的通知》	国务院	明确提出要提升全国红色旅游发展水平
2016.10	《2016—2020年全国红色旅游发展规划纲要》	国家发改委	《规划纲要》是2004年党中央、国务院部署发展红色旅游以来的第三期规划纲要,是"十三五"时期全国红色旅游发展方向和路径的总体部署。新一期《规划纲要》更加突出强调红色旅游的理想信念教育功能,更加突出强调红色旅游的脱贫攻坚作用,更加突出强调红色旅游的内涵式发展
2015.08	《国务院办公厅关于进一步促进旅游投资和消费的若干意见》	国务院	将红色旅游作为研学旅行发展的重要研学项目
2014.08	《关于促进旅游业改革发展的若干意见》	国务院	明确指出要"大力发展红色旅游,加强革命传统教育","将研学旅行、夏令营、冬令营等作为青少年爱国主义和革命传统教育、国情教育的重要载体",督促发改委、旅游局等部门持续加大对中西部地区红色旅游基础设施建设的支持力度
2013.12	《关于培育和践行社会主义核心价值观的意见》	中共中央办公厅	提出加强革命传统教育,充分发挥重要节日和纪念日在社会主流价值观传播领域的独特优势,积极发展红色旅游

时 间	政 策	制定部门	相 关 内 容
2008.09	《关于进一步促进红色旅游健康持续发展的意见的通知》	国家发改委、中宣部等14部门	充分认识了新形势下发展红色旅游的重要意义,同时提出要加快提升红色旅游发展质量、统筹推进红色旅游融合发展、加大红色旅游投入支持力度、加强红色旅游宣传推广、完善红色旅游体制机制
2006.02	《关于做好红色旅游景点门票价格管理工作的通知》	国家发改委	就规范红色旅游景点门票价格管理问题作出了重要指示
2005.04	《关于学生红色旅游团交通安全保障及有关费用优惠问题的意见》	原国家旅游局、财政部等8部门	就有关未成年人和大学生参加红色旅游的交通安全、车辆标识和交通、住宿费用优惠等问题,提出了有关意见
2004.12	《2004—2010年全国红色旅游发展规划纲要》	中共中央办公厅、国务院办公厅	提出了"围绕8方面内容发展12个重点旅游区、30条红色旅游精品线路和100个红色旅游经典景区"的总体布局和发展框架
2004.02	《关于进一步加强和改进未成年人思想道德建设的若干意见》	中共中央、国务院	提出发挥历史文化资源优势,组织革命圣地游和红色旅游来教育未成年人

近年来,革命文物的保护利用,以及革命博物馆、纪念馆、党史馆、烈士陵园等红色基因库和长征国家文化公园的建设等都是红色旅游的重要资源,是传承创新红色基因的重要形式,为红色旅游与青少年教育的结合提供了更好的支撑。例如,《关于利用文化和旅游资源、文物资源提升青少年精神素养的通知》(2022年)明确提出通过创新利用阵地服务资源、推动优质服务进校园和推进"文教合作"机制等方式,进一步整合文化和旅游资源、文物资源,利用学生课后服务时间、节假日和寒暑假,面向青少年开展社会主义先进文化、革命文化和中华优秀传统文化教育,培育广大青少年艰苦奋斗、奋发向上、顽强拼搏的意志品质,丰富青少年文化生活,提升青少年精神素养。

(三)发展重点领域与扶持政策

21世纪以来,根据《2004—2010年全国红色旅游发展规划纲要》(2004年)、《2011—2015年全国红色旅游发展规划纲要》(2011年)和《2016—2020年全国红色旅游发展规划纲要》(2016年)三个重要文件,可将我国红色旅游政策演进过程划分为三个阶段。

1. 第一阶段(2004—2010年)

首个指导全国红色旅游实践的战略性文件《2004—2010年全国红色旅游发展规划纲要》(2004年)发布,提出了"围绕8方面内容发展12个重点旅游区、30条红色旅游精品线路和100个红色旅游经典景区"的总体布局和发展框架,以与时俱进的创新精神丰富和加强新时期爱国主义和革命传统教育,扩大对红色旅游的扶持范围。一方面,多部门通过确定教育示范基地的方式实现红色旅游教育功能的延伸。例如,中宣部分别于 2005 年 11 月和 2009 年 5 月公布了第三批 66 个和第四批 87 个全国爱国主义教育示范基地名单;中央纪委监察部于 2010 年 5 月命名第一批 50 个全国廉政教育基地;国家国防教育办公室于 2009 年命名了首批 160 个国家国防教育示范基地。另一方面,原国家旅游局和各级政府通过加强区域规划编制优化红色旅游的空间布局。例如,原国家旅游局颁布《国家中西部及西北片区红色旅游规划(2008—2020)》(2008 年),通过遴选具有代表性红色旅游资源的湘赣闽片区、鄂豫皖片区和西北五省片区实施规划,完善全国红色旅游的发展框架和格局。

2. 第二阶段(2011—2015 年)

《2011—2015 年全国红色旅游发展规划纲要》(2011 年)继续扩大对红色旅游的扶持范围。首先,以区域发展带动老区红色旅游。在 2011 年 10 月至 2013 年 2 月期间,先后批复实施的《武陵山片区区域发展与扶贫攻坚规划(2011—2020 年)》《秦巴山片区区域发展与扶贫攻坚规划(2011—2020 年)》《滇桂黔石漠化片区区域发展与扶贫攻坚规(2011—2020 年)》《六盘山片区区域发展与扶贫攻坚规划(2011—2020 年)》《燕山-太行山片区区域发展与扶贫攻坚规划(2011—2020 年)》《大别山片区区域发展与扶贫攻坚规划(2011—2020 年)》《罗霄山片区区域发展与扶贫攻坚规划(2011—2020 年)》和《吕梁山片区区域发展与扶贫攻坚规划(2011—2020 年)》等规划文件中明确要求大力发展以红色文化、红色旅游为核心的文化旅游。其次,发布专项计划推动老区振兴发展。在 2012 年 3 月至 2015 年 6 月期间,国家发改委先后批复实施了《陕甘宁革命老区振兴规划(2012—2020 年)》《赣闽粤原中央苏区振兴发展规划(2014—2020 年)》《左右江革命老区振兴规划(2015—2025 年)》《大别山革命老区振兴发展规划(2015—2020 年)》等四个重点革命老区振兴发展规划。最后,规范地方政策和措施,引导红色旅游发展。例如,《华东片区红色旅游规划(2012—2020 年)》《江西省红色旅游发展规划(2013—2017 年)》等地方规划的发布。

3. 第三阶段(2016 年至今)

《2016—2020 年全国红色旅游发展规划纲要》(2016 年)要求继续坚持把爱国主义和革命传统教育、培育和践行社会主义核心价值观、促进社会精神文明建设作为红色旅游发展的出发点和落脚点,具体公布了全国红色旅游经典景区 300 处,坚持把红色旅游的深挖文化内涵、强化教育功能和社会效益作为发展首位,要积极发挥红色旅游脱贫攻坚作用,明确提出完善经典景区体系、运行管理、规范化水平、宣传推广、经济社会综合效益和人才队伍建设等六项主要任务。

总之,党和国家坚持理论创新与实践探索的良性互动,开创红色旅游融合发展、业态探索、特色产品、特色模式的新局面,通过发展重点领域与扶持政策,助推红色旅游逐步成为革命老区打赢脱贫攻坚战和促进经济社会发展的重要引擎和驱动力量。

三、国家乡村旅游发展政策

(一) 关于乡村旅游的系列政策

乡村旅游是拓展农民就业增收渠道、提高村民素质、振兴乡村经济的重点产业,也是推动扶贫攻坚和乡村振兴战略的重要手段[①]，其高质量发展有赖于科学合理的政策体系与制度框架[②]。

我国乡村旅游缘起于 1989 年，"中国农民旅游业协会"更名为"中国乡村旅游协会"是重要的标志性事件。乡村旅游政策文件作为乡村旅游政策信息的载体，可以反映乡村旅游政策的实践过程[③]。截至目前，我国乡村旅游政策围绕乡村旅游开发与保护、产业与经营及权益与福利等实践活动，发布了引导型、支持型、保障型和规制型等一系列的不同类型政策，发文数量呈现出波动式显著增加态势，逐步形成了从中央部委到地方垂直传导的联动格局，与乡村旅游发展的阶段特征相匹配，体现了政府的意志导向；发文主体逐渐多元化，并形成协同化网络，统领性与协同性也在不断增强；发文内容不断丰富，领域深化拓展，逐步构建体系架构并渐趋成熟化。具体可划分为乡村旅游政策依附阶段（1989 年至 2000 年）、乡村旅游政策引导阶段（2001 年至 2005 年）和乡村旅游政策体系化阶段（2006 年至今）[④]。

1. 乡村旅游政策依附阶段（1989—2000 年）

20 世纪末期，我国的乡村旅游是一种自发式的发展模式，规模和影响均比较有限，与之有关的政策内容依附于国土资源、文化与文物、农业与农产品、环境保护等其他行业的相关政策。而且，这一阶段的"中国乡村旅游协会"（1989 年）、"华夏城乡游"（1998 年）和"生态旅游年"（1999 年）等乡村旅游机构或活动只是从理念角度提出乡村旅游的概念。

2. 乡村旅游政策引导阶段（2001—2005 年）

这一阶段的乡村旅游主要围绕"三农"问题中的"农业旅游"和"乡村风情"展开的。《农业旅游发展指导规范》（2001 年）、《全国农业旅游示范点、工业旅游示范点检查标准（试行）》（2002 年）为农业旅游发展和全国农业旅游示范点的创建提供了依据，有利于农业旅游产品的专业化、规范化和市场化；《关于促进农民增加收入若干政策的意见》（2004 年）将"三农"问题提到国家战略的高度，乡村旅游发展迎来了重大发展契机。

3. 乡村旅游政策体系化阶段（2006 年至今）

"三农"问题是这一阶段重要的国家战略之一，随着新农村建设、城乡统筹和农业供给侧结构性改革等的深入，与乡村旅游直接相关的政策开始密集出现。连续四年的中央"一号文件"（2007 年至 2010 年）均聚焦乡村旅游，详细阐述了乡村旅游的定位、功能与产品，明确了乡村旅游作为发展乡村经济的重要途径之一。《全国乡村旅游发展纲要（2009—2015 年）》（2009 年）、《关于加大统筹城乡发展力度进一步夯实农业农村发展基础的若干意见》（2009 年）从发展原则、工程建设、保障措施等方面提出了乡村旅游的战略规划，乡村旅游政策从宏观引导逐步向微观指导转变。

---

① 姚旻，赵爱梅，宁志中.中国乡村旅游政策：基本特征、热点演变与"十四五"展望[J].中国农村经济，2021（05）：2-17.

② 马静，舒伯阳.中国乡村旅游 30 年：政策取向、反思及优化[J].现代经济探讨，2020（04）：116-122.

③ 傅冉飞.公共政策量化分析：研究范式转换的动因与价值[J].中国行政管理，2015（08）：116-120.

④ 舒伯阳，马静.中国乡村旅游政策体系的演进历程及趋势研究：基于 30 年数据的实证分析[J].农业经济问题，2019（11）：94-107.

《关于加强农业行业扶贫工作的指导意见》(2012年)分别从乡村旅游资源、旅游服务、农村信息化等不同角度对乡村旅游发展作出部署;《关于切实加强中国传统村落保护的指导意见》(2014年)和《中共中央国务院关于打赢脱贫攻坚战的决定》(2015年)等相关的乡村旅游政策逐步关注到乡村旅游保护传统村落、传承农耕文化和扶贫等社会功能,乡村旅游从最初单一的经济目标过渡到经济和社会的双重目标。《关于落实发展新观念加快农业现代化实现全面小康目标的若干意见》(2015年)首次将休闲农业乡村旅游作为繁荣农村、富裕农民的新兴支柱产业,进一步增强了对乡村旅游的扶持和引导作用。而根据《国务院办公厅关于进一步促进旅游投资和消费的若干意见》(2015年)、《国家旅游局(文旅部)办公室关于开展中国乡村旅游创客示范基地推荐认定工作的通知》(2015年)要求,开展了第一批"中国乡村旅游创客示范基地"的评选工作,也是落实乡村旅游繁荣农村、富裕农民的新发展理念的一次具体实践。

随着统筹城乡、城乡融合及乡村振兴等的深入发展,乡村旅游相关政策也进入了深化调整时期,并且逐步形成体系。中央"一号文件"(2016—2018年)分别从产业定位、发展模式、资金筹集、行业标准、市场准入、服务设施建设等不同角度引导休闲农业和乡村旅游发展。《促进乡村旅游发展提质升级行动方案》(2017年)、《促进乡村旅游发展提质升级行动方案(2018—2020年)》(2018年)提出从补齐乡村设施建设短板、推进人居环境整治、建立健全产品和服务标准、鼓励引导社会资本参与、加大配套政策支持五个方面部署乡村旅游发展。《关于促进乡村旅游可持续发展的指导意见》(2018年)基本构建了中国乡村旅游的政策体系,乡村旅游政策研究也逐渐成为学者们关注的热点问题。《关于开展中国美丽休闲乡村推介活动的通知》(2019年)提出要继续实施休闲农业和乡村旅游精品工程,培育一批美丽休闲乡村。

(二)中央"一号文件"关于乡村旅游政策的关注重点

2015—2020年期间,中央"一号文件"关于乡村旅游的政策出台力度不断加大,乡村旅游由最初解决"三农"问题的"附属品",转变成为实施乡村振兴的支柱性产业。此阶段,政策核心内容在于乡村旅游的资本政策支持、乡村旅游发展载体、乡村旅游的发展形式和乡村旅游的基础设施建设等四个方面[①]。

1. 乡村旅游发展的资本政策支持

(1)资金支持。为了加快乡村旅游的发展,中央"一号文件"要求加大对乡村旅游发展的资金支持力度,主要体现在三个方面(见表1-3):① 中央财政资金支持力度不断加强。中央"一号文件"(2015年)提出,要通过制定金融扶持政策促进乡村旅游发展。② 中央财政的资金支持渠道不断拓宽。中央"一号文件"(2017年、2019年)提出多渠道筹集资金,即建立资金保障体系,以社会融资和市场集资为主,以政府财政资金引导为辅的方式解决乡村旅游资金短缺问题。③ 注重乡村旅游发展资金的整合。

---

① 文枚,张连刚,陈天庆.乡村旅游发展顶层设计:政策演变与展望:基于2004—2020年"中央一号文件"的政策回顾[J].中南林业科技大学学报(社会科学版),2021,15(06):101-107.

（2）税收支持。中央"一号文件"（2015年）指出要通过落实税收优惠政策促进乡村旅游发展（见表1-3）。然而,乡村旅游的税收优惠政策如何落实,还需要进一步明确和细化。因此,中央"一号文件"（2016年）提出"采取以奖代补、先建后补、财政贴息、设立产业投资基金等方式扶持休闲农业和乡村旅游业发展",进而成为各个地方政府支持旅游发展的重要方式。

表1-3 中央"一号文件"关于乡村旅游资金、税收支持的政策内容

年　份	内　　　　容
2015	研究制定乡村旅游休闲发展的用地、财政、金融等扶持政策,落实税收优惠政策
2016	采取以奖代补、先建后补、财政贴息、设立产业投资基金等方式扶持休闲农业和乡村旅游业发展
2017	多渠道筹集建设资金,大力改善休闲农业、乡村旅游、森林康养公共服务设施条件
2019	允许县级按规定统筹整合相关资金,集中用于农村人居环境整治。鼓励社会参与,将人居环境整治与乡村休闲旅游等有机结合

（3）土地支持。2015年以来,连续四年的中央"一号文件"都提及要优化土地利用政策,支持乡村旅游发展（见表1-4）,说明土地在乡村旅游发展中的重要性,也反映出土地问题成为制约我国乡村旅游发展的重要因素。因此,在发展乡村旅游过程中,为了有效解决建设用地紧缺等问题,有必要充分利用好现有的各类可以利用的土地,发挥现有各类土地的经济价值。

表1-4 中央"一号文件"关于乡村旅游土地支持的政策内容

年　份	文　件　内　容
2015	（1）加大用地政策支持力度,实施整村推进、移民搬迁、乡村旅游扶贫等工程 （2）研究制定促进乡村旅游休闲发展的用地、财政、金融等扶持政策
2016	（1）支持有条件的地方通过盘活农村闲置房屋、集体建设用地、"四荒地"、可用林场和水面资源发展休闲农业和乡村旅游 （2）将休闲农业和乡村旅游项目建设用地纳入土地利用总体规划和年度计划合理安排
2017	允许通过村庄整治、宅基地整理等节约的建设用地采取入股、联营等方式,重点支持乡村休闲旅游养老等产业和农村三产融合发展,严禁违法违规开发房地产或建私人庄园会所
2018	（1）预留部分规划建设用地指标用于单独选址的农业设施和休闲旅游设施等建设 （2）对于利用收储农村闲置建设用地发展农村新产业新业态的,给予新增建设用地指标奖励

2. 乡村旅游发展的发展载体

为了给乡村旅游合作社和乡村旅游企业创造良好的外部环境,中央"一号文件"(2017年)首次提出通过扶持或鼓励发展乡村旅游合作社或乡村旅游企业等载体发展乡村旅游(见表1-5)。这说明,国家认识到乡村旅游合作社和乡村旅游企业等经营主体对乡村旅游发展的积极作用,以此解决长期以来中国乡村旅游发展存在的散、乱、小等问题。

表1-5　中央"一号文件"中关于乡村旅游合作社的政策内容

年　份	文　件　内　容
2016	扶持农民发展休闲旅游业合作社
2017	鼓励农村集体经济组织创办乡村旅游合作社,或与社会资本联办乡村旅游企业

3. 乡村旅游发展的发展形式

2015年以来,中央"一号文件"重点关注乡村旅游的发展形式,呈现出三个特征(见表1-6):① 引导和扶持发展具有历史、地域、民族特色的旅游村镇。2015—2017年的三个中央"一号文件"都指出要培育具有特色的旅游村镇。② 注重推动以乡村旅游为载体的三产融合发展。中央"一号文件"(2017年)明确提出,要建设一批农业文化旅游"三位一体"、生产生活生态同步改善、"三产"深度融合的特色村镇。③ 明确提出要加快培育和丰富乡村旅游的发展形式。除了传统的休闲观光游,中央"一号文件"(2018年)提出要鼓励建设一批森林人家、康养基地、特色民宿等。

表1-6　中央"一号文件"中关于乡村旅游发展形式的政策内容

年　份	文　件　内　容
2015	扶持建设一批具有历史、地域、民族特点的特色景观、旅游村镇,打造形式多样、特色鲜明的乡村旅游休闲产品
2016	(1) 引导和支持社会资本开发农民参与度高、受益面广的休闲旅游项目 (2) 加强乡村生态环境和文化遗存保护,发展具有历史记忆、地域特点、民族风情的特色小镇,建设一村一品、一村一景、一村一韵的魅力村庄和宜游宜养的森林景区
2017	(1) 支持传统村落保护,维护少数民族特色村寨整体风貌,有条件的地区实行连片保护和适度开发 (2) 培育宜居宜业特色村镇。围绕有基础、有特色、有潜力的产业,建设一批农业文化旅游"三位一体"、生产生活生态同步改善、一产二产三产深度融合的特色村镇
2018	(1) 实施休闲农业和乡村旅游精品工程,建设一批设施完备、功能多样的休闲观光园区、森林人家、康养基地、乡村民宿、特色小镇 (2) 加快发展森林草原旅游、河湖湿地观光、冰雪海上运动、野生动物驯养观赏等产业,积极开发观光农业、游憩休闲、健康养生、生态教育等服务。创建一批特色生态旅游示范村镇和精品线路,打造绿色生态环保的乡村生态旅游产业链

4. 乡村旅游基础设施建设

2015 年以来，中央"一号文件"一直重点关注乡村旅游基础设施的建设投入（见表 1-7）。在建设内容上，乡村旅游基础设施建设内容既包括改善农村公路、宽带等基础设施，还包括建立和完善乡村旅游的公共服务设施。在投入机制上，中央政府不仅加大财政资金的投入，而且还鼓励和引导社会资本参与乡村旅游基础设施建设。

表 1-7　中央"一号文件"中关于乡村旅游基础设施建设的政策内容

年　份	文　件　内　容
2015	加大对乡村旅游休闲基础设施建设的投入，增强线上线下营销能力，提高管理水平和服务质量
2016	着力改善休闲旅游重点村进村道路、宽带、停车场、厕所、垃圾污水处理等基础服务设施
2017	多渠道筹集建设资金，大力改善休闲农业、乡村旅游、森林康养公共服务设施条件，在重点村优先实现宽带全覆盖
2019	加强乡村旅游基础设施建设，改善卫生、交通、信息、邮政等公共服务设施

专栏 2

多元化乡村旅游知名案例
——成都三圣乡"五朵金花"

"五朵金花"是指三圣乡东郊由红砂、幸福、万福、驸马、江家堰、大安桥等 6 个行政村组成的 5 个乡村旅游风景区，通过打造以"花乡农居""幸福梅林""江家菜地""东篱菊园""荷塘月色"为主题的休闲观光农业区，现已成为国内外享有盛名的休闲旅游娱乐度假区和国家 5A 级风景旅游区。其成功之处在于以乡村休闲为核心，基于 5 个行政村的不同产业基础，量身打造不同特色的休闲业态和功能配套，将乡村旅游与农业休闲观光、古镇旅游、节庆活动有机的结合起来，形成了以农家乐、乡村酒店、国家农业旅游示范区、旅游古镇等为主体的农村旅游发展业态。

五个乡村旅游风景区的功能定位如下：

（1）花乡农居：发展科技花卉产业和小型农家乐。

依托 3 000 余亩的花卉种植规模，发展以观光、赏花为主题，对花卉的科研、生产、包装、旅游等方面进行全方位深度开发的复合型观光休闲农业产业。

（2）幸福梅林：发展梅花种植产业和农家乐和旅游商品（梅花）和科普教育功能。

农居建筑风格充分借鉴了"川西民居"的特点，景区内建有"梅花知识长廊""照壁""吟梅诗廊""精品梅园""梅花博物馆"等人文景观。

（3）江家菜地：发展蔬菜种植产业，开展生态体验旅游和度假旅游（乡村酒店和乡村客栈等）。

依托面积达 3 000 余亩的时令蔬菜、水果种植基地，以"休闲、劳作、收获"为形式，吸引游客认种土地、认养蔬菜，在体验农事中分享收成，把田间耕作的过程变成全新的健康休闲方式。

（4）东篱菊园：发展菊花观光、养生养老和乡村休闲度假。

东篱菊园是一处拥有绚丽的菊花美景和丰富的"菊文化"的观光休闲农业，和集居住、休闲、餐饮、娱乐等特色产业于一体的乡村旅游度假胜地，契合现代人返璞归真、回归田园的内心愿望，为城市人、旅游者、退休老年人提供一个可以长期包租或短居的"乡村酒店"，让人们有更多时间品味快乐的乡村休闲时光。

（5）荷塘月色：发展乡村艺术体验旅游，开展国学传统（锦江书院）观光旅游。

依托数百亩荷塘形成的优美风景，利用自然的田园风光打造人文环境，在景区内道路两边设立姿态各异的艺术雕塑，吸引了中国著名油画家、国画家等入驻从事艺术创作，逐步形成了万福春光画意村，使荷塘月色散发出自己独有的艺术气息。

材料来源：搜狐网.中国乡村景区典型案例·成都三圣花乡："五朵金花"的别样魅力［EB/OL］.［2023－05－26］.https://www.sohu.com/a/228952635_125906

四、其他旅游融合发展政策

（一）中医药健康旅游发展政策

随着人类疾病谱的变化和人们健康理念的转变，中医药健康旅游作为中国特有的健康旅游方式，已经迎来了重要的战略机遇期。原国家旅游局、国家中医药管理局于 2017 年 9 月和 2018 年 3 月分别公布了北京东城区等 15 家首批国家中医药健康旅游示范区创建单位和 73 家国家中医药健康旅游示范基地创建单位，标志着中医药健康旅游作为新业态已经从概念讨论过渡到落地实施①。

1. 中医药健康旅游概念界定

"中医药健康旅游"一词在《关于促进旅游业改革发展的若干意见》（2014 年）发布后逐渐为大众所熟知。目前，学界普遍认为中医药健康旅游是指以中医药文化、健康理念及养生、康复、医疗技术方法体验为核心，通过多种旅游活动的方式，达到健康促进、疾病防控、文化传播目的的专项旅游②。

2. 促进中医药健康旅游的相关专项政策

（1）国家出台的相关专项政策。为推动中医药领域和全国各级旅游机构的全面合

---

① 王天琦，侯胜田，李享，等.基于 IPA 分析的国家中医药健康旅游示范区创建工作研究［J］.中国医院，2022，26（01）：32－34.

② 刘思鸿，张华敏，吕诚，等.中医药健康旅游的概念界定及类型探析［J］.中医药导报，2019，25（19）：9－12.

作,齐心协力促进我国中医药健康旅游行业的进步和发展,国家先后出台了《国家旅游局和国家中医药管理局关于推进中医药健康旅游发展的合作协议》(2014 年)、《中医药健康服务发展规划(2015—2020 年)》(2015 年)、《关于进一步促进旅游投资和消费的若干意见》(2015 年)和《关于促进中医药健康旅游发展的指导意见》(2015 年)等一系列的专项政策,内容不断丰富,并逐步形成中医药健康旅游的政策体系。

(2) 地方出台的相关专项政策。随着国家中医药健康旅游相关系列政策的落地,各地政府也纷纷出台政策支持中医药健康旅游的发展,并开展了一系列的实践活动①。省级层面,广东省率先启动中医药文化养生专项旅游,出台《广东省中医药文化养生旅游示范基地评定标准(试行)》,于 2011 年 5 月评定广东省首批 19 家中医药文化养生旅游示范基地。甘肃省先后制定了《甘肃省中医药养生旅游工作实施方案》《甘肃省发展中医药生态保健旅游规划纲要》,提出建立中医药生态保健旅游产业体系的目标。北京成立了中医药文化旅游工作领导小组,制定了一系列指导中医药文化旅游产业发展的纲领性文件,评选出"北京中医药文化旅游示范基地"。市级层面,安徽亳州制定了《中华药都·养生亳州行动计划(2009—2011 年)》,加快构建中药产业、养生文化旅游产业和中医医疗保健服务三大体系,着力打造特色突出、文化厚重、产业发达的养生之都。杭州成立了中医养生健康旅游推广联盟,并举行了"乐享养生,妙在杭州"中医养生健康旅游体验活动首游式。

(二) 研学旅行发展政策

我国在校中小学生人数超过 2 个亿,这也是一个庞大的旅游消费群体。行万里路,读万卷书。研学旅行对于中小学生的健康成长具有非常积极的意义。比如像国际上非常风行的"童子军"运动,就包含了很多研学旅行的内容。目前,出于安全等方面的考虑,我国开展研学旅行基本上是自发的。为了中小学生的身心健康发展,国家大力支持研学旅行,近年来发布多项重要文件,要求为学生创造更丰富的研学旅程,创造更安全的研学环境。

2014 年 8 月,《关于促进旅游业改革发展的若干意见》中首次明确了"研学旅行"要纳入中小学生日常教育范畴,小学阶段以研学为主,专门列出一条予以阐述,对于加快研学旅行的发展具有很重要的意义。2016 年 11 月,教育部发布《教育部等部门关于推进中小学生研学旅行的意见》,认证了研学旅行的重要性,指出中小学生研学旅行是由教育部门和学校有计划地组织安排,通过集体旅行、集中食宿方式开展的研究性学习和旅行体验相结合的校外教育活动,是学校教育和校外教育衔接的创新形式,是教育教学的重要内容,是综合实践育人的有效途径。2017 年 1 月,原国家旅游局发布《研学旅行服务规范》,这是针对研学旅行实施发布的权威性规范文件,其中对人员配置、产品分类、服务改进、安全管理提出了明确的要求。研学旅行机构或学校可以依照此文件查漏补缺,及时调整。2017 年 8 月教育部发布《中小学德育工作指南》,明确学校组织开展研学旅行,以推进中小学生综合素质的提升。在研学旅行实施过程中,校外机构应与学校通力协作,达到学校教育目标,这是尤为重要的。2017 年 9 月教育部发布《中小学综合实践活动课程指导纲

---

① 江惺俊,孙健炜.中医药文化旅游发展策略[J].市场研究,2018(01):25-26.

要》,指出综合实践活动是国家义务教育和普通高中课程方案规定的必修课程,与学科课程并列设置,是基础教育课程体系的重要组成部分,已经确立纳入学校教育学分系统。2017年11月教育部发布《第一批"全国中小学生研学实践教育基地或营地"公示名单》,正式公示了研学旅行示范基地,将中国人民革命军事博物馆等204个单位命名为"全国中小学生研学实践教育基地",将河北省石家庄市青少年社会综合实践学校等14个单位命名为"全国中小学生研学实践教育营地"。

(三) 体育旅游发展政策

体育旅游是人类社会生活中的一种新兴旅游活动,属于旅游新业态之一。体育旅游是以各种体育活动或者有关体育的实体景观作为吸引物而产生的一系列旅行、游览活动的总称[①]。西藏体委为满足中外登山爱好者攀登珠穆朗玛峰的需要,成立了西藏国际体育旅游公司,开启了中国体育旅游的先河[②]。我国体育旅游业的可持续发展已取得广泛共识和长足进展,并初步建立起规制体育旅游可持续发展的政策体系。一方面,国家为体育旅游发展提供了基础性的政策支持,高屋建瓴地为其指明了目标和方向;另一方面,地方政府是贯彻落实国家产业政策的主体,其政策的再制定和政策执行是我国体育旅游发展前景和建设体育强国目标的具体保障[③]。

1. 国家层面促进体育旅游发展的相关政策

1986年,我国成立了中国国际体育旅游公司,统筹全国体育旅游。体育旅游的发展也由传统观光旅游向参与体验性、娱乐休闲性的体育旅游转变。《关于加快发展服务业的若干意见》(2007年)指出应大力发展旅游、文化、体育和休闲娱乐等服务业;《国务院关于加快发展旅游业的意见》(2009年)提出推进产业融合、支持体育与旅游相结合,并在相关有条件的地方发展;《关于加快发展体育产业的指导意见》(2010年)要求推进体育产业与旅游产业的互动发展、复合经营,并将其纳入重点发展领域,推进业态融合发展;《贯彻落实国务院关于加快发展旅游业意见重点工作分工方案》(2010年)就体育旅游业的相关工作进行了具体安排;国家体育总局制定并印发的《体育产业"十二五"规划》(2011年)明确指出,"以体育旅游、体育展会为重点,推动体育产业与相关产业的复合经营……充分利用体育运动休闲项目、体育赛事活动、大型体育场馆等体育资源,大力发展体育旅游业,创建一批体育旅游示范区,鼓励各地建设体育旅游精品项目";《关于鼓励和引导民间资本投资体育产业的实施意见》(2012年)切实鼓励和引导民间资本投资体育产业,支持民间资本投资生产体育用品,建设各类体育场馆及健身设施,从事体育健身、竞赛表演等活动,促进我国体育产业投资主体多元化。

进入新时代,体育强国建设对体育与旅游融合发展提出了更高要求。《关于加快发展体育产业促进体育消费的若干意见》(2012年)将促进体育旅游等相关业态发展作为主要任务。2016年5月,国家体育总局印发了《体育发展"十三五"规划》(2016年),指出要与

① 谢瀚鹏.体育旅游可持续发展与政策规制[J].特区实践与理论,2017(01):65-68.
② 周姝辰.近十年我国体育旅游公共政策分析[J].旅游纵览(下半月),2017(24):36-37.
③ 钟玉姣,许焰妮.体育与旅游融合发展的产业政策特征分析[J].成都体育学院学报,2021,47(01):106-111.

旅游部门共同研制《体育旅游发展纲要》,开展全国体育旅游精品项目推介,打造一批体育旅游重大项目。《关于进一步扩大旅游文化体育健康养老教育培训等领域消费的意见》(2016年)指出,要出台促进体育与旅游融合发展的指导意见。制定实施冰雪运动、山地户外运动、水上运动、航空运动等专项运动产业发展规划。《关于大力发展体育旅游的指导意见》(2016年)指出,要从"引领健康休闲旅游发展、培育赛事活动旅游市场、培育体育旅游市场主体、提升体育旅游装备制造水平、加强体育旅游公共服务设施建设"等五方面部署体育旅游发展。《国家体育总局办公厅关于推动运动休闲特色小镇建设工作的通知》(2017年)提到要与旅游等相关产业融合发展,实现体育旅游、体育传媒、体育会展、体育广告、体育影视等相关业态共享发展。《体育强国建设纲要》(2019年)指出,要"完善体育全产业链条,促进体育与相关行业融合发展,推动区域体育产业协同发展;拓展体育旅游等消费新空间"。2020年9月,国家体育总局、文化和旅游部发布了《2020年国庆黄金周体育旅游精品线路》(2020年)。《开好局起好步推动文化和旅游工作开创新局面——2021年全国文化和旅游厅局长会议工作报告》(2021年)提到要发展乡村旅游、工业旅游、体育旅游、研学旅游,拓展旅游新市场。国家体育总局发布了《2021年群众体育工作要点》(2021年),提出组织开展"走大运"全民健身健步走活动,打造"大运河"体育旅游特色示范活动品牌的目标。

2. 地方层面促进体育旅游发展的相关政策

我国各地区积极响应国家号召,出台一系列政策助推体育旅游产业持续发展。例如,上海市出台了《关于促进上海体育旅游融合发展的意见》(2011年)、《体育旅游休闲基地服务质量要求及等级划分》(2012年)、《上海市体育产业发展实施方案(2016—2020年)》(2017年)和《上海市体育发展"十四五"规划》(2021年)等关于促进体育旅游发展的系列政策。山西省晋城市先后发布了《关于加快体育产业发展促进体育消费的实施意见》(2011年)、《关于开展2017年全省体育旅游精品项目申报工作的通知》(2017年)和《关于促进全民健身和体育消费推动体育产业高质量发展的实施意见》(2020年)等体育旅游发展促进政策。

(四) 交通旅游发展政策

交通运输是国民经济和社会发展的基础性、先导性的服务型行业,随着大众旅游时代的到来及全域旅游的快速推进,公众旅游出行特别是自驾旅游出行的需求呈现出了持续高涨之势,交通与旅游融合发展恰逢其时。近年来,国家层面不断出台交通与旅游融合发展的相关政策,深入推进交通、旅游融合发展[①]。

1. 国家层面促进交通旅游发展的相关政策

从国家层面来看,2006年至2016年正值我国转型发展的重要战略机遇期,是国家颁布交通旅游政策的最高峰,诸多政策文件涉及了"生态公路""绿色公路""旅游公路""旅游

---

① 高嘉蔚,刘杰,吴睿,等.我国交通与旅游融合发展政策研究与机制建议[J].公路交通科技(应用技术版),2019,15(05):313-316.

风景道"等交通旅游融合发展项目。

其中,《关于加快发展旅游业的意见》(2009 年)提出了要加强主要景区连接交通干线的旅游公路建设的要求。力争通过五年努力,全国所有 A 级景区旅游交通基本畅通,旅游标识系统基本完善,旅游厕所基本达标,景区停车场基本满足需要。《中国旅游公共服务"十二五"专项规划》(2011 年)明确指出完善交通旅游便捷服务体系,将旅游交通体系建设上升到新高度。《关于促进旅游业改革发展的若干意见》(2014 年)提出将通往旅游区的标志纳入道路交通标志范围,完善指引、旅游符号等标志设置;推进旅游交通设施无障碍建设与改造;重点旅游景区要健全交通集散体系。《关于实施绿色公路建设的指导意见》(2016 年)提到普通公路要增设观景台、汽车露营地、旅游服务站等特色设施,为公众个性化出行提供便利;鼓励在公路服务区内设置加气站和新能源汽车充电桩,积极做好相关设备安装的配合工作,为节能减排创造条件。《关于促进自驾车旅居车旅游发展的若干意见》(2016 年)提出,到 2020 年我国将建成各类自驾车旅居车营地 2 000 个,初步构建起自驾车旅居车旅游产业体系。《"十三五"旅游业发展规划》(2016 年)强调"做好旅游交通发展顶层设计"。

在此基础上,《关于促进交通运输与旅游融合发展的若干意见》(2017 年)给出了交通运输与旅游融合发展的具体指引,进一步提出完善旅游交通基础设施网络体系、健全交通服务设施旅游服务功能、推进旅游交通产品创新、提升旅游运输服务质量和强化交通运输与旅游融合发展的保障措施等要求。随后,《全国红色旅游公路规划(2017—2020 年)》(2017 年)、《关于组织开展旅游公路示范工程建设的通知》(2017 年)等交通旅游融合发展政策也相继出台。

2. 地方层面促进交通旅游发展的相关政策

从地方层面来看,交通旅游政策主要聚焦在交通旅游安全、交通旅游规划和交通旅游设施三大方面。

(1)关于交通旅游安全。地方层面主要关注交通旅游安全事故和地方旅游安全环境,在交通旅游安全事故方面,上海市、陕西省等在相关政策中提出"深刻剖析交通旅游安全事故原因、认真吸取事故经验教训,加强交通旅游突发事故的应急预案的演练,加强交通旅游安全管理"。在交通旅游安全环境方面,辽宁省、河南省等在相关政策文件中强调维护交通旅游安全秩序,创造有序、安全、畅通、便捷的交通旅游环境。

(2)关于交通旅游规划。地方层面强调交通旅游宏观发展规划引领作用,统筹考虑旅游、交通、游憩、生态发展,并且关注交通旅游专项规划等微观规划落地。在交通旅游发展宏观规划方面,江西省在《关于加快旅游业改革促进旅游投资和消费的实施意见》中强调"着力完善旅游交通规划设计,形成畅通有序、多模式一体化的旅游交通体系",浙江省在《关于加快推进交通运输与旅游融合发展的实施意见》中提出"组织编制交通运输与旅游融合发展规划,通盘考虑交通运输设施建设与旅游要素、旅游资源的相互衔接,统筹推进陆海旅游交通和岛际旅游交通建设,加快形成陆、海、空三位一体的旅游交通体系和'快旅慢游'的综合旅游交通网络";在交通旅游专项规划方面,福建省、江苏省等提出组织编制和实施旅游交通专项规划,对景区内部交通、水上旅游交通制定标准,鼓励旅游交通企业制定《旅游汽车租赁服务规范》。

(3)关于交通旅游设施。地方层面主要关注交通旅游基础设施建设和交通旅游服务设施体系建设。在交通旅游基础设施方面,河南省、江西省在相关政策文件中强调"加快旅游交通基础设施建设,推进大别山地区交通运输一体化建设""合理布局旅游交通线路、旅游公共交通服务设施等";在旅游交通服务设施方面,江苏省等在相关政策文件中指出"进一步完善旅游集散中心、游客咨询中心、环城游观光巴士、交通引导标识等服务设施建设""完善自助游、自驾游旅游服务体系,鼓励发展自驾游基地"。

 复习思考

(1)我国旅游政策有哪些?特点是什么?对旅游业有何促进作用?

(2)我国旅游政策演变呈现什么样的阶段性特征?其原因是什么?

(3)谈谈中国式现代化与旅游现代化的联系,如何促进旅游领域的中国式现代化?

第二章

旅游公共政策

学习要点
- 旅游公共政策。
- 假日旅游政策。
- 国民休闲政策。
- 旅游消费政策。

第一节　旅游公共政策概述

一、旅游公共政策的概念与特征

一般公共政策是指公共权力机关经由政治过程所选择和制定的，为解决公共问题、达成公共目标、以实现公共利益的方案，其作用是规范和指导有关机构、团体或个人的行动。其表达形式包括行政规定或命令、国家领导人口头或书面的指示、政府规划等。简而言之，一切需要由政府处理的公共性问题都可以纳入公共政策的范畴。

本书中的旅游公共政策是指政府为了促进和规范旅游产业发展、服务社会民生而制定的一系列旅游发展战略方针、书面指示、规章制度和办法措施的总和。旅游公共政策是我国数十年来旅游产业发展取得巨大成就和人民旅游水平日益提高的重要保障之一。

旅游公共政策除具有一般公共政策权威性、普遍性、多样性、层次性的特征外，旅游公共政策还具有超前性、价值相关性、强动态性等特征。

二、旅游公共政策的类型

旅游公共政策是政府维护与旅游相关的公众利益的重要手段，其面向的主要对象是旅游者（公众）、旅游从业者和政府部门。旅游公共政策按照功能可以划分为旅游分配政策、旅游管制政策、旅游导向政策和旅游调节政策四个类型。

（一）旅游分配政策

旅游分配政策是指政府将资金、补贴、义务等分配给不同的群体来享受和承担的政策。这种政策的特点在于它并不是牺牲一方的利益来成全另一方的利益，旅游分配政策是在不损害他人利益的基础上来提高特定群体的利益，因而只产生受益者而不产生利益直接受损群体。

在我国，中央对地方所发放的旅游补助款和各地方政府发放给下属社区的旅游发展经费就属于这一类型。其他还包括减免某些旅游企业的营业税、对省级或国家级休闲农业示范园（示范点）进行奖励、对开办民宿进行补助、补贴绿化费等直接或间接的措施。这一类的政策受益群体就是旅游企业或者旅游从业者，他们获益的来源就是政府既得的利益和已经收取的税费，因而没有损害他方利益，最终没有产生利益直接受害群体，从而促进了旅游行业的发展。

（二）旅游管制政策

旅游管制政策主要发挥其控制的功能，即通过制约的方式对旅游从业人员、旅游者的行动进行控制和规范。

旅游管制性政策主要分为旅游管制政策和旅游自我管制政策两类。前者是政府机构设立特殊的原则和规定来指导旅游相关群体的行为，或调整各种不同群体利益的政策，使一方受益而另一方失利。后者是指政府对某些旅游企业、游客的行为进行原则性的规范，而没有设定严格一致的管制规划和规范，由其自行决定政策执行的方式。这一政策的执行通常不会以牺牲其他群体的利益为代价，它主要影响的是被管制群体，与之无关的群体并不会受到很大影响。而被管制群体通常把这类政策作为保护和促进自身成员利益的一种手段。一个典型的例子是旅游消费者保护政策，通过管理旅游从业者的行为，特别管理一些非正当性、非公平性的做法（如使用偏离市场价格的旅游商品宰客的行为）来保护消费者的利益。其他例子还有酒店排污许可制度、景区限期整改制度等。后者的典型例证为政府呼吁旅游从业者诚实守信地从事旅游经营活动等。

（三）旅游导向政策

旅游导向政策的主要作用是对旅游业发展进行引导和促进。通过正向提倡、激励的方式为旅游者、旅游企业指明行动方向，从而使政策对象（旅游从业者和旅游者）朝决策者所希望的方向努力，并以政策制定者期望的方式采取行动。典型例子有国务院关于促进乡村旅游、文化旅游、养老旅游的政策，通过一系列利好条件或者激励机制，吸引大企业或个私资本在这些领域进行投资，并通过交通促进政策（如节假日高速免费政策）、旅游消费促进政策等引导旅游者进行与之相关的旅游消费活动。

（四）旅游调节政策

旅游调节政策一般是指对旅游者或旅游从业者行为强加约束或限制，从而减少那些被调节者自由或行动的随意性。典型例子有不断演进和发展的节假日政策，通过部署居民的节假日时间，对大规模的游客进行分流和疏导。另外，还有反季旅游调节政策，也是为解决居民出游时间不均衡的问题而提出的调节性政策。

第二节　假日旅游政策

一、假日政策的演变历程

新中国成立以来,我国的假日政策经过了数次大的调整,共发布了《全国年节及纪念日放假办法》(1949年)、《关于职工休假问题的通知》(1990年)、《国务院关于职工工作时间的规定》(1995年)、《国务院关于修改〈全国年节及纪念日放假办法〉的决定》(1999年)、《国务院关于修改〈全国年节及纪念日放假办法〉的决定》(2007年)、《关于2008年部分节假日安排的通知》(2008年)、《全国年节及纪念日放假办法》(2013年修订版)、《关于2015年部分节假日安排的通知》(2014年)等重要相关政策文件,其具体演变过程可分为五个阶段。

(一) 假日"无保障"阶段(1949—1977年)

新中国成立以后,政务院于1949年12月23日颁布了《全国年节及纪念日放假办法》,成为我国的第一个假日制度文件,正式形成了我国"1+2+1+1+52,一共是57天"的假日结构,即元旦、春节、五一劳动节、十一国庆节,再加上52个周末,共计57天的假日。但在改革开放以前,由于多种原因,57天的假日基本上没有保障,可以说是"有名无实"。

(二) 假日"初步保障"阶段(1978—1994年)

改革开放后,由于国家经济发展迅速、国民收入的稳步提高,以及思想观念的转变,我国的"假日权"开始真正实现。人们的旅游热情日益高涨,国内的旅游市场不断壮大,57天的假日中屡屡出现旅游拥挤的现象。20世纪80年代初,各大公园在五一、十一期间实行免票的相关政策,进一步导致节日拥挤现象达到高潮,充分反映了人民群众对于休假和旅游的旺盛需求。从此我国假日制度开始面临新的形势,《关于职工休假问题的通知》(1991年)中明确规定:"党中央、国务院决定,从今年起,各级党政机关、人民团体和企事业单位,可根据实际情况适当安排职工休假……确定职工休假天数时……最多不得超过两周。"

(三) 假日"调整"阶段(1995—1998年)

为了适应国家经济社会发展的全新形势,切实保障人民的休息权利,1994年3月,国家对职工休息日进行了改革,在原先每周休息一个星期天的基础上,每两周再休息一个星期六,即"大礼拜"和"小礼拜"。经过一年多的试行,1995年5月1日起,在全国范围内正式实行了一周双休制。1995年国务院修改实施了《国务院关于职工工作时间的规定》(以下简称《规定》)。

《规定》是我国第二次节假日制度改革,由此形成了"元旦一天,春节三天,'五一'一天,'十一'两天,再加上52个大周末104天,假日的总量达到了111天"的全新假日结构。双休制起到了很好的效果,适应了社会的发展,尤其是适应了我国当时劳动力急剧增加,大批员工下岗的国情。可以说,双休制的实行在提供部分劳动岗位上产生了积极作用,同时改变了中国的国际形象,成为中国保障公民休息权的有力措施。此外,《劳动法》(1995年)规定的"国家实行带薪年休假制度。劳动者连续工作一年以上的,享受带薪年休假"有关公民休假的内容,成了节假日制度的有益补充。

(四)假日"制度创新"阶段(1999—2006年)

进入新世纪后,中国经济蓬勃发展,为"黄金周"的产生创造了条件。而双休制的实行,为"黄金周"的诞生提供了便利。

1999年"春节"和"五一"期间,原国家旅游局对有关休假制度进行研究,先后提出两份研究报告,考察了假期制度在拉动内需方面的作用,并会同国务院体改办向国务院提出建议。1999年9月18日,国务院对《全国年节及纪念日放假办法》(1949年)进行修订,发布《全国年节及纪念日放假办法》(1999年修订版)。该办法规定全体公民放假的节日为新年放假1天(1月1日),春节放假3天(农历正月初一、初二、初三),劳动节放假3天(5月1日、2日、3日),国庆节放假3天(10月1日、2日、3日),并且在第六条中规定全体公民放假的假日,如果适逢周六、周日,应当在工作日补假。该办法的施行使得我国的公共假日从7天增加到10天,形成了$1+3+3+3+52\times2=114$的假日结构。"黄金周"也随之产生。从本质上来说,"黄金周"不仅是旅游黄金周,也是消费黄金周。我国通过调整假日制度,增加了三个公共假日,极大地拉动了社会消费。"黄金周"从2000年"五一"到现在一直呈现火爆的景象,尽管存在一些问题,但经过数年的调整与发展,我国的"黄金周"已经形成了较为成熟的发展模式。

(五)假日"更加和谐"阶段(2007年至今)

《国务院关于修改〈全国年节及纪念日放假办法〉的决定》(2007年)进一步体现了"以人为本"的核心理念,这是与之前假日制度的根本不同。从假日时间上看,增加了一个公共假日,形成了$1+3+1+1+1+1+3+52\times2=115$天的假日结构,构造了一个"两大五小"的局面。其中,"两大"指"春节"和"十一"黄金周,"五小"指包括元旦节、清明节、五一劳动节、端午节和中秋节在内的五个节日。具体来看,这次节假日制度的出台有下述几个特点。

(1)强调带薪休假。《国务院关于修改〈全国年节及纪念日放假办法〉的决定》(2007年)和《职工带薪年休假条例》(2007年)的同时出台,标志着我国节假日制度开始向多元化发展。而且,该条例内容比较具体,更具操作性和可行性,有利于多方面保障落实公民的休息权利。

(2)注重传统文化。在保留了春节的基础上,进一步将清明节、端午节和中秋节等传统节日都纳入法定假日,对中华民族传统节日的重视,有利于中华民族传统文化的传承与弘扬。

(3)注重产生程序。《国务院关于修改〈全国年节及纪念日放假办法〉的决定》(2007年)不是直接发布的,而是先后经过了两会代表对休假制度提出具体提案,经过专家的具体论证,以及在互联网上征求全体公民的意见等相关程序之后逐步推出的。

(4)存在广泛争论。争论的焦点在于《国务院关于修改〈全国年节及纪念日放假办法〉的决定》(2007年)规定的五一劳动节假期为1天,使得之前3天假期的"五一"黄金周被迫消失。争论的核心从是否以民生为重转变为怎样才能做到真正以民生为重。

总体来说,从新中国成立之初无保障的57天节假日,发展演变到今天保障体系日益健全的115天节假日,反映了我国国家假日制度不断发展、逐步完善的过程。

二、假日旅游的发展趋势

(一) 假日经济和假日旅游

假日经济是在1999年节假日时间调整的基础上,通过上移下借的方法所形成的春节、五一和十一三个长假期之后才出现的新概念,指人们在假日期间集中购物、旅游等消费的行为带动供给增加、市场繁荣、经济发展的一种综合性经济模式,是消费在特定时段内的集中,本质上仍是一种消费现象①。假日经济是一种综合经济,是集旅游消费、商品消费、服务消费、文化消费等于一体的综合消费。

假日旅游有广义和狭义之分,广义上的假日旅游指人们在各种年节、纪念日、公休假日及寒(暑)假期间的旅游活动;而狭义的假日旅游则特指我国公民在春节、五一和十一等长假期间的旅游活动。

假日旅游是假日经济的一种重要形式,也是目前假日经济最主要的收入来源,两者相互联系又相互区别。假日旅游虽然在假日经济消费行为中占主导地位,但不能等同于假日经济。目前,由于"黄金周"期间出现"票难买、车难坐、门难进"的"人满为患"现象,使得许多消费者渐趋理性,放弃外出旅游,选择在家度假。这些消费者在家度假的购物消费、餐饮消费等消费行为属于假日经济消费。

(二) 中国假日旅游发展阶段及特点

自1999年国庆节第一个长假实施以来,我国假日旅游取得了无可取代的成绩,但也出现了众多不容忽视的经济、社会和环境问题。根据我国假日旅游发展的情况,现将我国假日旅游的发展分为快速发展阶段(1999—2007年)和趋向理性阶段(2008年至今)两个阶段。

1. 快速发展阶段(1999—2007年)

《全国年节及纪念日放假办法》于1999年9月颁布,通过上移下借,将春节、五一、十一三个中国公民生活中最重要节日的休息时间延长为7天。因此,1999年的十一成了我国实行长假制度以来的第一个长假。能够满足不同层次、不同类型人群需求的旅游消费市场,有着广泛的消费群体和群众基础,休闲时间的增加极大地刺激了渴望出游的人们。因此,长假制度一启动,就形成了一股滚滚洪流,势不可挡。1999年,全国出游人数达2 800万人次,实现旅游收入141亿元②;2000年的五一长假也出现了旅游"井喷"现象;"黄金周"的概念在《关于进一步发展假日旅游的若干意见》(2000年)中被正式提出,并逐

---

① 仓平,王维工.假日经济的成因、存在问题及对策[J].东华大学学报(社会科学版),2002(02):13-16.
② 中国旅游网.http://www.cnta.gov.cn/wyzl/more.asp?newsid=004001.

渐深入人心。

本阶段又可分为以下三个阶段:

(1) 2000—2002 年是我国假日旅游全面快速发展时期。

受世界经济复苏缓慢、国际政治局势不稳定和美国"9·11"恐怖袭击事件的影响,世界旅游业整体进入了一个迅速收缩和缓慢恢复的时期,但是我国旅游业却在这种不利的国际环境中逆流而上,取得了良好的发展业绩。2001 年,我国入境旅游人数达 8 901.29 万人次,比上年增长 6.7%;国内旅游人数达 7.84 亿人次,比上年增长 5.3%;国内旅游收入 3 522.36 亿元人民币,比上年增长 10.9%。2002 年,我国入境旅游人数达 9 791 万人次,比上年增长 9.99%;国内旅游人数达 8.78 亿人次,比上年增长 12.01%;国内旅游收入为 3 878 亿元,比上年增长 10.11%[①]。我国假日旅游在 2000—2002 年取得的这些成绩得益于我国政府及相关部门在这段时间所做的努力。

首先,《关于进一步加快旅游业发展的通知》(2001 年)提出"把我国建设为世界旅游强国"的目标,为政府重点促进旅游业的发展奠定了政策基础。其次,全国性的旅游市场整顿在 2001 年拉开了序幕,《关于开展旅游市场打假打非专项整治工作的通知》、导游人员记分卡管理制度等旅游市场治理举措取得了良好效果。再次,旅游行业协会起到了强有力的作用。如我国旅游饭店行业协会制定了《中国旅游饭店行业规范》,倡导诚信、维护市场秩序、保护消费者利益,促进了旅游饭店行业的健康发展,提高了行业的总体竞争力。最后,旅游国债极大地推动了旅游基础设施和旅游重点项目建设。旅游基础设施建设项目从 2000 年开始纳入国债范围,至 2002 年共下达 5 期 42 亿元的国债,支持了 379 个重点项目[②];重点投入在旅游区的基础设施建设上,截至 2002 年底,新建了 7 500 千米旅游支线公路,2 500 千米游览区人行步道[③];为我国假日旅游的长远发展夯实了基础。

(2) 2003 年是我国假日旅游发展遭受重创的一年。

2003 年,为避免"非典"的扩散,国务院及时决定取消五一黄金周。"非典"的侵袭使得我国旅游业基本处于停滞状态,直接导致旅行社的全面亏损,中小旅行社面临歇业、倒闭;饭店营业收入严重亏损,基本处在停业状态;旅游板块的股票市值大幅下跌,景区景点、旅行社、饭店类股票跌幅达 25%;旅游从业人员工资福利大幅缩减,下岗人数开始增多[④]。到 2003 年 10 月,我国旅游业开始慢慢恢复,入境旅游总人数达 854.99 万人次,比 9 月增长 5.87%,但与上年同期相比仍略有下降[⑤]。

(3) 2004—2007 年我国假日旅游恢复快速发展。

根据《旅游绿皮书中国旅游发展与预测》(2006 年),我国假日旅游发展于 2004 年进

① 2001 年中国旅游业统计公报[EB/OL].中国旅游网.http://www.cnta.com/32-lydy/2002/2001gb.htm.

② 张广瑞,魏小安,刘德谦.旅游绿皮书:2001—2003 年中国旅游发展:分析与预测[EB/OL].中国与世界经济发展数据库,2002. https://www.pishu.com.cn/skwx_ps/bookdetail?SiteID=14&ID=2793519.

③ 张广瑞,魏小安,刘德谦.旅游绿皮书:2001—2003 年中国旅游发展:分析与预测:2.

④ 稚振年,周丰年."非典"对旅游行业的影响及应对建议[EB/OL].中国旅游网.http://www.cnta.com/32-lydy/2003/lydy-7-3.htm.

⑤ 2003 年 10 月份我国入境旅游继续恢复发展[EB/OL].中国旅游网.http://www.cnta.com/.

入了快速恢复和发展时期。我国旅游业的发展因 2003 年的"非典"影响而受到了沉重的打击,但在 2004 年的恢复情况出乎预料。2004 年,我国国内旅游人数达 11.02 亿人次,比上年增长 26.6%[①]。

2005 年,我国假日旅游继续保持良好的发展势头。根据原国家旅游局有关数据统计,2005 年全国国内旅游人数为 12.12 亿人次,比上年增长 10.0%;全国国内旅游收入 5 286 亿元,其中城镇居民 4.96 亿人次,比上年增长 8.1%,农村居民 7.16 亿人次,比上年增长 11.4%。2006 年,我国旅游业依旧保持了较快增长,出境旅游、入境旅游和国内旅游三大旅游市场全面增长。中国公民出境人数达到 3 452.36 万人次,比上年增长 11.3%;全年共接待入境游客 12 494.21 万人次,实现国际旅游外汇收入 339.49 亿美元,分别比上年增长 3.9% 和 15.9%;国内旅游人数 13.94 亿人次,收入 6 230 亿元人民币,分别比上年增长 15.0% 和 17.9%;旅游业总收入 8 935 亿元人民币,比上年增长 16.3%,相当于国内生产总值的 4.27%。

2. 趋向理性阶段(2008 年至今)

此阶段也被称为"后黄金周时代",主要是因为国家放假办法的改革——《国务院关于修改〈全国年节及纪念日放假办法〉的决定》(2007 年)和《职工带薪年休假条例》(2007 年)于 2008 年正式施行。

新的节假日制度的特色在于增加了清明、端午、中秋三个法定节假日,将会促进民族民俗旅游的发展,而且假期设置较为分散,客观上会使得旅游流分散,有利于缓解"黄金周"期间的旅游拥挤现象。

(三) 中国假日旅游的重要转型

1. 假日旅游价值取向的转型

假日旅游价值取向从经济型向福利型转变[②]。

国家自 1999 年开始实行"黄金周"假日制度的核心目的是为了通过"黄金周"旅游的发展来扩大内需,促进经济繁荣,以克服时间瓶颈对国内旅游发展所形成的制约。时至今日,"黄金周"旅游在促进国内旅游发展、扩大内需、带动相关产业发展方面,一直发挥着极为重要的作用。而且,随着科学发展观的确立和人们对假日旅游认识的不断深入,人们对假日旅游的价值取向不再局限于单纯的经济取向,假日旅游的非经济功能日益得到重视。

随着福利经济学理论的广泛传播,人们逐渐认识到收入和财富只有转化为大众所希望消费的产品和劳务后才能最终转化为国民福利,具体体现在国家统计局将国民幸福指数纳入法定的统计指标体系。在小康社会阶段,旅游消费需求日益成为人们的基本生活需求,发展旅游的目的也逐渐从谋取经济利益升华为提高国民福利。公众假期及假日旅游,既是人民群众基本生活之需,也是国民福利的具体体现,在实现人的全面发展、提高社会总体福利水平、建设和谐社会等方面,发挥着越来越重要的作用。

---

① 张广瑞,魏小安,刘德谦.旅游绿皮书:2001—2003 年中国旅游发展:分析与预测:83.
② 张俐俐,蔡利平.旅游公共管理[M].北京:中国人民大学出版社,2009.

2. 假日经济形态的转型

假日经济形态从单一的旅游度假经济形态向多元化的休闲度假经济形态转型。

以观光旅游为主的度假模式尽管带来了大规模的旅游流量,促进了旅游发展,但这种度假模式也带来了假日旅游质量的降低、供求矛盾突出等问题,不仅给旅游业的发展造成了巨大压力,而且将内涵丰富的假日经济形态变为单一的旅游经济形态。然而,随着国民休闲理念的确立、消费结构的升级和假日旅游的理性回归,假日经济形态由以旅游度假经济为主体向以多元化的休闲度假经济为主体转变。

随着社会经济的全面进步,休闲度假逐渐成为人们重要的生活消费需求之一,世界发达国家正在逐步迈入休闲社会。未来学家格雷厄姆·T. 莫托利就曾经指出:"休闲是新千年全球经济发展的五大推动力中的第一引擎。"事实表明,旅游是休闲度假的重要方式,但不是人们休闲度假的唯一选择。去图书馆"充电"、到体育馆健身、参加驾驶学校和各种短期培训班等多样化和理性化的休闲度假方式越来越受到人们的青睐。休闲度假需求及方式的多样化必然导致旅游度假结构向休闲度假结构调整,引发出游方式、时空结构、供给方式、组织体系等方面的一系列变化,逐渐转变为以休闲度假为主的多元化假日经济形态。

3. 假日旅游模式的转型

假日旅游模式从线性旅游向非线性旅游转型。

传统的以观光为主的线性旅游主要是一种多点组合型旅游,追求一次出游目的地和游览景点的数量,被戏称为"牧羊式"旅游或"赶场式"旅游。而新兴的以休闲为主的非线性旅游主要是一种单点游憩型旅游,追求在一个点上的深度体验与身心的彻底放松。近年来,国内许多旅游目的地在"黄金周"旅游期间,出现了出游人数上升而旅行社团队量却下降的现象。这说明传统的团队观光旅游方式逐步被个性化休闲度假旅游方式所替代,各种形式的自驾游、乡村游、探险游、度假游、自助游等个性化的休闲旅游方式日趋火爆。由此可见,假日旅游模式的转型与旅游活动的发展变化息息相关:一是由于人们消费观念、度假观念与旅游观念的不断成熟和理性化;二是由于人们对传统"黄金周"旅游模式的扬弃。

目前,假日旅游的主要特征为:一是散客市场不断扩大。以散客为主的一日游游客已成为假日旅游的主力,促使假日旅游的组织方式发生变化。二是旅游动机趋于多元化。除了传统的观光游外,乡村游、探险游、体验游、休闲游和出境游等多样化的旅游活动形式备受青睐,促进假日旅游的产品结构趋于多样化。三是供给方式灵活多样。"机票+酒店""车票+酒店"等"自由行"产品和汽车租赁、旅游代理、订房中心、旅游电子商务和野营俱乐部等旅游新业态蓬勃发展,旅游业与相关产业的相互渗透更加明显、互动更加频繁,推动假日旅游的产业结构趋于多元化。四是出行频率大幅提高。随着假日制度的改革和带薪度假制度的落实,"黄金周"对人们出游次数的约束力下降,进而提高了人们假日旅游的出行频率。

第三节　国民休闲与旅游消费政策

一、国民休闲政策

2006年,在杭州举办的首届国际休闲产业博览会揭开了这一巨大产业的冰山一角。但我国政府出台具体的休闲政策时间较晚,2007年的政府工作报告中才提出要"积极培育旅游、文化、休闲、健身等消费热点,扩大居民消费",首次出现"休闲"一词,标志着与人民生活紧密相关的休闲生活、与扩大内需紧密相连的休闲经济开始受到国家重视。"休闲"在中国的热度不断提高,实际上是与中国经济的快速发展、人民生活的不断改善、人民闲暇时间的明显增加密切相关,也说明了我们的改革开放取得了巨大成就。近年来,随着我国旅游休闲产业的迅速发展,促使我国最重要的国民休闲政策——《国民旅游休闲纲要(2013—2020年)》(2013年)的诞生。

《国民旅游休闲纲要(2013—2020年)》(2013年)围绕"职工带薪年休假制度基本得到落实,城乡居民旅游休闲消费水平大幅增长,健康、文明、环保的旅游休闲理念成为全社会的共识,国民旅游休闲质量显著提高,与小康社会相适应的现代国民旅游休闲体系基本建成"的发展目标,从保障国民旅游休闲时间、改善国民旅游休闲环境、推进国民旅游休闲基础设施建设、加强国民旅游休闲产品开发与活动组织、完善国民旅游休闲公共服务和提升国民旅游休闲服务质量八个方面提出了具体的任务和举措。

二、旅游消费政策

(一) 国内旅游消费政策

旅游业是我国经济社会发展的综合性产业,是国民经济和现代服务业的重要组成部分。通过改革创新促进旅游投资和消费,对于推动现代服务业发展、增加就业和居民收入和提升人民生活品质具有重要意义。为进一步促进旅游投资和消费,《关于进一步促进旅游投资和消费的若干意见》(2015年)从提升旅游基础设施和改善旅游消费环境、促进旅游投资和开辟旅游消费新市场、促进旅游消费和培育旅游消费新热点、提升乡村旅游和拓展旅游消费空间、优化休假安排和刺激旅游消费需求,以及加大改革创新力度和促进旅游投资消费持续增长六个方面提出了促进旅游投资和消费的具体实施计划。

(二) 入境旅游消费政策

结合不同时期我国政治外交任务与经济社会发展的主要目标,我国先后出台了《外国侨民旅行暂行办法》(1951年)、《关于放宽外侨旅行限制的通知》(1957年)、《关于开展国外自费来华者接待工作和加强国际旅行社工作的通知》(1958年)、《关于国际自费旅行者交通费用优待办法》(1958年)、《关于对外国人在中国境内旅行管理办法的补充规定》(1958年)、《关于开展华侨和港澳同胞旅行业务以增加国家外汇收入问题的通知》(1963年)、《外国人入境出境过境居留旅行管理条例》(1964年)、《关于大力发展旅游事业若干问题的报告》(1979 年)、《中华人民共和国外国人入境出境管理法》(1985 年)、《关于旅游签证的规定》(1991 年)、《关于大力发展入境旅游的指导意见》(2007 年)等一系列发展入境旅游的相关政策文件,有力地促进了入境旅游的健康、持续、快速发展。我国的入境旅游政策大致经历了以下 3 个发展阶段。

1. 旅游服务于政治外交事业阶段(1949—1977 年)

从 1949 年新中国成立到 1977 年的近 30 年时间内,我国制定的入境旅游政策主要是配合当时国家政治外交的工作需要,本质上是作为国家政治外交政策的补充内容。1964年成立的中国旅行游览事业管理局,明确提出将扩大对外政治影响和为国家吸取自由外汇作为我国发展旅游事业的主要目标和政策方针。这一阶段与入境旅游有关的重要政策法规文件有 20 多项,从多个方面对我国的入境旅游进行了规定、规范和引导。

2. 优先发展以创汇为核心目标的旅游阶段(1978—1999 年)

1978 年,我国开始全面实施对外开放政策,旅游也从政治外交的隶属事业逐步转变为国民经济产业,提出了"积极发展,量力而行,稳步前进"的旅游发展政策,我国当时急需赚取外汇进行社会主义建设,在一段较长的时间内仍然倾向于发挥旅游"为国家吸取自由外汇"的作用。在此期间的相关旅游政策也以创汇为核心,明显向入境旅游倾斜。

3. 旅游全面发展阶段(2000 年至今)

进入 21 世纪以来,我国经济实力迅速提升、外汇储备不断增加,赚取外汇已不再是国家建设最急迫和最重要的任务,相关入境旅游的发展政策已从创汇为核心转变为重视创汇为目标,而且更加注重通过旅游产业的自身发展、国家旅游形象的树立和国家"软实力"的打造等来推动入境旅游全面发展。例如,《国务院关于进一步加快旅游业发展的通知》(2001 年)提出要"积极采取措施大力发展入境旅游……进一步搞好旅游市场宣传促销,强化在国际市场上的形象宣传,采用新方式,开拓新渠道,不断增强我国旅游业在国际市场的吸引力";《中国旅游业发展第十一个五年计划纲要》(2005 年)指出"大力发展入境旅游、规范发展出境旅游、全面发展国内旅游"是"十一五"期间我国旅游市场发展思路和方向;《关于大力发展入境旅游的指导意见》(2007 年)是我国新时期进一步促进入境旅游发展的纲领性文件,明确了"大力发展入境旅游是我国旅游业发展的基本方针"。

(三)出境旅游消费政策

1. 出境旅游政策的概念及特征

出境旅游指某国公民跨越国境前往另一国家或地区所进行的旅游活动。我国出境旅游源于 1983 年的港澳探亲游,正式开始于《中国公民自费出国旅游管理暂行办法》(1997年)的颁布实施,主要包括港澳台游、边境游和出国游三种形式,从客源产出、空间流向、市场规模、消费结构等方面来看,具有如下特征[①]:

(1)在客源产出上,东部地区多,中、西部地区少。我国出境旅游的客源存在东部地

① 戴斌,等.中国出境旅游发展的阶段特征与政策选择[J].旅游学刊,2013,28(01):39-45.

区多,中、西部地区少的不均衡情况,并不是一个整齐划一的整体渐进过程。主要原因是我国东、中、西部地区经济发展水平存在较大差异,东部地区居民的可支配收入远高于中、西部地区居民的可支配收入,而且东部地区还具有较为便利的签证与对外交通联系等条件。因此,我国出境旅游客源产出的主要位置长期以来被东部地区所占据,还没有成为普遍的大众化趋势。

(2)在空间流向上,港澳出境游多,出国游少。作为开放时间最早、与内地关系最为紧密的地区,中国香港与中国澳门一直是内地出境游客最为主要的出境目的地。从2004年至今,赴中国香港与中国澳门的游客规模基本保持在出境游客的70%左右。地理位置的毗邻与经济联系的紧密决定了内地赴港澳游客中以不过夜游客为主要构成。而在出国游的目的地中,我国出国游首位的旅游目的地由蒙古国演变为韩国,对韩国、蒙古国、泰国、越南和日本的旅游贡献度始终较高[1]。

(3)在市场规模上,出境游的基数大,但出游率低。我国出境游的快速增长得益于庞大的人口基数所产生的巨大旅游需求,从出境游市场的绝对数量来看,我国出境游客人数于2011年位居世界第二,并在2019年达到1.55亿人次[2]。但我国公民出境游的出游率较低,相对规模刚刚达到韩国20年前的发展程度。而且,我国的出境游客是一个广义概念,包括因公或因私出境前往其他国家或地区观光、度假、探亲访友、就医疗养、购物、参加会议或从事经济、文化、体育、宗教活动的内地(大陆)居民[3]。这意味着在狭义旅游范畴上,我国出境游客的相对规模与发达经济体的差距会更大,相对滞后于发达国家。

(4)在消费结构上,以旅游购物消费为主。我国出境旅游游客的主要旅游消费项目是旅游购物。根据中国旅游研究院2011年的调查统计,32.2%的出境旅游游客在旅游购物项目中花费最高[4]。这种非理性的旅游消费一是由于总人口及个人出境率低产生的"透支消费",以及因社会习惯而造成的集合式"影子消费"[5];二是因为进口商品综合税率过高导致的"转移消费",根本上是由我国出境旅游消费仍处在从尝试性转向成熟型的发展阶段所决定的。

2. 出境旅游发展及其政策演变过程

出境旅游政策与出境旅游发展历程密不可分,按照出境旅游的市场政策,可将出境旅游划分为探索发展阶段(1983—1997年)、适度发展阶段(1998—2005年)、规范发展阶段(2006—2009年)和有序发展阶段(2010年至今)4个阶段。[6]

(1)探索发展阶段(1983—1997年)。在1983年11月,广东省作为试点率先开放本省居民赴中国香港旅游探亲之前,我国出境旅游基本上以外事活动为主,不是真正意义的

---

① 包富华.中美两国出境旅游市场演化比较研究:基于内外双重视角的分析[J].旅游学刊,2022,37(07):133-147.

② 孙琳."出境旅游国内化"或许会成为新常态[N].人民政协报,2022-03-25(006).

③ 中华人民共和国国家旅游局.中国旅游统计年鉴[Z].北京:中国旅游出版社,2011.

④ 中国旅游研究院.2012中国出境旅游发展年度报告[M].北京:中国旅游教育出版社,2012(3):54-60.

⑤ 杨军.中国出境旅游"双高"格局与政策取向辨析:兼与戴学锋、巫宁同志商榷[J].旅游学刊,2006(06):65-68.

⑥ 刘倩倩,刘祥艳,周功梅.中国出境旅游研究:一个文献综述[J].旅游论坛,2021,14(03):95-112.

出境旅游。次年,《关于拟组织归侨、侨眷和港澳台眷属赴港澳地区探亲旅行团的请示》得到国务院的批准,由此揭开了我国公民出境旅游的序幕。为了满足国民的探亲需要,方便与友好邻国边境城市开展互访活动,国家批准了中国大陆居民赴港澳地区和新马泰菲四国探亲访友,以及辽宁省丹东市等边境地区居民到邻国边境城市进行短期旅游活动。例如,《关于组织我国公民赴东南亚三国旅游的暂行管理办法》(1990 年)、《边境旅游暂行管理办法》(1997 年)等相关政策文件都有明确规定。此阶段的出境旅游市场以探亲游和边境游为主,市场规模较小。而《中国公民自费出国旅游暂行办法》(1997 年)的颁布实施则标志着中国真正意义的出境旅游市场正式形成。截至 1998 年上半年,黑龙江、内蒙古、辽宁、吉林、新疆、云南和广西七省(自治区)与俄罗斯、蒙古、朝鲜、哈萨克斯坦、吉尔吉斯斯坦、塔吉克斯坦、缅甸和越南八个国家开展边境旅游活动的需求,以及 56 个边境旅游项目得到了国家批准。

(2) 适度发展阶段(1998—2005 年)。这一阶段的出境旅游活动受到政府部门的严格管制和主动引导,国家确立了"有组织、有计划、有控制"的发展原则和"适度发展出境旅游"的总方针。我国从 1997 年开始实施 ADS(Approved Destination Status)政策,是一项针对出境旅游目的地审批的制度安排,以双边旅游协定为基础,准许中国自费游客以团队的形式,凭借特殊签证赴对方国家或地区旅游。随着我国陆续与各旅游目的地国家签署 ADS 协定,我国出境旅游规模迅速扩大,出境游客数量从 1997 年的 532 万人次增至 2005 年的 3 103 万人次,年均增幅高达 24.6%。为了规范旅行社组织我国公民的出国旅游活动,国家于 2001 年正式出台《中国公民出国旅游管理办法》。

(3) 规范发展阶段(2006—2009 年)。为解决我国出境旅游市场的快速发展和行政垄断导致供需矛盾突出、市场竞争无序、产品质量低下和旅行社违规操作严重等问题,原国家旅游局在 2005 年的全国旅游工作座谈会上,以及《中国旅游业发展"十一五"规划纲要》(2006 年)中都明确提出"规范发展出境旅游"的要求。由此可见,在 2005 年之后,我国的出境旅游市场政策已由"适度发展"转为"规范发展"。

(4) 有序发展阶段(2010 年至今)。随着我国旅游业服务国家战略的功能发生转变,政府部门扭转了出境旅游服务于经济的狭隘观点,开始强调出境旅游的综合效应。原国家旅游局在 2009 年提出了"大力发展国内旅游,积极发展入境旅游,有序开展出境旅游"的工作要求,次年的《中国旅游业发展"十二五"规划纲要(征求意见稿)》中明确指出要"全面发展国内旅游,积极发展入境旅游,有序发展出境旅游"。因此,在 2009 年之后,"有序发展出境旅游"成为我国出境旅游市场政策的发展战略。

总体而言,我国出境旅游处于大众旅游发展的初期阶段。

复习思考

(1) 我国的假日政策经历怎样的历程?呈现怎样的发展趋势?

(2) 我国国民休闲政策主要包括哪些方面?

（3）我国入境旅游政策的发展过程具有什么样的特征？

（4）我国出境旅游政策的发展过程有什么特征？

（5）我国旅游公共政策的基本内涵是什么？

（6）在中国式现代化背景下，旅游公共政策如何促进人民的物质文明与精神文明相协调？

第三章

旅游产业政策

> **学习要点**
> - 我国旅游产业政策的分类结构及特点。
> - 旅游产业扶持与保障政策的基本内容。
> - 旅游市场信用管理与服务质量提升政策。

第一节　旅游产业政策概述

一、旅游产业政策的概念

　　产业政策是指政府为了实现一定经济和社会目标而系统设计的有关产业形成和发展,特别是产业结构演变的政策措施的总和。旅游产业政策也是产业政策的一种,即政府针对旅游产业而制定的政策措施。因此,旅游产业政策是政府为了实现一定的经济和社会目标而制定的针对旅游产业的各种政策措施的总和。

二、旅游产业政策的类型

　　旅游产业政策是政府围绕促进旅游产业经济、实现旅游产业发展的目标,主要针对旅游企业发展和经营投资等方面,进行旅游经济运行干预的一种重要途径。旅游产业政策表现形式较为广泛,不仅包含常见的国家的战略方针、法规制度、办法措施等,还常常以决议、建议、通知等形式出台,其内容可分为基本政策和特殊政策两部分。根据政策的整体趋向,可将旅游产业政策分为激励性政策和保障性政策两大类,再遵循产业经济学的基本分类,增加旅游产业配套政策形成三级分类,最后对每一个细化到功能的分类进行归纳,形成一个层次分明的四级分类结构(见图 3 - 1)[①]。

---

① 李锋,唐晨.中国旅游产业政策研究:进展、争议与展望[J].北京第二外国语学院学报,2015,37(03):22 - 32.

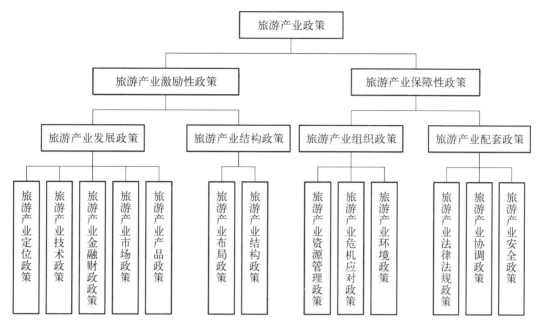

图 3‑1 旅游产业政策分类结构

三、旅游产业政策的特点

在我国,旅游产业政策具有导向性、阶段性、相对稳定性、系统性和针对性的特点。

(一) 导向性

旅游产业政策是政府为了实现特定的社会经济目标而制定的,因此,旅游产业政策具有明显的产业发展目标、重点、实施步骤和保障措施。旅游产业政策强调对旅游经济主体的行为进行引导,以使其经济活动符合产业发展规律及宏观调控的要求等。

(二) 阶段性

在不同时期,政府对社会经济的发展有不同的目标和要求,在不同的社会经济发展阶段,旅游产业面临的发展环境也会出现差异和变化。因此,旅游产业政策应根据不同发展阶段的目标任务来确定具体的产业发展目标和要求。比如,在我国旅游业发展起步阶段,面临薄弱的旅游基础,当时的旅游产业政策是优先发展入境旅游,广泛吸纳各种资金用于旅游设施建设。随着我国社会经济的发展,旅游供给的相对过剩,旅游产业政策又侧重于缓解恶性竞争,刺激国内旅游需求等方面。也就是说,旅游产业政策具有阶段性。

(三) 相对稳定性

旅游产业政策虽然随着社会经济的发展而作出调整,但过于频繁的变动,将会使产业内经济主体无所适从,对旅游产业的发展带来不利的影响。旅游政策在具体的社会经济发展阶段内,为了保证其正常的导向功能,必须保持相对的稳定性。

(四) 系统性

旅游产业是一个关联性很强的产业,旅游产业政策的制定,还应兼顾与其他产业的协调问题。旅游产业政策必须与其他产业政策相融合、相协调,必须正确处理好产业之间的各种投入产出关系,避免失衡从而形成一些瓶颈问题。同时,旅游产业政策也有各种子政策,即产业内各行业部门的特定政策。必须解决特定的子政策和产业政策之间的配合问题,使它们形成一个运作高效的系统。

（五）针对性

旅游产业政策具有阶段性,旅游产业政策推行的主要目的在于解决和克服旅游产业发展中遇到的一系列问题和矛盾,通过必要的引导和干预来提升产业的素质。因此,旅游产业政策的内容应针对当前的具体情况和特点而制定。例如,在旅游产业起步阶段,政策的导向主要集中于鼓励与扶持旅游基础设施的建设,而在旅游产业转型进入持续快速发展阶段,旅游产业政策的重点在于规范旅游经济的运行,提升旅游业的国际竞争力,促进旅游产业可持续发展等。

第二节　旅游产业投资促进政策

一、旅游产业促进政策

（一）旅游产业结构优化及新业态促进政策

旅游产业结构是指直接或间接为旅游者提供产品和服务的各个行业部门之间的经济技术联系和比例关系,通常涉及"食、住、行、游、购、娱"六个行业或部门。它们既相互促进又相互制约,共同构成一个国家或地区的旅游产业结构。党的十九大后,我国经济发展进入经济结构调整的新常态,尤其是文旅部门的融合促使旅游产业新业态的出现,旅游产业结构也亟须向合理、优化的状态转变。为此,以文旅部门为主的中央政府部门出台了一系列关于促进文旅新业态发展的指导意见,如表3-1所示。

表3-1　文旅部门等出台的系列指导意见

年　份	名　　称	发 布 机 构
2018	《关于在旅游领域推广政府和社会资本合作模式的指导意见》	文化和旅游部
2018	《关于促进乡村旅游可持续发展的指导意见》	文化和旅游部
2019	《关于促进旅游演艺发展的指导意见》	文化和旅游部
2019	《关于实施旅游服务质量提升计划的指导意见》	文化和旅游部
2020	《文化和旅游部关于推动数字文化产业高质量发展的意见》	文化和旅游部
2020	《关于深化"互联网+旅游"推动旅游业高质量发展的意见》	文化和旅游部等10部门
2021	《关于推进博物馆改革发展的指导意见》	国家文物局
2022	《关于推动文化产业赋能乡村振兴的意见》	文化和旅游部等6部门

此外,各级文旅部门也出台了系列指导意见。如随着消费的不断升级,乡村民宿从农家乐为主的 1.0 版本升级发展而来。作为一种利用农村房屋、借用乡土环境提供以住宿为主的休闲旅游度假服务的接待设施,快速成为乡村旅游发展多元化业态的组成部分。面对民宿发展新形势、新要求,前上海市旅游局、市农委出台《关于促进本市乡村民宿发展的指导意见》,指出乡村民宿可以利用农村依法建造的宅基地农民房屋,村集体用房、农房、集体建设用地等资源。同时,明确单体建筑内的房间数量不超过 14 个标准间(或单间)、最高 4 层且建筑面积不超过 800 平方米,并厘清了民宿发展的基本原则、设立条件、保障措施等,在发挥乡村民宿在推动城乡和产业融合互动,促进休闲农业和乡村旅游创新转型等方面具有积极作用。又如,2022 年北京冬季奥运会的举办为我国冰雪运动繁荣发展带来了重大机遇,加大冰雪旅游产品供给,推动冰雪旅游高质量发展,更好满足人民群众冰雪旅游消费需求,助力构建新发展格局,各省市相继出台了关于冰雪旅游发展的政策意见,如北京市出台了《关于加快冰雪运动发展的意见(2016—2022 年)》及七项配套规划、河北省出台了《关于支持冰雪运动发展的实施意见》、福建省出台了《关于抢抓机遇发展冰雪运动的若干措施》,相关内容如表 3 - 2所示。

表 3 - 2　各省市关于冰雪旅游发展的指导意见

目　　　标	主　要　任　务
普及群众性冰雪运动	丰富群众冰雪活动,通过冰雪运动进机关、进企业、进农村、进社区、进家庭的形式,营造浓厚的冰雪运动氛围,传播冰雪运动正能量
	推进冰雪运动进校园工作,举办青少年冰雪运动赛事
加快推动冰雪健身休闲业	统筹推进冰雪旅游、健身休闲、场馆服务等产业发展,指导冰雪资源大省做好冰雪旅游专项规划,建设一批复合型冰雪旅游基地和冰雪运动中心
	鼓励冰雪运动场地开发大众化冰雪旅游项目,建设一批集滑雪、登山、徒步、露营等多种健身休闲运动为一体的体育旅游度假区或度假地
积极培育冰雪竞赛表演业	大力拓展冰雪竞赛表演市场,促进办赛主体多元化,推进冰雪赛事活动的开展
	有计划地举办冰雪运动国际高水平专业赛事,培育花样滑冰、冰球、冰雪等滑雪等冰雪运动品牌赛事
加大场地设施供给	科学规划布局冰雪运动场地。各地要根据人口规模、自然资源、经济社会发展水平,科学规划冰雪运动场地设施
	鼓励现有场地提升改造,支持利用公共体育场地、城市广场和学校,建设可拆装、仿真冰雪设施。支持利用自然资源建设室外冰雪场地,利用商场、旧厂房、仓库改建滑冰场地,全部配备无障碍设施

（二）旅游创新创业政策

当前，我国旅游产业正在从传统的景点、景区旅游模式向观光、休闲、度假、体验一体化等发展模式转变，由市场驱动和要素驱动型向创新驱动型转变，引发了旅游行业的思维变革、经营变革、管理变革和观念创新，倒逼旅游产业不断创造新的生产要素，形成新的要素组合。

近年来，我国"大众创业、万众创新"（简称"双创"）政策持续向更大范围、更高层次和更深程度推进，对于旅游业来说，发挥"双创"推动行业转型升级作用，让"双创"成为旅游业发展的重要引擎是当前一大课题。同时，旅游业也已成为我国创业创新最活跃的领域之一，"旅游+"正成为"大众创业、万众创新"国家政策的助推器。首先，旅游"双创"门槛具有多层次性。"十三五"促进就业规划鼓励发展现代服务业，特别是发展就业容量大、门槛低的服务业，旅游业在吸纳就业方面有着其他行业难以比拟的优势，且旅游业态的多样性与市场细分的多元性特征决定了旅游业"双创"门槛的多层次性。其次，旅游业有"逆自动化"的特点。传统制造业自动化水平提高与人力需求呈反方向变化，而旅游服务业的消费升级，不仅能够带动更多就业，也能促进产业创新、升级。

我国政府同步颁发了系列鼓励旅游产业"双创"的政策文件，如国家发展改革委办公厅印发《关于开展社会服务领域双创带动就业示范工作的通知》（2020年），聚焦"互联网平台+创业单元"等新模式，启动社会服务领域"双创"带动就业示范工作。又如《国务院关于推动创新创业高质量发展打造"双创"升级版的意见》（2018年）从鼓励和支持科研人员积极投身科技创业、强化大学生创新创业教育培训、健全农民工返乡创业服务体系、推动更多群体投身创新创业等方面，进而带动创业就业能力升级。可见，我国"双创"政策在旅游方面的应用主要体现在旅游发展带动就业方面。

 **课堂讨论**

中国旅游企业创新创业信心指数分析

根据北京第二外国语学院旅游科学学院、中关村智慧旅游创新协会联合推出《中国文旅创新创业指数报告2021》，2017—2021年文旅创新创业信心指数趋势如图3-2所示。从2017—2021年的五年信心指数变化趋势可以看出，文旅创新创业领域的信心指数整体处于下降趋势。尽管从2017—2018年出现了小幅增长，达到最高值（76.06），但随后基本呈下降趋势。这表明，在2017年、2018年和之前几年蓬勃兴起的文旅创新创业浪潮达到巅峰后，由于受到全球经济下行、"双创"领域资本市场寒冬、同质化竞争等因素的多重影响，开始出现大幅下滑。到2020年受到新冠疫情影响则更加"雪上加霜"。新冠疫情常态化的2021年仍有诸多挑战和压力，存在较多不确定性和风险，专家对2020年、2021年的文旅"双创"信心指数整体呈下降趋势。从2017—2021年连续五年信心指数变化趋势来看，2021年仍处于下降周期的低谷期。

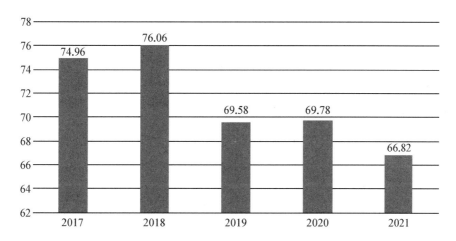

图 3－2　2017—2021 年总体信心指数变化趋势分析

注：信心指数＝资本×10＋人才×10＋政策×10＋并购×10＋成功率×20＋前景×40

相关专家指出，在新冠疫情常态化和全球经济持续下行背景下，乡村旅游、乡村振兴和数字文旅是文旅"双创"业态与产品模式的重点关注领域，而亲子研学、文旅融合和文创产品等也有较好的预期。但资本、人才、并购、成功率和前景等几个维度的预期出现不同程度的下降趋势。文旅"双创"领域的资本"寒冬"趋势仍将持续存在；文旅"双创"领域中的人才不足问题一直没有得到很好解决；整体环境带来的不稳定性和不确定性，加剧了对文旅"双创"成功率的不稳定预期。因此，在"以国内大循环为主体、国内国际双循环相互促进"的新格局背景下，我国文旅"双创"产业应把重点聚焦到国内市场、本土需求、下沉市场，立足国内文旅新消费需求，在"双创"领域的新业态和新产品中突出文化底蕴和鲜明文化特色，同时还可以通过时尚化、国际范儿的表达形式来展现，强化时代特色、国际标准。通过找到突破口和发展"风口"，为文旅"双创"领域提振信心。

材料来源： 新旅界.《中国文旅创新创业指数报告 2021》：文旅双创信心指数小幅下滑，乡村旅游和数字文旅是关注重点［EB/OL］.（2021－02－18）［2023－05－26］. https://www.lvjie.com.cn/research/2021/0218/21631.html

思考： 新冠疫情常态化期间，政府可通过何种促进措施与手段推动文旅"双创"产业转化危机？

二、旅游产业投资政策

旅游产业结构涉及多部门且新时期不断变化、重组的结构状态使得旅游项目投资情况更加复杂。同时，旅游投资周期长、资金需求量大、资金回笼慢、运营过程复杂等增加了投资风险，但旅游投资在引领和刺激旅游消费、推动旅游业发展等方面具有积极作用。为解决上述问题并使旅游产业投资拥有宽松的政策环境，中央政府出台了《国务院关于加快发展旅游业的意见》（2009 年）、《关于金融支持旅游业加快发展的若干意见》（2012 年）、

《关于鼓励和引导民间资本投资旅游业的实施意见》(2012年)、《关于进一步促进旅游投资和消费的若干意见》(2015年)等政策,期望通过宏观调控和投资引导功能向旅游行业倾斜。

具体来看,中央政府主要在以下两方面发挥作用:一是发挥政策引导作用,通过制定旅游发展旅游投资政策,对旅游项目投资给予鼓励、限制或禁止,并对旅游项目的开展进行控制等;二是政府利用财政手段,加大资金投入,设立各种政策性资金,用于旅游基础设施和重点项目等方面的投资。

同时,各地方政府也出台了加大旅游产业投资的意见或办法、旅游项目招商引资优惠政策等,主要内容包括四个方面:一是加大政策扶持力度,积极推动地方旅游投资建设;二是鼓励多元主体参与旅游投资,并在拓宽民营企业融资渠道、给予贷款支持、帮助企业争取相关资金等方面提供扶持;三是设立奖励机制,以奖代补进行旅游项目招商引资;四是在办事流程、用地、税收等方面提供优惠保障政策等。

第三节　旅游产业发展保障与管理政策

一、旅游土地利用保障政策

土地是旅游产业发展的基础性资源。由于历史原因,在我国传统的土地利用和城乡规划体系中,用地类别中一直没有"旅游用地"这一专项。2012年1月1日实施的国家标准《城市用地分类与规划建设用地标准》(GB50137—2011)中,将"城乡用地分类"划分为"建设用地"和"非建设用地"两大类及9个中类和14个小类。其中"建设用地"中包括城乡居民点建设用地、区域交通设施用地、区域公用设施用地、特殊用地、采矿用地、其他建设用地6个中类及11个小类。无论在哪一级类别中都找不到"旅游用地"这一项。只有在个别类别中涉及"商业服务业设施,以及风景名胜区、森林公园等的管理及服务设施用地""餐饮、旅馆等服务业用地""单独设置的高尔夫练习场、赛马场、溜冰场、跳伞场、摩托车场、射击场,以及水上运动的陆域部分等用地"与旅游业相关的单项用地类别。这些用地类别与发展旅游或多或少有一些关联,但都不是真正意义上的"旅游用地"。也就是说,旅游项目建设用地在土地利用和城乡规划体系中连个正式的"名分"都没有。正因为如此,长期以来,各地大大小小的旅游项目建设一直是在传统体制的夹缝中艰难地"挤进",处在尴尬甚至是违法违规的境地。

早在2009年国务院发布的《关于加快发展旅游业的若干意见》(2009年)中就明确提出,要把"旅游用地"纳入土地利用和城乡规划,为旅游业的快速、健康和可持续发展提供了有力的政策支撑。2014年,《关于促进旅游业改革发展的若干意见》(2014年)从我国旅游业发展的实际需要出发,再一次强调要把"旅游用地"供给作为土地利用和城乡规划体系的重要内容,充分体现了政策创新的新理念和改革发展的新导向。2022年,文化和旅游部等联合印发的《关于推动文化产业赋能乡村振兴的意见》(2022年)指出,在用地供应方式上鼓励乡村文化和旅游项目经营实行长期租赁或先租后让,并探索农村集体经营性建设用地入市方案,这是促进乡村旅游产业发展、缩小城乡差距的重要举措。

我国目前正处在社会经济的快速发展期,土地越来越成为最紧缺的资源。旅游业的快速、健康和可持续发展同样离不开土地这一基础性资源的有效供给。而且,旅游业是一个综合性产业,餐饮、旅馆、民宿、风景名胜区、森林公园等只是旅游产业要素的具体类别,"旅游用地"应该对这些类别具有统领和涵盖作用。最新政策提出的"农村集体经营性建设用地入市"探索方案对于我国传统的土地利用和城乡规划体系是一大突破。另外,最新政策中"文化和旅游产业用地保障"举措的提出,是我国旅游业发展处在提升转型的关键时期出台的一个具有改革和创新意义的政策措施,将对我国旅游产业的提升转型和质量化发展产生深远的影响。当然,这一政策的落实,还需要通过一系列的基础性工作来完善,国土、规划和旅游部门需要联合进行科学研究,明确"文化和旅游产业"所包含的具体内容和范围,也需要各级政府和相关部门提高认识,切实把这一政策落到实处。

二、旅游财政保障政策

旅游财政政策是政府通过财政预算、税收征缴、财政转移支付和国家信用等财政政策对旅游经济运行进行宏观调控和管理。例如,通过财政预算调节旅游总供求平衡,通过税收政策和税率变化调节旅游收入分配,通过合理安排财政转移支付以扶持不同地区的旅游发展,通过发行旅游国债来加快旅游开发,等等。以减免旅游企业税收的相关优惠政策为例,通过减免旅游基础设施建设项目的固定资产投资方向调节税、减免新投资开发兴办的旅游项目或旅游企业的所得税、对旅游车船公司更新车辆实行税赋减免、对进口旅游大型车船适当减免关税、对国内汽车厂商生产销售旅游汽车减免增值税以及按照国际惯例实行海外游客购物退税制度等税收优惠政策,促进旅游行业的发展。

面对新冠疫情对旅游等服务行业的持续性冲击,国家发展改革委等14个部门联合印发了《关于促进服务业领域困难行业恢复发展的若干政策》(2022年),对餐饮业、零售业、旅游业、公路水路铁路运输业、民航业等推出一系列针对性的纾困扶持措施。此次纾困政策的覆盖范围从先前的旅行社行业扩大到了酒店业、旅游度假区、旅游景区、旅游演艺业等受疫情冲击较严重的多个细分行业,几乎涵盖了旅游产业链的每一个环节,对缓解旅游企业的资金压力将起到直接支撑作用。

从当前形势来看,财税扶持政策解决了多数文旅企业最为紧迫的现金流缺口问题,尤其是缓解了旅游小、微企业的成本和收益严重倒挂现象,对稳定旅游行业产业链的基本盘具有重大意义。因此,在今后旅游产业政策中应加强运用财税扶持政策的支持和引导作用。

三、旅游人才保障政策

人力资源是旅游业的核心资源和重要竞争力。旅游者的体验感很大程度上取决于从业人员的服务水平,这对旅游人力资源的发展提出了要求。同时,旅游资源整合、业态创新、"互联网+"等无疑对旅游人力资源提出了更高的要求,使得未来旅游发展更依赖于旅游人才。旅游人才是指发展旅游业所需要的具有某种工作特长的人员,尤其是指各级旅游管理部门和旅游企业中的各类管理人员和技术工人、服务人员。旅游人才队伍建设需要有效的激励和保障机制,旅游人才扶持政策包含四个方面的重要内容:一是改革旅游行业薪酬和福利体系,切实提高普通员工的薪酬和福利水平是关系到旅游业长远发展的问题;二是落实社会保障体制,建立完善人才政策法规体系和人事争议仲裁制度,维护各类人才的合法权益;三是建立完善的人才奖励机制,定期对在经济社会发展中作出突出贡献的各类人才给予奖励;四是建立合理的人才流动机制,加快建立法制化、规范化的旅游人才市场,推动旅游人才市场从集市化向信息化、网络化发展。

以国家层面具体的旅游人才扶持政策为例,文化和旅游部市场司发布的《关于实施2020年"金牌导游"培养项目的通知》(2020年)指出,"金牌导游"培养项目是文化和旅游部加强导游队伍建设的重要举措,旨在通过加大对一线优秀导游的培养与支持,鼓励入选对象开展业务研究和实践,以点带面、示范引领,为提高导游队伍专业素养,提升旅游服务质量发挥积极作用。相关政策的出台为解决旅游行业人才需求缺口、高级管理人才匮乏等提供了保障。

四、旅游科技保障政策

科技教育司是文化和旅游部内设机构,主要职责为:拟订文化和旅游科技创新发展规划和艺术科研规划并组织实施,组织开展文化和旅游科研工作及成果推广,指导文化和旅游高等学校共建和行业职业教育工作,等等。近期,科技教育司等部门对旅游产业的促进扶持政策体现在三个方面:① 文化和旅游科技创新方面。文旅部科技教育司、经信部门等部门联合印发的《"十四五"文化和旅游科技创新规划》(2022年)提出,应通过科技促进文化和旅游生产方式、体验方式、服务方式、管理模式的创新,提升文化产业和旅游业的供给质量。② 国家旅游科技示范园区管理方面。文旅部科技教育司发布的《国家旅游科技示范园区管理办法(暂行)》(2021年)首次开展了国家旅游科技示范园区的试点工作。与此前建设的文化和旅游部重点实验室相比,国家旅游科技示范园区定位为中观、宏观层面,以拓展旅游产品、丰富旅游业态、优化旅游服务、提升游客体验和满意度为目标。③ 文化和旅游社科研究与教育管理方面。基于产学研深度融合、完善科技创新体制机制的要求,高校、科研机构应以创新资源共享、优势互补为基础,共同推进科技创新与科技成果转化。

可见,持续深化科技创新、完善文化和旅游标准体系、丰富的国家旅游科技示范园区、深化产学研融合能够引领旅游业态服务的便利化、智能化、品质化变革,支撑旅游业高质量发展。未来,更需关注跟踪前沿技术,开展信息技术应用示范,推动技术在文化和旅游典型场景的应用和创新。

课堂讨论

旅游职业教育：要上一个新台阶

旅游创新创业、科技创新等政策均强调旅游人才的培育,旅游职业教育走向何方? 如何再上一个新台阶? 如何细化对接举措? 本报记者围绕相关话题采访了有关人士。

1. 更高的综合素质

文旅部门相关负责人表示,相关政策出台的目的之一,就是为了进一步提升旅游专业学生和行业从业人员的人文素养、职业道德、职业技能和可持续发展能力,培养适应旅游产业发展需求的高素质技术技能和管理服务人才。事实上,综合素质的培养离不开创新教育,各职业院校要围绕创新创业教育目标要求,促进专业教育与创新创业教育有机融合,挖掘和充实各类专业课程的创新创业教育资源,在传授专业知识过程中加强创新创业教育。

据了解,我国已在旅游职业院校和旅游企业建设一批创新创业教育示范基地和旅游产业(产品)研发创新中心。文旅等部门组织开展了"万名旅游英才计划"也取得了一定成果。

2. 更强的实践能力

实践教学是职业教育的显著特征,也是目前我国旅游职业教育教学中的重点所在。王欣昆分析,我国职业教育发展的历史较短,至今仍然处在快速发展过程,以及实践探索过程。职业教育发达国家,如德国、瑞士等都通过职业教育法律明确职业院校、行业企业在学生培养过程中的责任和义务,共同承担人才培养的任务,所以职业院校、行业企业都要重视和积极努力,共同担当起旅游业人才的培养。

应掌握好操作服务类与管理类知识的学习方法和要求。运用"互联网＋"的方法,使学生学习形式多样化。"不单在课堂学习,更重要的是在实践当中,通过自我感受、师傅带徒弟、班前班后会、实际操作等形式学习,做到学习培训无处不在、无时不在。"

材料来源:湖南省文化和旅游厅.旅游职业教育要上一个新台阶[EB/OL]. (2019 - 09 - 10)[2023 - 05 - 26]. https://whhlyt. hunan. gov. cn/whhlyt/news/mtjj/201909/t20190910_5463992.html

思考:未来的旅游业需要怎样的人才结构? 目前的政策是如何进行引导的?

五、旅游市场保障政策

(一) 旅游市场管理

近年来,随着我国旅游业的蓬勃发展,诸如旅游虚假广告、欺客宰客、非法"一日游"等市场顽疾也随之出现,"天价虾""天价鱼"、导游人员强迫购物及辱骂或殴打游客等事件频发,使我国旅游产业在大众心中的形象严重受损[①]。为此,我国文化和旅游部内设市场管

---

① 姚延波,刘亦雪.旅游市场秩序概念模型与运行机理:基于扎根理论的探索性研究[J].旅游学刊,2019,34(5):62 - 75.

理司,负责拟定文化市场和旅游市场政策和发展规划并组织实施;监管文化和旅游市场服务质量,指导服务质量提升;承担旅游经济运行监测、假日旅游市场、旅游安全综合协调和监督管理等。

文化和旅游部针对旅游市场秩序的新情况、新问题和市场监管的新要求,印发了《旅游市场黑名单管理办法》(2018 年),结合先前制定的《关于对旅游领域严重失信相关责任主体实施联合惩戒的合作备忘录》,我国旅游市场形成了"黑名单＋备忘录"的市场监管机制,有助于推动旅游市场秩序持续向好。与先前政策文件相比,《旅游市场黑名单管理办法》(2018 年)具有以下四个特点:

(1) 线上线下同步纳入管理。该政策适用主体既包括传统的旅行社、景区、旅游住宿等从事旅游经营服务的企业、个体工商户及导游等从业人员,也包括新兴的通过互联网等信息网络从事提供在线旅游服务或者产品的经营者(即在线旅游企业和平台)及从业人员,还包括人民法院认定的失信被执行人。

(2) 实行分级管理。明确了文化和旅游部,以及省级、地市级文化和旅游行政部门的职责分工,有助于实现对旅游领域严重失信行为的精准打击,避免监管盲区。

(3) 与"备忘录"实现有效衔接。不仅对被纳入黑名单的旅游市场主体和从业人员进行实施联合惩戒,同时还对被纳入黑名单的失信被执行人实行限制高消费旅游惩戒,即限制失信被执行人及其法定代表人等四类人员参加旅行社组织的团队出境旅游。

(4) 明确了标准化的管理体系。提出建立列入、告知、发布、惩戒、信用修复、移出等一整套管理流程,实行动态管理,使黑名单管理更加讲究程序正当,让惩戒真正实现"惩前毖后,治病救人"的目的。

相关市场监管政策的出台有利于旅游行业提高管理水平,提升旅游服务品质,不断满足广大人民群众的美好生活需要,进一步提升获得感和幸福感。

 **课堂讨论**

云南旅游陷"零负团费"之困

云南是中国名副其实的旅游大省和旅游地接大省,由于近年来旅游市场竞争激烈,以及产品同质化严重,旅行社几乎都选择降价以竞争揽客。多家旅行社的旅游宣传单中,石林 1 日游的价格都在 200 元以下。昆明某知名旅行社报价为 60～160 元,名叫昆明某国际旅行社的价格更是低至 40～100 元,宣称包括游览大小石林、刀山火海、剑峰池等 15 个项目,费用包含中餐、门票、往返车费、导游费等,还免费提供泡脚。事实上,作为 5A 级景区的石林门票就 175 元,从昆明出发到石林 1 日游 35 人以上团队,每位游客成本价也在250 元以上。事实上,这样的团费其实不是最低的,"1 块钱游云南"的"传销式旅游"大量存在,这才会有"女导游嫌购物少大骂游客"的现象。"传销式旅游"吸引着一批贪图小便宜的人来云南旅游,这无疑给旅游市场埋下了隐患。

昆明一段姓导游表示,现实逼迫导游接低价团,不接没有工作,接了不购物就没有收入。而且购物分成的利益分摊者众多,包括导游、旅行社、司机、组团商,如果是跨地域还有当地导游的费用。"导游既要填补旅行社亏损,又要实现自己赢利,压力可想而知。从导游带团的操作流程来看,导游在带团过程中需先垫付全团游客落地后的所有费用,待行程结束后再回旅行社报账,一般3～4天可拿到垫付的钱,若完不成购物业绩,就会陷入拿不回垫付资金的困境,下个团继续垫付,雪球越滚越大,恶性循环,导游的情绪也会恶化。"

材料来源: 中国新闻网.云南旅游陷"零负团费"赌局之困[EB/OL].(2015-05-07)[2023-08-22].https://www.chinanews.com.cn/sh/2015/05-07/7259757.shtml.

思考: 多重市场监管政策的出台下,市场仍存在不合理低价团的操作模式,"零负团费"的魔咒真的无法破解吗?

(二)旅游市场信用管理

构建以信用监管为基础的新型监管机制,是实现国家治理体系和治理能力现代化的重要内容。近期,文化和旅游部印发的《文化和旅游市场信用管理规定》(2021年),是在文化和旅游市场"黑名单"制度的基础上,专门针对文化和旅游市场信用监管作出的新规定,是开展文化和旅游市场信用管理工作的重要依据和法治保障,有利于引导市场主体增强诚信经营意识,进一步拓展降低市场交易成本、优化营商环境,进而激发市场主体活力并推动行业全面恢复和高质量发展。

上海市根据《国务院办公厅关于加快推进社会信用体系建设构建以信用为基础的新型监管机制的指导意见》(2019年)、《上海市社会信用条例》(2017年)等文件精神,建设形成了"顶层设计＋配套制度＋重点领域嵌入＋配套管理规范"的社会信用体系框架。上海市文化和旅游局积极探索以信用为基础的新型监管机制,初步形成了"信息共享、分类监管、诚信宣传、区域联动"四位一体的旅游市场信用监管体系,内容包括:

(1)完善配套制度体系,强化信息融合共享。上海探索制定了旅游市场守信激励和严重失信名单管理相关工作指引,进一步促进了长三角旅游领域守信激励和严重失信名单认定标准与联合奖惩措施的落地,并紧紧依托市信用平台,通过数据共享、数据对接等方式,为旅游市场信用监管提供支撑保障和数据基础。

(2)深化多个场景应用,为旅游市场信用监管提供经验积累。通过"信用长三角"平台,鼓励第三方信用服务机构积极参与旅游信用监管工作,向平台型旅游企业、传统旅行社、信用服务机构、金融机构,以及其他企事业单位、行业协会,依法依规开放守信激励和严重失信名单数据库信息,形成社会力量广泛参与信用工作的联动格局。

(3)开展诚信宣传教育,为旅游市场信用监管提供良好环境。通过举办形式丰富的系统性宣传活动,与各街道、各单位联合开展信用培训教育等,将诚信理念逐步渗透到行业从业人员和游客的意识当中。

上海市文化和旅游部门信用制度体系的建设实现了监管业务的资源共享、协同联动,从落实信用信息资源共享、业务协同、分类监管、区域联动的角度,有效解决了信用信息采集、共享及应用的问题,有助于推动"信用长三角"体系建设,"放大"监管效果,为地方信用监管体系建设提供了有益借鉴。

(三)旅游服务质量提升计划

服务质量取决于顾客满意的程度,是实际感受到的服务与期望得到的服务之间的差异[①]。旅游服务质量是旅游业作为现代服务业的内在属性,是企业的核心竞争力,是衡量行业发展水平的重要指标。近年来,旅游行业服务质量意识和管理水平不断提升,监管能力进一步增强,为维护游客合法权益、规范市场秩序提供了有力保障。但是,从高质量发展阶段的新要求来看,旅游服务质量意识不强、管理水平不高、品牌知名度和美誉度不强、质量基础设施不完善、质量人才匮乏、监管手段不硬、质量持续提升动力不足等问题依然突出,旅游服务质量仍是旅游业高质量发展的制约性因素。因此,新时代必须制定旅游服务质量提升计划。

文化和旅游部印发了《文化和旅游部关于加强旅游服务质量监管　提升旅游服务质量的指导意见》(2021 年),提出落实旅游服务质量主体责任、培育优质旅游服务品牌、夯实旅游服务质量基础等重点任务,并针对服务质量难以测量问题,指出旅游服务质量评价体系构建应从四方面入手:一是建立以游客为中心的服务质量评价基本制度,明确评价主体、对象、周期、方法、数据获取和分析、反馈机制和应用场景等内容;二是根据市场运行规律和行业特点建立运行规则,开发建设旅游服务质量评价系统,制定完善评价模型、指标、流程和标准;三是做好组织机构、人员、经费和设备等方面的保障,进一步完善纵向协同、横向联动的工作机制;四是加强流程动态监督与管理,坚持依法合规实施旅游服务质量评价。

为贯彻落实《文化和旅游部关于加强旅游服务质量监管 提升旅游服务质量的指导意见》(2021 年)精神,上海市文化和旅游局出台《上海市加强旅游服务质量监管 提升旅游服务质量实施方案》(2021 年),主动对标国际最高标准,提出落实旅游服务质量主体责任、培育优质旅游服务品牌、夯实旅游服务质量基础、加强旅游人才队伍建设、加快推进旅游信用体系建设、增强旅游市场秩序治理能力等 6 大方面任务 27 条具体措施,着力解决影响广大游客旅游体验的重点问题和主要矛盾,提高市民游客的满意度、获得感、幸福感,推动上海旅游优化发展方式,提升质量效益。

 复习思考

(1)简述当前旅游产业结构优化的发展背景。

(2)简述新时期我国旅游产业扶持与保障政策的主要领域和内容。

(3)阐述旅游市场信用体系构建与旅游服务质量提升之间的关系。

(4)在中国式现代化进程中,如何完善旅游业市场体系,实现旅游业的高质量发展?

---

① Churchill Jr G A, Suprenant C. An Investigation into the Determination of Customer Satisfaction[J]. Journal of Marketing Research. 1982(17):491 - 504.

第四章

旅游法规概述

学习要点

● 国内外旅游立法概况及我国《旅游法》的主要内容。

● 旅游法律关系的主客体、内容及其确立与保护。

● 我国旅游法律法规体系的主要构成。

● 旅游法规与旅游政策之间的区别与联系。

第一节　旅游法的制定

一、旅游立法回顾

（一）国外旅游立法回顾

旅游立法是国家立法机关依据一定程序和立法依据，在职权范围内制定、修改、废止旅游法律法规的活动，其表现形式主要有两种：

一种是在通用性法律法规中体现出涉及旅游活动的法律法规条文。例如，德国的民法典中就有关于旅游合同的制定约定、保护旅游者旅游权益的条文。这些国家的立法者认为通用性法律法规足以规范旅游活动，不需要制定专门、系统的旅游法律法规来规范。

另一种是专门制定旅游法律法规。一是规定了宗旨、原则、目标、政策、权利和义务总关系等根本性准则的旅游基本法，如日本的《旅游基本法》（1963 年）、巴西的《联邦共和国旅游组织法》（1966 年）、韩国的《旅游振兴法》（1967 年）和美国的《全国旅游政策法》（1979 年）等；二是针对旅游企业经营或旅游发展中的某些具体问题而专门制定的旅游法律法规，如日本的《旅馆业法》（1949 年）、英国的《旅行批发商条例》（1985 年）、西班牙的《旅游与环境管理》（1998 年）等。

从 20 世纪 50 年代开始，旅游立法陆续被提上各国的立法日程，美国、日本等旅游业发达的国家（地区）走在前列，形成了较为成熟的旅游法律法规。

1. 美国旅游立法概况

美国的全国旅游政策由全国旅游政策委员会制定,其执行机构为美国旅行游览发展公司。美国全国旅游政策委员会是协调联邦各部门、各机构和其他单位有关旅游、娱乐和国家文物古迹的政策、计划和问题的主要机关,由国务卿、民用航空、州级商业委员会和交通等十一个部门组成会员;下设四个政策小组委员会,为运输和交通政策小组委员会、经济发展政策小组委员会、能源和自然资源政策小组委员会、卫生教育和文化政策小组委员会,分别在旅游、文化娱乐和文物古迹资源保护等领域发挥工作指导和政策导向作用。

美国旅行游览发展公司是为国会政策宣言而建立的一个非营利公司,董事人选由参议院建议与同意、总统任命,并严格规定了人员的产生办法、任期、报酬和非政府雇员等。其首要宗旨是制定和实施一个综合性的旅游规则,以促进和鼓励其他国家的居民为了研究、文化、国际会议、娱乐、经商和其他活动到美国来旅行;同时履行促进海外旅游发展,代表政府履行旅游政策实施情况报告和产业发展计划等其他职责。

1979 年,美国颁布了《全国旅游政策法》,第一篇表述了美国发展旅游业的作用和目的,提出了可持续旅游目标的明确要求;第二篇是关于全国旅游政策委员会的机构设立、职责和权力等内容,为国会提交财政年度报告和向州政府、企业、美国旅行游览发展公司报告旅游工作和政策导向;第三篇是关于建立一个非营利公司,即美国旅行游览发展公司,替代原美国旅游局的职责。

美国的《全国旅游政策法》是美国旅游政策总原则的法律化,是贯彻执行旅游政策总原则的有力保证;制定该法的目的是要在联邦政府、州和地方政府,以及其他有关公众和私人组织之间建立一种合作,采取财政和技术援助等一切可行的办法和措施来执行全国旅游政策。此外,美国还制定有《野外旅游条例》《原始风景河条例》《移民法》等专门的旅游法律法规。

2. 日本旅游立法概况

日本是世界最发达的市场经济国家和最大的旅游客源国之一,旅游法律法规在日本旅游发展过程中发挥着重要作用。颁布于 1963 年的《旅游基本法》是日本的旅游发展的纲要,并于 1983 年修订,修订后的《旅游基本法》成为指导日本旅游发展最主要、最基本的法律。为了适应新形势的变化,日本于 2007 年全面修订《旅游基本法》(1983 年修订),同时更名为《旅游立国推进基本法》。

《旅游立国推进基本法》(2007 年)对于日本振兴国际旅游、保护观光旅游者和建设旅游相关设施等问题专门进行阐述,就国家必须采取的对策进行了较为具体的规定,强调要增加外来旅游者访日便利,有效传递在日旅游信息。在旅游者接待水平方面,对住宿设施、餐饮设施、休闲设施、导游和其他旅游相关设施进行整治,以及综合建造机场、港口、铁路、公路、停车场、客轮和其他构成旅游基础设施的问题采取必要的措施,同时还要求国家采取措施防止在旅游过程中出现意外事故和经营者的不正当行为。在旅游资源开发方面,对名胜古迹、自然纪念物等文化财产和著名自然风景区、温泉等旅游资源进行保护、培育和开发。在旅游组织管理方面,规定国家和地方公共团体除了在实施政策方面要相互协调之外，还要整顿行政组织、改善行政机构的运营条件，并就整顿旅游相关团体问题采取必要的对策。

此外，日本还出台了一系列的旅游专项法规、旅游相关法规和旅游开发相关法规等旅游法律法规：① 旅游专项法规，如《禁止垄断及确保公平交易法》(1947 年)、《国际旅游事业资助法》(1949 年)、《关于国际旅游业统计调查的规定》(1951 年)、《旅行社法》《翻译导游业法》《国际旅游振兴会法》《不合理赠品及不合理表示防止法》《振兴国际旅游法》等；② 旅游相关法规，如《国立公园访问权法》《文化财产保护法》《森林法》《博物馆法》《自然公园法》《保护古都历史风情特别措施法》《自然保护法》《有效利用地方传统表演艺术等活动振兴旅游和特定地区工商业法》《节日法》等；③ 旅游开发相关法规，如《公有水面填埋法》《国土综合开发法》《国际旅游温泉文化城市建设法》《国际文化旅游城市建设法》《岛屿振兴法》《城市公园法》等[①]。

（二）我国旅游立法回顾

1978 年我国确立"依法治国"方略之后，旅游法制建设也开始起步，国家及地方政府相继制定、出台了旅游行政规章和旅游管理办法等一系列的旅游法律法规，逐步完善我国旅游法律法规体系，使我国旅游业发展逐步走上法治轨道。《中华人民共和国旅游法》(2013 年)的制定、修订，标志着我国旅游法律法规体系的成熟化。

1. 旅游立法历史回顾

（1）起步阶段(1978—1989 年)。1978—1989 年是我国旅游法制建设的起步阶段，这一阶段我国的旅游业逐步开始产业化，迫切需要法制的形式对旅游活动进行规制。具有标志性意义的立法是 1985 年国务院发布的《旅行社管理暂行条例》，这是我国第一个规范旅游业的单行法规。原国家旅游局还制定了一系列行政规章，如在旅行社、旅游涉外饭店、导游人员、旅游价格等方面对旅游业基本环节进行规范管理。1985—1989 年，全国各地制定和发布了各类地方政府旅游规章和规范性文件共计 120 余个，其中由省、自治区、直辖市人民政府制定和发布的地方政府旅游规章 16 个，由省、自治区、直辖市旅游行政管理部门制定和发布的规范性文件 105 个。

（2）发展阶段(1990—1998 年)。1990—1998 年为我国旅游法制建设的发展阶段。这一时期，我国旅游业由基础性发展阶段进入到快速发展阶段，旅游法制建设在更广阔的领域内展开。1990 年，原国家旅游局初步完成了《旅游法》和《旅游法实施细则》送审稿的起草工作，标志着我国旅游法制建设迈出了重要一步。

（3）完善阶段(1999 年至今)。1999 年至今是我国旅游法制建设的完善阶段。除国家发布《旅游发展规划管理暂行办法》(1999 年)、《中国公民出国旅游管理办法》(2002 年)等旅游法律法规外，全国 27 个省、自治区、直辖市(不含港澳台)都颁布了地方旅游法律法规。2013 年 4 月 25 日，全国人民代表大会常务委员会第二次会议通过了《中华人民共和国旅游法》，作为规范旅游行业的基本法，它依据宪法制定，统领旅游行业的法制建设以实

---

① 袁正新，等.旅游政策与法规[M].北京：北京大学出版社，2008：309.

现旅游法制建设战略目标[①]。

2.《旅游法》的制定

2009年12月,《旅游法》起草工作全面启动。

2010年1月31日—2月20日,在北京召开了原国家旅游局配合起草《旅游法》工作组第一次全体会议。

2010年5月18日,原国家旅游局召开配合全国人大财经委起草《旅游法》专家论证会,通报全国人大财经委调研组的调研情况。

2011年2月15日,在北京召开《旅游法》立法专家座谈会。

2011年5月26—27日,《旅游法》起草组在北京召开《旅游法》立法研讨会,称《旅游法》已列入2011年全国人大常委会立法工作计划。

2012年8月27日,十一届全国人大常委会第28次会议初次审议了《中华人民共和国旅游法(草案)》,面向社会公开征集意见。

2013年4月25日,第十二届全国人民代表大会常务委员会第二次会议通过了《旅游法》,并于当年10月1日生效,终结了我国没有旅游法的时代。

2016年11月7日,根据第十二届全国人民代表大会常务委员会第二十四次会议《关于修改〈中华人民共和国对外贸易法〉等十二部法律的决定》,对《旅游法》进行第一次修正。

2018年10月26日,根据第十三届全国人民代表大会常务委员会第六次会议《关于修改〈中华人民共和国野生动物保护法〉等十五部法律的决定》,对《旅游法》进行第二次修正。

二、《旅游法》的主要内容

我国的《旅游法》采用了综合立法模式,运用行政法、经济法和民事法律的基本原则和手段,对旅游业发展的重要领域进行规范。《旅游法》(2018年修正)包括总则、旅游者、旅游规划和促进、旅游经营、旅游服务合同、旅游安全、旅游监督管理、旅游纠纷处理、法律责任和附则共十章,112条法律条款。除附则外,其主要内容如下:

(1)总则。确立《旅游法》(2018年修正)的立法宗旨是保障旅游者和旅游经营者合法权益,强化政府监督,规范旅游市场秩序,保护合理利用资源,建立健全旅游综合协调机制,促进旅游业持续健康发展。

(2)旅游者。在权利方面,规定了旅游者享有的各种权利,如知情权、受尊重权、旅游救助权等,突出旅游者合法权益保护。在义务方面,强调旅游者遵守社会公共秩序和社会公德,尊重旅游目的地习俗,爱护旅游资源,不损害当地居民、其他旅游者及旅游经营者合法权益的义务。

(3)旅游规划和促进。一是规定旅游规划编制的主体、内容和规划的衔接、评估;二

---

① 李文汇,朱华.旅游政策与法律法规[M].北京:北京大学出版社,2014:10.

是规定各级人民政府应当在产业政策和资金方面加大对旅游业的支持,编制土地利用总体规划和城乡规划时应充分考虑旅游设施的要求。

(4) 旅游经营。对旅游经营者资质、从业人员资格及经营规则作了规定。一是对旅行社实行经营业务许可,对导游和领队实行执业许可。二是规定旅游经营的一般规则,如旅行社的有关经营规范、质量保证金制度等;景区开发的条件和门票管理制度;导游领队的从业规范。三是对与旅游密切相关的交通、住宿、餐饮、购物、娱乐等经营管理进行衔接性规定。

(5) 旅游服务合同。旅游服务合同具有关系复杂性、合同主体双方不完全对等、合同目的非物质性、合同履行人身关联性等特点。因此,主要对包价旅游合同的订立、变更、废除、违约作出了详细规定,并对旅游安排、代订、咨询合同和住宿合同衔接作了原则性规定,特别对旅游经营者的法定告知义务作了明确规定。

(6) 旅游安全。一是明确政府的旅游安全职责,二是建立旅游目的地安全风险提示制度,三是建立旅游突发事件应对机制,四是规定旅游经营者应尽的安全保障义务。

(7) 旅游监督管理。根据旅游管理涉及多个部门的特点,确立有关部门分工负责旅游市场监管工作机制和旅游违法行为查处信息共享机制,要求有关部门加强旅游监管,及时查处旅游违法行为。同时,建立政府相关职能部门综合处理与行业组织自律管理相结合的监督体制。

(8) 旅游纠纷处理。为了解决目前旅游纠纷高发、解决机制不顺等问题,从有利于旅游者权益保护和旅游纠纷解决的角度,规定了包括投诉处理双方自行协商、调解、仲裁、诉讼等在内的旅游纠纷处理解决途径。

(9) 法律责任。规定法律关系主体违反相关法律规定应承担的法律责任。

三、《旅游法》的特点与作用

《旅游法》(2018 年修正)涉及旅游活动、旅游业的方方面面,是一部综合性立法。

从内容上看,除总则、法律责任和附则外,《旅游法》(2018 年修正)分别对旅游者、旅游规划和促进、旅游经营、旅游服务合同、旅游安全、旅游监督管理、旅游纠纷处理等内容作了规定,是适用于几乎所有旅游活动类型及环节的综合立法。

从调整的主体角度看,《旅游法》(2018 年修正)涉及旅游者、旅游经营者(如旅行社、景区、饭店、旅游运输等)、旅游从业人员、政府及相关工作人员、旅游行业组织、旅游职业教育和培训组织等旅游法律关系主体,是适用于旅游业(几乎)全部主体的综合立法。

从功能角度看,《旅游法》(2018 年修正)不仅是保护旅游者权益的保护法,也是规范旅游经营者行为的规范法,还是促进旅游业可持续发展的促进法。简言之,《旅游法》(2018 年修正)是保护法、规范法与促进法"三合一"的综合立法[①]。

---

① 傅林放.旅游法读本[M].北京:清华大学出版社,2014:4.

第二节　旅游法律关系

一、旅游法律关系的概念与特征

法律关系指一种通过法律规范所构建或调整的,以社会权利关系①为内容的社会关系。其中,法律规范是法律关系形成的前提和依据,并将社会权利关系作为法律关系的核心内容,以国家强制力作后盾,保障权利的实现和义务的履行。基于此,本书认为旅游法律关系是一种通过旅游法律规范所建构或调整的旅游社会权利关系,包括旅游者与国家之间的关系、旅游者之间的关系,以及国家部门之间的关系。

旅游法律关系的特征在于它以现存的旅游法律规范为前提,旅游法律关系具有旅游权利和旅游义务的内容,双方当事人互相享有旅游权利、承担旅游义务;旅游法律关系由国家强制力作为保障;旅游法律关系产生、变更和消灭都通过当事人的意愿来完成。

二、旅游法律关系的构成

旅游法律关系的构成同其他法律关系的构成一样,由主体、内容和客体三大要件构成,形成有机统一的整体。三者相互联系、相互制约,缺一不可。

1. 旅游法律关系的主体

旅游法律关系的主体是指在旅游法律关系中享有旅游权利、承担旅游义务的当事人,包括自然人和法人。在我国,能够成为旅游法律关系主体的当事人有旅游者、旅游经营者(包括各类旅行社、各类旅游交通运输部门、各类旅游饭店、各类旅游景区、各类旅游资源管理部门等)、旅游行政管理部门(包括文化和旅游部及地方各级旅游主管部门)、外国旅行社等。在旅游法律关系中必须有两个以上的当事人参加才能构成旅游法律关系,主体必须具有法定的主体资格。

(1) 旅游者是指以旅行、游览、观光、健身为目的,与旅游经营者、饭店或者景区景点等之间建立法律关系的自然人。旅游者是旅游法律关系中的重要主体,包括本国旅游者和外国旅游者。

(2) 旅游经营者是指旅行社、景区及为旅游者提供交通、住宿、餐饮、购物、娱乐等服务的经营者。

(3) 旅行辅助者是指与旅行社存在合同关系,协助其履行包价旅游合同义务,实际提供相关服务的法人或者自然人。

(4) 旅游行业组织是指根据发展旅游业的某一方面的目标而设立的由一定成员组成的社团组织,应依法履行登记注册或批准等手续。按照旅游行业组织的成员构成,可分为民间旅游组织(如中国旅游协会等)、政府间旅游组织(如世界旅游组织)和混合型旅游组

---

① 童之伟.法律关系的内容重估和概念重整[J].中国法学,1999(06):24-32.

织(如亚太旅游协会)。需要强调的是,政府间旅游组织与其成员国之间的关系是国际法关系,各成员国应当自觉遵守政府间旅游组织的宣言、决议、章程。

(5)旅游行政管理部门是指对旅游事业发展、旅游活动和旅游经营实行宏观规划调整和促进管理的机构。目前,我国采用国家、省、市和县四级旅游主管部门的行政管理模式。由于旅游业的关联性高,对相关旅游经营行为进行监督检查的除了县级以上人民政府旅游主管部门外,还包括县级以上人民政府有关部门和市场管理、产品质量监督、交通等执法部门。

2. 旅游法律关系的客体

旅游法律关系的客体是旅游法律关系产生和存在的前提,指旅游法律关系主体之间的权利义务所指向的对象,即旅游法律关系主体之间发生权利义务联系的中介。旅游法律关系的客体形态多样,下面主要分析几种常见的客体形态。

(1)物。物是指以一定物理形态存在可为人们控制支配的客观存在,既可以是天然之物,也可以是生产之物;既可以是活动之物,也可以是非活动之物。在旅游法律关系中,这些物包括旅游资源、旅游设施和旅游商品等,具有旅游法律属性,旅游者在支付一定价款后才能获取相应的参观权、使用权和所有权,使其成为旅游法律关系的客体。

(2)行为。通常情况下,法律关系客体的行为是指义务人按照法定或约定的义务而必须实施的行为,包括作为与不作为。在旅游法律关系中,旅游法律关系客体的行为主要包括旅游服务行为和旅游管理行为。其中,旅游服务行为是通过中间联络、导游、代办手续等对旅游者提供的导游行为、领队行为、组织游览行为和代订客房行为等。旅游管理行为是国家旅游行政管理机构依法对旅游活动实行的管理,包括旅游管理部门对旅行社、景区、景点等的监管行为。

(3)智力成果及精神产品。智力成果及精神产品是人的智慧产生的物化了的或固化了的思维成果(如旅游企业的商标、图案等),属于非物质财富,主要通过使用权、所有权的转让实现其财富价值。

3. 旅游法律关系的内容

旅游法律关系的内容指旅游法律关系主体依法享有的旅游权利和承担的旅游义务,它决定某一旅游法律关系的性质。而且,旅游法律关系主体的法律地位不同,各自享有的权利和承担的义务也就不同。

旅游权利指旅游法律关系主体在旅游相关活动中依法享有自己做出或不做出一定行为,以及要求他人做出或不做出一定行为的资格。权利由法律确认设定和保护,通常表现为三个方面:一是旅游权利主体依法按照自己的意愿做出一定行为或不做出一定行为。例如,旅游者有与旅行社签订旅游合同的权利,旅游企业有依法经营的权利等。二是旅游权利主体有要求承担义务的一方做出或不做出一定行为的权利。例如,旅游者有权要求旅行社依合同约定提供旅游服务;旅行社有权要求旅游者不做出违法或违约的行为。三是旅游权利由法律确认,故受国家强制力保护。当权利主体的权利遭受不法侵害时,有权通过司法机关、县级以上人民政府指定或设立的旅游投诉受理机构等处理和救济。

旅游义务与旅游权利相对应,指旅游法律关系主体在旅游相关活动中依法或依约定做出一定行为或不做出一定行为以满足权利人利益要求的一种约束。义务由法律确认设定和保护,通常表现为三个方面:一是旅游法律关系主体必须依法做出一定的行为。例如,在旅游行程中的自由活动时间,旅游者应当选择自己能够控制风险的活动项目,并在自己能够控制风险的范围内活动。二是旅游法律关系主体必须依法不做出一定的行为。例如,旅行社不得以低于旅游成本的报价招徕旅游者,未经旅游者同意旅行社不得在旅游合同约定之外提供有偿服务。三是义务承担者不履行义务时,国家机关依法采取必要的强制措施强制义务承担者履行义务。

旅游权利和旅游义务是紧密联系、相互依存、不可分割的,不存在只享受旅游权利而不承担旅游义务或者只承担旅游义务而不享有旅游权利的旅游法律关系主体,而且往往一方的旅游权利是另一方的旅游义务,反之亦然①。

三、旅游法律关系的确立与保护

(一) 旅游法律关系的确立

旅游法律关系的确立表现为旅游法律关系的产生、变更或终止三种状态。在旅游活动中,某种客观事实或者人的具体活动是引起某一种旅游法律关系产生、变更或终止的重要因素,这种现象被称为旅游法律事实。

1. 法律事实

(1) 法律事实的概念。

法律事实是指由法律规定的,能够引起法律关系产生、变更或消亡的各种事实的总称。法律事实与一般意义上的事实有重要区别,主要体现在三个方面:① 法律事实是一种规范性事实,它是法律规范社会的产物,没有法律就不会有法律事实,所以法律事实这一概念在一定程度上体现了法律规范所涉及的事实模型。② 法律事实是一种能用证据证明的事实,这意味着法律事实不仅是客观事实,而且它还是能用证据证明的客观事实。许多事实也许是客观存在的,但由于时过境迁拿不出证据证明,对这样的事实就不能认定为法律事实(法律明确规定可以推定的除外)。③ 法律事实是一种具有法律意义的事实,如果事实没有对法律产生任何影响就不能称为法律事实。例如,旅游者在旅游目的地每日常规的起居、用餐等活动,一般不被认为是法律事实,但若因饭店提供了不符合卫生标准的餐饮而导致旅游者食物中毒,则可被认为是法律事实,须承担引起侵权责任的法律后果。

法律事实与旅游法律关系形成因果关系,法律事实是原因,旅游法律关系的产生、变更和终止是结果。法律事实包括事件和行为,在旅游法律关系客体中,旅游法律行为是比较常见和重要的一种。

(2) 法律事实的分类。

根据是否以主体意志为转移,可将法律事实分为法律事件和法律行为。

---

① 李兴荣,李其原.旅游法规[M].成都:西南财经大学出版社,2014:17.

法律事件是指法律规定的不以人的意志为转移的，能够引起法律关系的产生、变更、消亡的客观事实，如出生、死亡、自然灾害、战争等。在旅游活动中，自然灾害、战争和国家政治的变化等不可抗力都可能会引起法律关系的产生、变更和消亡。

法律行为，即民事法律行为。《中华人民共和国民法通则》（2009年修正）规定："民事法律行为是公民或者法人设立、变更、终止民事权利和民事义务的合法行为。"民事法律行为可以采取书面形式、口头形式或法律规定的特定形式，以及其他形式，但都要满足行为人具有相应的民事行为能力、意思表示真实和不违反法律或者社会公共利益这三个条件。民事法律行为也可通过委托代理、法定代理和指定代理等代理方式代理实施。

2. 旅游法律关系的产生、变更和终止

（1）旅游法律关系的产生。旅游法律关系的产生是指某种法律关系主体间一定的权利义务关系因某种法律事实而形成。例如，合法旅游合同的签订就会在旅游者和旅游经营者之间产生权利义务关系，这种关系受国家法律的保护和监督。

（2）法律关系的变更。旅游法律关系变更指已形成的旅游法律关系主体、客体和内容因某种法律事实的存在而改变。主体增加、减少等变化，或者客体范围、形式等改变都会引起相应的权利和义务发生变化。例如，旅行社在组织旅游活动时，改变与旅游者约定的旅游线路、交通方式、住宿条件等，则会引起双方权利和义务的变更。同其他法律关系一样，旅游法律关系的变更，绝不是随意的，是受到法律的严格限制的。除不可抗力或旅游法律关系主体之间事先协商达成一致意见外，不得随意变更法律关系，否则违约方要承担相应的法律责任。

（3）旅游法律关系的终止。旅游法律关系的终止是指旅游法律关系主体之间的权利义务关系因某种法律事实的存在而完全终结。在实践中，旅游法律关系的终止主要表现为旅游法律关系主体权利义务的实现，如旅游合同的圆满履行。但旅游法律关系的产生、变更或终止不是随意的，必须符合两方面的条件：一是要满足抽象的条件（法律规范），法律规范是法律关系形式变更与终止的前提和依据；二是满足具体的条件（法律事实），法律事实是法律规范中假定部分所规定的各种情况。一旦这种情况出现，法律规范中有关权利和义务的规定，以及有关行为法律后果的规定就会发挥作用，从而使一定的法律关系产生、变更或终止。

（二）旅游法律关系的保护

旅游法律关系一经形成就会受到国家法律的保护，旅游法律关系的保护是指国家机关监督旅游法律关系的主体正确行使权利、切实履行义务，并对旅游法律关系主体合法权利或不履行法定义务的行为追究法律责任的活动。

1. 旅游法律关系的保护机构

国家各级旅游行政管理机关是管理旅游业的政府职能部门，它有权依据旅游法规在其职责范围内运用奖励或处罚的方法保护旅游法律关系。相关的国家行政管理机关，即市场、公安、税务、卫生、环保、物价、文物、国土、海关等管理部门，也可以依法对旅游活动的主体作出奖励或处罚的决定。人民检察院和人民法院作为国家司法机关，可以根据法律法规分别对在旅游活动中的违法行为行使检察权和审判权,各级法院还可以对旅游活动中的民事法律行为作出判决。

2. 旅游法律关系的保护措施

(1) 行政措施。行政措施主要包括奖励的方法和处罚的方法,对于模范遵守国家法律法规、对旅游业作出显著贡献的,由行政管理机构予以奖励;对于违反国家法律法规的,可以给予处罚。行政处罚的种类有警告罚款、没收违法所得非法财务、责令停产停业、暂扣或者吊销许可证、暂扣或者吊销执照、行政拘留、法律或行政法规规定的其他行政处罚。

(2) 民事措施。根据我国民事法律的规定,可以判令有过错方停止侵害,排除妨碍,消除危险,返还财产,恢复原状,修理、重做或者更换,赔偿损失,支付违约金,消除影响、恢复名誉,赔礼道歉。在旅游法律关系的保护中,判令支付违约金和赔偿金及赔礼道歉是经常采取的措施。

(3) 刑事措施。刑事措施是指对于构成犯罪的依法追究刑事责任。刑事责任主要通过刑罚来实现,是一种严厉的法律关系保护措施[①]。

课堂讨论

刘先生一家报名参加"美国阿拉斯加、夏威夷、西海岸豪华15日旅游团",本想豪华旅游团肯定会享受到高水平的服务,可整个行程的服务质量让刘先生觉得配不上"豪华"。行程第二天,按照约定在拉斯维加斯的住宿应该是威尼斯人酒店或者蒙特卡洛酒店,结果一行人被安排到美高梅酒店。住宿上未按照约定执行,十人一桌、六菜一汤的餐饮条件更是让大家气愤,不仅承诺的海鲜大餐无法兑现,连最起码的饱腹都达不到。在大家的强烈要求下,餐饮才改为中式自助餐。行程第三天,合同约定应该参观夏威夷的珍珠港和亚利桑那纪念堂,可是旅游团队参观完珍珠港后,领队说亚利桑那纪念堂参观项目取消。刘先生问原因,领队支支吾吾搪塞着。随后参观的几个景点,每个景点只留15分钟的照相时间。最后,领队带领大家来到一个珊瑚购物店,这回刘先生明白为什么要压缩景点、压缩时间了。由于合同中没有安排该购物店的行程,刘先生表示要到大巴车上休息,可大巴车却被安排在较远的位置等候,刘先生不得已在该购物店外站了1个小时。回国后,刘先生向旅游质监执法机构投诉。

材料来源: 人民网·旅游频道.国家旅游局通报第二季度旅游投诉五大案例【3】[EB/OL]. (2014 - 08 - 08) [2023 - 05 - 26]. http://travel.people.com.cn/n/2014/0808/c41570-25431589-3.html.

思考: 不履行合同约定的接待服务,擅自改变行程、增加购物点等情况违反了旅游法的哪些规定?旅游者应该如何维权?

---

① 袁正新,等.旅游政策与法规[M].北京:北京大学出版社,2008:26 - 29.

第三节　旅游法律法规体系

一、旅游法律法规的概念

（一）法律的概念

法律的概念有广义、狭义之分，在广义上，法律是指由国家制定和认可的，并由国家强制力保障实施的行为规范的总称，有时与"法""法规"具有相同的意义；在狭义上，法律是专指国家立法机关制定的规范性文件，即专指全国人民代表大会及其常务委员会制定的规范性文件，用以区别行政法规和地方性法规等。本书中使用的旅游法律概念，只是旅游法规中的一部分。法律只能由全国人民代表大会及其常务委员会制定，其他任何国家机关均无权制定法律，如《中华人民共和国合同法》（1999 年）。

（二）法规的概念

法规是中国法学著述和法文献中的一个常用名词，通常在三种意义上被使用：① 在具体意义上，指中国法的形式中处于法律（全国人大及其常委会所制定的规范性法律文件）之下的某种法的形式，如行政法规、地方性法规、自治法规。② 在整体意义上，指行政法规、地方性法规、自治法规的总称。③ 基本等同于"法"的意义，指法律、行政法规、地方性法规、自治法规及其他各种规范性法律文件的总称[①]。本书认为，法规应指所有的规范性法律文件。

专栏 3

规范性法律文件的构成

规范性法律文件作为广义法律的总称，包括宪法、法律（狭义）、行政法规、部门规章、地方政府规章、地方性法规。这些规范性法律文件的位阶在《立法法》中也有明确的规定：宪法具有最高的法律效力，法律（狭义）的效力高于行政法规、地方性法规、规章，行政法规的效力高于地方性法规、规章，地方性法规的效力高于本级和下级地方政府规章，部门规章之间、部门规章与地方政府规章之间具有同等效力，全国人民代表大会常务委员会的法律解释同法律（狭义）具有同等效力。

资料来源：刘杨，胡聪沛.规范性法律文件名称和发布方式的规范化[J].北京联合大学学报（人文社会科学版），2022,20(04)：95 - 103.

（三）旅游法规的概念

本书基于上述第③种"法规"的含义界定旅游法规的概念，认为旅游法规是关于旅游

---

① 周旺生.法、法律、法规诸概念使用和表现形式的改革[J].法学杂志,1993(05)：6 - 8.

业法律规范的总和,指国家制定和认可的、由国家强制力保证实施的、关于旅游业建设与发展、开发与保护的规范性法律文件的总称,具体包括国家权力机关、国家行政机关、地方权力机关,以及地方行政机关制定和颁布的旅游法律、旅游行政法规、地方性旅游法规及旅游部门规章,还包括关于旅游领域以外的其他法律中有关旅游的法律规范等。

二、旅游法律法规的主要构成

根据我国新型立法体制形成的旅游法律体系是一个金字塔式的结构,塔尖是宪法,法律地位最高,是其他一切旅游法规的法律依据,以下分为基本法律(含旅游法律)、旅游行政法规,以及旅游部门规章、地方性旅游法规、地方旅游规章、自治条例和单行条例(见图 4-1)。

图 4-1 我国法律体系组成

（一）宪法

《中华人民共和国宪法》(2018 年修正)是反映各种政治力量实际对比关系、确认革命胜利成果和现实的民主政治、规定国家根本制度和根本任务、具有最高法律效力的国家根本法。宪法是国家最高权力机关经由特殊程序制定和修改的,综合性规定国家、社会和公民生活的根本问题、具有最高法的效力的一种法,一切法律法规和其他规范性文件都不得与宪法相抵触。

制定和颁布机关:全国人民代表大会。

效力范围:全国。

效力等级:具有最高法律效力,一切旅游法规不得与宪法相抵触。

（二）旅游法

《旅游法》(2013 年)是我国各级各类旅游立法的渊源和依据。旅游法的地位和作用,不仅对于旅游法律体系的建立和发展具有非常重要的意义,而且对于我国旅游业的整体发展也具有规范和指导意义。《旅游法》(2013 年)确立了旅游综合协调、市场联合执法、投诉处理、安全综合管理四个机制;建立了旅游公共服务、旅游编制和规划评价、旅游发展和促进三大体系;突出了以人为本理念,明确了旅游者的权利义务。

制定和颁布机关:全国人民代表大会常务委员会。

效力范围:全国。

效力等级:低于宪法和基本法律,高于行政法规。

（三）旅游相关法规

1. 旅游行政法规

行政法规是由最高国家行政机关国务院依法制定和变动的、有关行政管理和管理行政事项的规范性文件的总称。

自我国旅游法制建设史上第一个旅游行政法规——《旅行社管理暂行条例》(1985

年)颁布后,国家先后发布了《旅行社管理条例》(1996 年)、《中国公民自费出国旅游管理暂行办法》(1997 年)、《风景名胜区条例》(2006 年)、《旅行社条例》(2009 年)和《导游人员管理条例》(2017 年修订)等一系列的旅游政策文件。

制定和颁布机关:国务院。

效力范围:全国。

效力等级:低于宪法和法律,高于旅游部门规章、地方性旅游法规、地方旅游规章。

2. 旅游部门规章

旅游部门规章是由国家旅游行政管理部门制定的一些规定和技术性规范。已经制定并实施的主要有:

(1) 旅行社管理方面的规章。主要有原国家旅游局发布的《旅行社条例实施细则》(2009 年)、《旅行社质量保证金存取管理办法》(2009 年)、《中外合法经营旅行社试点经营出境旅游业务监管暂行办法》(2010 年)、《旅行社服务质量赔偿标准》(2011 年)等。

(2) 导游人员管理方面的规章。主要有原国家旅游局发布的《导游员职业等级标准》(1994 年)、《出境旅游领队人员管理办法》(2002 年)、《导游人员等级考核评定管理办法(试行)》(2005 年)、《导游管理办法》(2017 年)等。

(3) 旅游饭店管理方面的规章。主要有国务院批准、由公安部发布的《旅馆业治安管理办法》(2022 年修订),原国家旅游局发布的《旅游饭店星级的划分与评定》(GB/T 14308—2010)等。

(4) 出境旅游管理方面的规章。主要有原国家旅游局发布的《重大旅游安全事故报告制度试行办法》(1993 年)、《旅游安全管理暂行办法实施细则》(2019 年)、《旅游安全管理办法》(2016 年),以及原国家旅游局与中国保监会联合发布的《旅行社责任保险管理办法》(2011 年)等。

(5) 旅游资源保护方面的规章。主要有原国家旅游局发布的《旅游区(点)质量等级的划分与评定》(1999 年)、《旅游资源保护暂行办法》(2007 年)等。

(6) 旅游纠纷方面的规章。主要有原国家旅游局发布的《旅游投诉处理办法》(2010 年)等。

制定和颁布机关:国务院旅游主管部门。

效力范围:本部门。

效力等级:低于宪法、旅游法律、旅游行政法规。

(四) 其他部门旅游相关法律法规

其他部门相关法律法规是指通用性法律法规,我国规范民事活动、经济活动或行政行为的许多法律法规对旅游业的发展和旅游企业的经营均有指导作用,与前文不同层次的、专门的旅游法律法规共同构成旅游法律体系,如《中华人民共和国合同法》(1999 年)、《中华人民共和国民法通则》(2009 年修正)、《中华人民共和国保险法》(2009 年修正)、《中华人民共和国出入境管理法》(2012 年)、《中华人民共和国消费者权益保护法》(2013 年修正)、《中华人民共和国食品安全法》(2015 年修正)、《中华人民共和国文物保护法》(2017

年修正)、《中华人民共和国民事诉讼法》(2017 年修正)、《中华人民共和国公司法》(2018 年修正)、《中华人民共和国反不正当竞争法》(2019 年修正)、《中华人民共和国刑法》(2020 年修正)等都在不同程度上对旅游社会关系起到了调整作用①。

课题讨论

　　2015 年 10 月 4 日,有网友爆料称,在青岛市乐凌路"善德活海鲜烧烤家常菜"吃饭时遇到宰客事件,该网友称点菜时已向老板确认过"海捕大虾"是 38 元一份,结果结账时变成是 38 元一只虾,一盘虾要价 1 500 余元。游客报警之后,经过警察协调,游客仍买单1 300 多。由于该事得不到合理解决,游客将事情始末在微博上进行曝光,在网上形成评论热潮。一时间"青岛大虾"成为宰客代名词,各种段子层出不穷。强大的网上舆论倒逼政府相关部门出面回应。虽然该事件最终得以解决,但青岛大虾事件的影响却没有随之终止。"青岛大虾"事件使得山东数十年建立的"好客山东"旅游品牌形象遭到重大打击。

　　材料来源:澎湃新闻.青岛官方:"38 元大虾"涉事排档涉嫌误导消费,将立案查处[EB/OL].[2023 - 05 - 26]. https://www.thepaper.cn/newsDetail_forward_1382185.

　　思考:从青岛大虾事件来看,旅游者在旅游过程中享有什么权利? 旅游监管者在旅游活动中承担的义务是什么? 在互联网时代,政府、企业应该如何应对旅游突发事件?

第四节　旅游法规与旅游政策的区别与联系

　　旅游政策是指党和国家,以及国家各级旅游主管部门为实现我国旅游业建设与发展的目标而制定的行动准则。旅游政策与旅游法规紧密联系又严格区分,一方面,旅游法规的制定须以党和国家的旅游政策为依据;另一方面,在依法治国的前提下,制定旅游政策又不得与现行有效的旅游法规相违背,在旅游活动中做到"有法可依""有法必依""执法必严""违法必纠"。因此,厘清旅游政策与旅游法规的区别与联系十分必要和重要。

一、旅游法规与旅游政策的区别

　　(一)制定机关不同

　　党的旅游政策是党的领导机关制定的,是表现为旅游政策的党的意志。旅游法规是国家机关制定的,是表现为旅游法规的国家意志。虽然党的意志在实质上代表了人民的意志,并且党是国家政权的领导核心,但党不能代表国家政权,党的机关不能代表国家机关,即使是执政党,也没有法律上的立法权。旅游政策要取得国家意志的属性,就必须通过国家机关把它制定或认可为旅游法规。

---

　　① 杨朝晖.旅游法规教程[M].2 版.大连:东北财经大学出版社,2014:15 - 17.

（二）表现形式不同

党的旅游政策常以党组织的决议、批示、纲领、通知、报告、社论、文件、口号等具体形式来表现。最常见的表现形式就是党委的"红头文件"、各级党组织所领导的报刊上的社论，以及各级党的代表大会的政治报告等，都带有指导性和号召力，原则性比较强，而且较为抽象，需要人们在实践中加以具体化和深化。旅游法规是由宪法（宪法中有旅游法律规定）、旅游法律、旅游行政法规、旅游规章和地方性旅游法规等规范性法律文件来表现的，绝大多数法律规范是具体而明确的规定，不能随意变动。

（三）内容的广泛性不同

在旅游领域中，党的领导主要是通过旅游政策来实现。因此，党的旅游政策体现在旅游建设与发展的每一个方面。不但体现在旅游法规的保护环境，对旅游实行扶持，打击破坏旅游资源的刑事犯罪，调整国家、集体与个人的经济利益等方面，而且还包括了科教兴旅、旅游区社会环境的综合治理、旅游产业政策等各个方面。旅游法规只是党实现领导方式的一种，对于旅游政策，还必须同时采取政治、思想、组织、教育等多种形式的旅游政策加以贯彻执行。另外，党的旅游政策并不需要全部制定为法律，有的旅游政策只对党员干部适用，无须通过上升为法律来要求全体社会成员遵守。

因此，旅游政策的内容比旅游法规更为广泛，旅游法规所调整的社会关系，都是旅游政策所调整的范围。没有一部旅游法规不体现旅游政策，但的确有许多旅游政策没有体现旅游法规；违反了旅游法规必然会违反旅游政策，而违反旅游政策则不一定违反旅游法规。

（四）确定性不同

旅游法规规定的内容比较具体、明确和详尽，它不仅告诉人们可以做什么、应该做什么和禁止做什么，而且还规定了违法所应承担的责任，更加便于人们掌握和遵守。旅游政策一般原则性和概括性较强，在总政策、基本政策中表现得尤为突出。

（五）稳定性和灵活性不同

党的旅游政策是党根据一定的政治经济形势的客观需要而制定的，由于旅游建设与发展具有很强的阶段性，必然要求旅游政策既有一定的稳定性，又一定程度的灵活性。旅游法规则是旅游活动实践经验的总结，是旅游政策的法律化，也需要有稳定性和灵活性。但是，我国的立法实践往往是将比较成熟而稳定的、有制定成旅游法规必要的旅游政策制定为旅游法规，以便更全面地以法律手段贯彻执行旅游政策。因此，旅游法规更具有稳定性，旅游政策更具有灵活性。

（六）实施方式与保证不同

旅游法规是由国家强制力保证实施的，并具有普遍的约束力，任何社会成员必须遵守，否则将受到制裁。旅游政策则是通过政策的正确性、思想工作、说服教育、党员的模范带头作用，以及党的纪律保证来实现的，党的某些政策并非对每个公民都具有约束力[①]。

---

① 袁正新，等.旅游政策与法规[M].北京：北京大学出版社，2008：6-7.

二、旅游政策与旅游法规的联系

（一）旅游政策与旅游法规具有一定的一致性

我国旅游政策和旅游法规,在理论基础、经济基础、体现的意志和利益及根本任务等方面都是相同的,因而是一致的。其一致性主要体现在以下几个方面。

（1）两者的理论基础相同。马列主义、毛泽东思想、邓小平理论、"三个代表"重要思想、科学发展观、习近平新时代中国特色社会主义思想,既是我们国家制定旅游政策的根本指导思想,也是我们国家进行立法的根本指导思想。因此,它们是旅游政策和法规制定的理论基础。

（2）两者的经济基础相同。我国的旅游法规和旅游政策都是我国社会主义上层建筑的重要组成部分,都是建立在社会主义经济基础之上,由社会主义经济基础决定并为之服务,同时还对社会主义经济基础产生积极的反作用。

（3）两者体现的意志和利益相同。我国旅游法规和旅游政策都是广大人民群众意志和利益的体现,都是维护和保障广大人民群众的利益,尤其是维护和保障广大人民群众在旅游方面的权利。

（4）两者的根本任务相同。我国的旅游法规和旅游政策都是以促进和保障社会主义旅游业的发展,有效满足人民群众的旅游需求,进而促进人的全面发展为己任的。

（二）旅游政策与旅游法之间存在广泛的联系

旅游政策是旅游法规的基本依据,旅游法规是法律化了的旅游政策,是实现旅游政策的重要工具之一。

（1）旅游政策是制定旅游法规的基本依据。旅游立法,无论是立法机关的旅游立法,还是行政机关的旅游立法,必须以党和国家的旅游政策为依据,这是由旅游政策在旅游业建设和发展中的地位和作用决定的。中国共产党是我国的执政党,是我国一切事业的领导核心,而党的领导是通过党的路线、方针、政策来实现的。因此,党的政策是国家机关一切活动的基本依据,当然也是国家机关制定旅游法规的基本依据。

（2）旅游政策指导旅游法规的实施。旅游法规是根据旅游政策制定的,但是旅游法规并不包括全部旅游政策,只是一部分旅游政策的法律化。因此,必须认真领会和掌握旅游政策,才能准确把握旅游法规的精神实质和内容,予以正确的理解和实施。旅游政策比旅游法规更具有灵活性,能够及时地、准确地反映不同时期的国家旅游发展的客观要求。在旅游法规保持稳定的时候,以旅游政策指导旅游法规的实施,才能既保持旅游法规的稳定性,又充分发挥旅游法规在旅游业建设发展中的作用和社会职能。在现阶段,我国旅游法规已初步形成自身体系,但仍有许多方面尚未制定出旅游法规。在没有旅游法规可循的情况下,旅游政策往往起到旅游法规的作用,弥补旅游法规的空白。时机一旦成熟,这些旅游政策可通过立法程序上升为旅游法规。

（3）旅游法规是旅游政策的法律化或定型化。旅游法规离不开旅游政策,旅游政策需要利用旅游法规的形式来贯彻,旅游法规是法律化了的旅游政策,是实现旅游政策的工具。旅游政策法律化,通过法律规定的程序,把旅游政策以旅游法规的形式表现出来,明确规定公民(自然人)、法人、其他组织和国家机关在旅游法律关系中的权利和义务,明确规定违反旅游法规的法律责任。通过旅游立法,旅游政策上升为国家意志,就能以国家强制力来保证旅游政策更有效地贯彻实施,促进旅游事业的发展。只有严格按照旅游法规办事,才能使旅游政策得到有效的贯彻实施。

总之,旅游政策与旅游法规是党和国家在一定时期内制定的调整一定旅游社会关系的行为依据和准则。在我国,旅游法规与旅游政策在本质上是一致的,它们都是建立在社会主义经济基础之上,其内容归根到底都是由我国经济基础决定的,两者之间的相互关系可总结为:旅游政策是制定旅游法规的依据和"灵魂",旅游法规要体现党的旅游政策的基本精神。所以,学习旅游政策与旅游法规,一定要注意旅游政策与旅游法规之间的关系,把旅游政策与旅游法规有机地结合起来。两者各有自己具备的、互相不可替代的职能和作用,两者是相互作用、相辅相成的,必须反对把旅游法规和旅游政策对立起来,割裂开来的观点[①]。

 复习思考

(1) 简述旅游法的特点与作用。

(2) 旅游法律关系的主体是什么?

(3) 如何对旅游法律关系进行确立和保护?

(4) 我国旅游法律法规的体系包括哪些内容?

(5) 我国旅游法规与旅游政策的区别和联系分别有哪些?

---

① 王莉霞.旅游法规:理论与实务[M].3 版.大连:东北财经大学出版社,2014:4-5.

第五章

旅游者权益保护与管理

学习要点
- 旅游者的概念与法律地位。
- 旅游者合法权益及其保护途径。
- 旅游者的义务与责任。
- 旅游者权益保护相关案例解读。

第一节　旅游者及其权益保护

一、旅游者的概念与法律地位

（一）消费者、旅游者和旅游消费者的概念

1. 消费者概念

《中华人民共和国消费者权益保护法》（2013 年修正）第二条规定："消费者是指为生活消费需要而购买、使用商品或者接受服务的自然人、社会团体和单位。"消费者具有以下法律特征：

（1）消费主体主要是自然人。

（2）消费者的消费性质属于生活消费。

（3）消费者的消费客体是商品和服务。

（4）消费者的消费对象由经营者提供。

（5）消费者的消费方式包括购买、使用商品和接受服务。

2. 旅游者和旅游消费者的概念

我国尚未通过立法明确旅游者的概念，通常认为旅游者是指任何一个离开常住地到异地，进行游览、度假、休闲、娱乐、探亲、访友或其他形式的旅游活动，连续停留时间不超过 12 个月，并且其主要目的不是通过所从事的活动获取报酬的人。旅游者不包括因工作或学习在两地有规律往返的人[①]。

---

① 赵利民.旅游法规教程［M］.4 版.北京：科学出版社,2015：64.

根据《关于印发新版〈团队出境旅游合同〉示范文本的通知》(2010年)的规定,旅游者是指与旅行社签订旅游合同、参加旅游活动的居民或团体。由于旅行社是经营旅游业务、提供有偿服务、实现经营利润的社会组织,因此,在旅游活动中,旅游者自然而然就是为生活需要而购买、使用旅行社等旅游经营者提供的旅游产品或接受旅游服务的消费者,即旅游消费者[①]。

(二)旅游消费者的法律地位

1. 我国旅游消费者的法律地位

旅游消费者的法律地位,即旅游消费者在法律上所处的地位或位置,指的是旅游消费者享受的权利、承担的义务受法律保护的资格。旅游消费者的法律地位决定了作为旅游消费者在特定情况下的权利和义务。

旅游消费者通过合同形式,以支付货币的方式,从旅游经营者那里获取消费资料。但旅游消费者在市场交易中处于弱势地位,一是旅游消费环境的非惯常性,旅游消费者是在生疏的或陌生的地域等非惯常环境中进行旅游消费的;二是旅游产品交易的特殊性,旅游消费者除了承担经济风险之外,还要承担生存风险;三是旅游利益满足的延时性,旅游经营者的利益在旅游消费者交付货币后即可实现,而旅游消费者的利益只有在旅游活动进行中,甚至旅游活动结束后才能实现。旅游消费者在市场交易中的弱势地位决定旅游消费者需要特殊的法律保护。

旅游消费者是旅游业赖以生存和发展的重要因素,国家应当重视对旅游消费者的权利保护,通过立法规定旅游消费者应当具有的权利;采取措施为旅游消费者安全舒适地进行旅游提供方便;加大执法力度,对侵害旅游消费者合法权益的行为进行处理。同时,旅游消费者也应当增强维权意识,合理运用法律武器保护其合法权益不受侵犯。

2. 外国旅游消费者在中国的法律地位

外国旅游消费者的法律地位,一般是指外国旅游消费者离开本国前往别国参加旅游活动,在入境、出境、通过别国边境,以及到别国游览期间的权利与义务。确定外国旅游者的法律地位,首先是根据外国人(就一个国家而言,凡不具有该国国籍而具有他国国籍的人均属外国人)身份,其次才考虑作为旅游者的特殊身份。因此,外国旅游消费者常由国内法规定,有时也由双边或多边条约规定。

我国给予在境内的外国人(含外国旅游消费者)的待遇,是依据我国所承担的国际义务,并参照国际惯例,以国内法的形式加以规定的。《中华人民共和国宪法》(2018年修正)规定:"中华人民共和国保护在中国境内的外国人的合法权益,在中国境内的外国人必须遵守中华人民共和国的法律。"《中华人民共和国民法典》(2020年)规定:"本法关于公民的规定,适用于在中华人民共和国境内的外国人、无国籍人,法律另有规定的除外。"因此,外国人在民事权利、义务方面享受国民待遇,与我国公民具有大体相同的法律地位;外国人在中国从事违法犯罪活动,同样要承担法律责任。我国政府既保护外国旅游者的合

---

① 李海峰,师晓华,陈文娟,等.旅游政策与法规[M].北京:清华大学出版社,2015:170.

法权益,也不允许外国旅游者享有超越法律的特权。在某些方面,外国旅游者会受到额外的限制。例如,外国旅游者无法前往不对外国人开放的地区旅游。

二、旅游者的合法权益

消费者合法权益是指消费者依法享有的权利和应得利益。因此,旅游消费者的合法权益就是旅游者在旅游活动中依照旅游法律法规和制度享有的权利和应得利益①。根据《旅游法》(2018 年修正)和《中华人民共和国消费者权益保护法》(2013 年修正)的相关内容,旅游消费者享有下列九个方面的权利。

(一)安全保障权

安全保障权是指旅游消费者在购买、使用商品或者接受服务时,享有人身、财产安全不受侵犯的权益,是旅游消费者最基本、最重要的权利。为保障旅游消费者安全权的实现,旅游消费者有权要求旅游经营者提供的商品和服务符合保障人身、财产安全的要求。《旅游法》(2018 年修正)第十二条规定:"旅游者在人身、财产安全遇有危险时,有请求救助和保护的权利。旅游者人身、财产受到侵害的,有依法获得赔偿的权利。"《中华人民共和国消费者权益保护法》(2013 年修正)第七条规定:"消费者在购买、使用商品和接受服务时享有人身、财产安全不受侵害的权利。消费者有权要求经营者提供的商品和服务,符合保障人身、财产安全的要求。"《旅游安全管理办法》(2016 年)第三条规定:"各级旅游主管部门应当在同级人民政府的领导和上级旅游主管部门及有关部门的指导下,在职责范围内,依法对旅游安全工作进行指导、防范、监管、培训、统计分析和应急处理。"

安全保障权包括人身安全权和财产安全权。人身安全权具体包括生命安全权和健康安全权。例如,旅游者甲参加旅游活动,因游乐场所设施不安全导致其死亡,则甲的生命权受到侵犯;旅游者乙由于餐饮不洁引起中毒,则乙的健康安全权受到侵犯。财产安全是旅游消费者顺利参加旅游活动的物质基础,也是法律保护的内容。在人身、财产安全遇到危险时,旅游者有权请求旅游经营者、当地政府和有关机构进行及时救助。中国出境旅游者在境外陷于困境时,有权请求我国驻当地机构在其职责范围内给予协助和保护。

(二)知情权

知情权是指旅游者在购买、使用旅游产品或接受旅游服务时,享有知悉其所购买、使用的旅游产品或接受的旅游服务的真实、准确、完整信息的权利,旅游者有权要求旅游经营者按照法定的方式标明其相关内容。《中华人民共和国消费者权益保护法》(2013 年修正)第八条规定:"消费者享有知悉其购买、使用的商品或者接受的服务的真实情况的权利。消费者有权根据商品或服务的不同情况,要求经营者提供商品价格、产地、生产者、用途、性能、规格、等级、主要成分、生产日期、有效期限、检验合格证明、使用方法说明书、售后服务,或者服务的内容、规格、费用等有关情况。"

旅游消费者知情权的基本内容包括:

---

① 李海峰,师晓华,陈文娟,等.旅游政策与法规[M].北京:清华大学出版社,2015:170.

（1）有权要求经营者按照法律、法规规定的方式标明旅游商品或者旅游服务的真实情况，诸如住宿饭店的星级标准、团队餐饮标准等。

（2）有权在购买、使用旅游商品或者接受旅游服务时，询问和了解商品或者服务的有关情况。

（3）有权知悉旅游商品和旅游服务的真实情况。在旅游活动中，这项权利的内容是指旅游者在接受旅游服务中，旅游经营者负有为旅游者提供相关知识和真实信息的义务，诸如旅游广告的内容与提供服务的内容、景点景区的基本情况及线路安排的情况相一致。

（三）自主选择权

自主选择权是指旅游消费者在购买商品或接受服务时，享有自主选择商品或者服务的权利。《旅游法》（2018 年修正）第九条规定："旅游者有权自主选择旅游产品和服务，有权拒绝旅游经营者的强制交易行为。"《中华人民共和国消费者权益保护法》（2013 年修正）第九条规定："消费者有自主选择商品或者服务的权利。消费者有权自主选择提供商品或服务的经营者，自主选择商品品种或者服务方式，自主决定购买或者不购买任何一种商品、接受或者不接受任何一项服务。消费者在自主选择商品或服务时，有权进行比较、鉴别和挑选。"

旅游消费者的自主选择权主要包括：旅游消费者有权根据自己的经验、喜好、判断，自主选择提供旅游商品或服务的经营者、旅游商品品种或者服务方式；旅游消费者在自主选择旅游商品或者旅游服务时，有权进行比较、鉴别和挑选；即使签订了旅游合同，旅游消费者也有权在旅游行程开始前将合同中自身的权利义务转让给第三人，有权在旅游行程结束前解除合约。

（四）公平交易权

公平交易权是指旅游消费者在购买商品或者接受服务时享有获得质量保障、价格合理、计量正确等公平交易条件的权利。《旅游法》（2018 年修正）第九条规定："旅游者有权要求旅游经营者按照约定提供产品和服务。"《中华人民共和国消费者权益保护法》（2013 年修正）第十条规定："消费者享有公平交易的权利。消费者在购买商品或者服务时，有权获得质量保障、价格合理、计量正确等公平交易条件，有权拒绝经营者的强制交易行为。"

旅游消费者的公平交易权主要包括：旅游者与经营者的交易行为的发生是在合理的条件下进行的，交易双方以诚相待，交易行为的发生不存在强迫或歧视。在旅游消费中，公平交易的核心是旅游消费者出于自愿以一定的货币换得同等价值的旅游商品和服务。

（五）求偿权

旅游消费者的求偿权是指旅游者因购买和使用旅游产品或者接受旅游服务受到人身伤害或者财产损害时，享有依照法律规定或者合同约定获得赔偿的权利。《中华人民共和国消费者权益保护法》（2013 年修正）第十一条规定："消费者因购买、使用商品或接受服务受到人身、财产损害的，享有依法获得赔偿的权利。"如在旅游活动过程中，旅行社未经旅游者同意，擅自变更、取消、减少或增加旅游项目，使消费者的合法权益受到损害的，旅游者有权依法获得赔偿，如果旅游者获得赔偿的要求得不到满足，有权在当地寻求可行的法律援助。

享有求偿权的主体包括"商品的购买者""商品的使用者""接受服务者""第三人（在别人购买、使用旅游服务产品或接受旅游服务过程中受到人身或财产损害的其他人）"。求偿权的范围包括人身权受到侵害、财产权受到损害、消费者因人身权受到侵害造成精神损失。求偿权的最基本和最常见的实现方式为对消费者因人身、财产损失而获得的经济赔偿，包括恢复原状、赔礼道歉、重做、更换、消除影响、恢复名誉等民事责任的承担方式。

（六）结社权

结社权是《中华人民共和国宪法》（2018年修正）赋予公民的一项基本权利。消费者常常因缺乏商品和服务的知识、人员分散、弱小等原因而处于不利地位，给予消费者结社权是客观实践的需要。因此，《中华人民共和国消费者权益保护法》（2013年修正）第十二条规定："消费者享有依法成立维护自身合法权益的社会组织的权利。"赋予消费者结社权，有利于其从分散、弱小走向集中和强大，运用团体的力量维护自身的合法权益。在旅游消费领域，分散的旅游消费者在议价力量、承受能力等方面相对弱势，只有组织起来，才能与拥有雄厚经济实力的经营者相抗衡。旅游消费者的结社权是指旅游者依法享有的、依照我国有关法律的规定、按照法定程序成立维护自身合法权益的社会组织的权利。

（七）获得知识权

获得知识权也称接受教育权，指旅游消费者在接受旅游服务中，享有获得与旅游有关的消费知识（如服务内容及其他相关信息），以及旅游者合法权益保护方面知识的权利。《中华人民共和国消费者权益保护法》（2013年修正）第十三条规定："消费者享有获得有关消费和消费者权益保护方面的知识的权利。消费者应当努力掌握所需商品或者服务的知识和使用技能，正确使用商品，提高自我保护意识。"如在旅游活动中，旅游者享有获得诸如服务的内容、接受服务的相关信息、实施的方法等必要的知识，旅游景区应有必要的景点介绍、旅游线路说明等，在危险地方有安全提示、安全须知等告示牌。

（八）获得尊重权

获得尊重权是指旅游消费者在购买、使用商品或接受服务时，享有其人格尊严和民族风俗习惯得到尊重的权利，享有个人信息依法得到保护的权利。《旅游法》（2018年修正）第十条规定："旅游者的人格尊严、民族风俗习惯和宗教信仰应当得到尊重。"《中华人民共和国消费者权益保护法》（2013年修正）第十四条规定："消费者在购买、使用商品和接受服务时，享有人格尊严、民族风俗习惯得到尊重的权利，享有个人信息依法得到保护的权利。"

尊重旅游消费者的人格尊严、民族风俗习惯和宗教信仰，保护公民的个人信息，是尊重和保障人权的重要内容，也是社会文明进步的表现。在旅游过程中，旅游者通常来到自己陌生的非常住地，甚至要跨越国界，各地的风俗习惯、文化传统一般存在较大差异，法律给予旅游者获得尊重权有利于其获得更好的旅游体验。作为经营者和其他消费者，应当自觉地尊重旅游消费者的人格尊严、民族风俗习惯和宗教信仰，保护消费者的个人信息，禁止非法搜查、检查、侮辱、诽谤等，禁止未经同意泄露、出售或非法提供消费者个人信息。

（九）监督批评权

监督批评权指旅游消费者享有对商品和服务，以及保护旅游消费者权益工作进行监督的权利。《中华人民共和国消费者权益保护法》（2013 年修正）第十五条规定："消费者享有对商品和服务，以及保护消费者权益工作进行监督的权利。消费者有权检举、控告侵害消费者权益的行为和国家机关及其工作人员在保护消费者权益工作中的违法失职行为，有权对保护消费者权益工作提出批评、建议。"

监督的方式多种多样，如对侵害旅游消费者权益的行为进行检举和控告，通过新闻舆论和消费者保护组织对旅游经营者进行监督等。旅游消费者的监督批评权可具体分解为四项权能。

（1）检举权。指旅游消费者有权对旅游行政管理部门及其工作人员在保护旅游消费者权益工作中的违法失职行为和经营者侵犯旅游消费者合法权益的违法行为进行检举和揭发，我国各级旅游行政管理部门为便于旅游消费者实现检举权均设立了投诉电话。

（2）控告权。指旅游消费者对旅游行政管理部门的工作人员的违法失职行为和经营者的侵权行为，既可向司法机关起诉，也可要求行政机关处理。

（3）建议权。指旅游消费者有权对商品和服务的价格、质量、计量、服务态度等进行监督，对有关消费者权益保护机构的各项工作，有权提出意见。

（4）批评权。指旅游消费者有权对旅游行政管理部门工作人员在工作中的缺点和错误提出批评意见。

除了《中华人民共和国消费者权益保护法》（2013 年修正）所规定的消费者所具有的一般权利外，世界各国法律和有关国际条约还规定了旅游消费者的一些其他合法权益，如自由旅行权、逗留权、享受医疗权、自由公正地缔结旅游服务合同权、寻求法律救济权、残疾人的旅游权等。

📑 课堂讨论

四川某假日酒店有限公司在其微信公众号的功能介绍中标注了"某假日酒店是集团全资建设并管理，集餐饮、住宿、会务、休闲、娱乐、购物于一体的四星级综合型豪华酒店，坐落于通江县城红色革命圣地，是红色旅游、放松身心的首选休憩之地。建筑独特壮观、交通方便快捷，是商务接待、会议、休闲旅游的最佳之选"的字样，被实名举报后，巴中市通江县市场监管局立案调查。经查，当事人冒用"四星级"名义，并对外宣传使用"最佳"，其行为违反《中华人民共和国广告法》（2015 年修订）有关规定，该局责令当事人立即改正上述违法行为，并处罚款人民币 2 万元[①]。

思考：该酒店上述行为侵犯了消费者哪些合法权益？

---

① 搜狐网.【旅游维权案例】经典维权案例三则［EB/OL］.（2019 - 01 - 24）［2023 - 05 - 26］. https://www.sohu.com/a/291308990_120067461.

三、旅游者合法权益的保护

（一）消费者合法权益的保护途径

1. 国家对旅游消费者合法权益的保护

国家是公共权力的代表，维护消费者利益，对消费领域实施适当的干预，矫正市场经济条件下经营者与消费者之间的不平等是国家应尽的职责。国家对旅游消费者权益的保护，是由立法机关、行政机关、司法机关通过采取相应的措施来实现的[①]。国家对旅游消费者合法权益的保护主要体现在以下三个方面：

（1）立法保护。首先要制定旅游基本法，旅游基本法是旅游法律规范体系中处于主导地位、具有权威性的"宪法"，能够规范旅游经营行为、保护旅游消费者的基本权利。在《旅游法》（2018年修正）的指导下制定相关细分法律，形成完整独立的旅游法律体系，是充分保护旅游者权益的基础。我国已经建立了诸如旅行社质量保证金制度、旅行社责任险制度、旅游安全制度等在内的法律制度，为保护旅游消费者合法权益提供了法律依据。

（2）行政保护。强有力的行政监督是保护消费者权益的重要环节，其中国家行政机关担负着重要的法定职责。《中华人民共和国消费者权益保护法》（2013年修正）第三十一条规定："各级人民政府应当加强领导，组织、协调、督促有关行政部门做好保护消费者合法权益的工作，落实保护消费者合法权益的职责。各级人民政府应当加强监督，预防危害消费者人身、财产安全行为的发生，及时制止危害消费者人身、财产安全的行为。"

国家和地方各级市场监督管理机关是保护消费者权益的基本职能机构，各级物价、技术监督、卫生、食品检验、商检、旅游等行政管理机关和行业主管部门、企业主管等部门，同样在各自的职责范围内保护消费者的合法权益。我国旅游市场监督体系主要采用综合治理的方法，包括利用新闻媒体、建立旅游服务质量监督网站、设置旅游质量监督员等，充分发挥社会各界的监督作用。

（3）司法保护。公安机关、检察机关、审判机关应当依照法律法规的规定，惩处旅游经营者在提供旅游产品和服务中侵害旅游者合法权益的违法犯罪行为。人民法院应当采取措施，方便旅游者提起诉讼；对符合《中华人民共和国民事诉讼法》（2017年修订）起诉条件的旅游者权益争议，必须及时受理和审理[②]。

2. 消费者组织对旅游消费者权益的保护

目前，消费者组织主要指中国消费者协会和地方各级消费者协会。《中华人民共和国消费者权益保护法》（2013年修正）第三十七条对消费者组织的范围、性质、设立、任务等作出了规定。消费者协会主要职能有：

（1）向消费者提供消费信息和咨询服务，提高消费者维护自身合法权益的能力，引导文明、健康、节约资源和保护环境的消费方式。

---

① 杨朝晖.旅游法规教程[M].2版.大连：东北财经大学出版社，2014：93.
② 李兴荣，李其原.旅游法规[M].成都：西南财经大学出版社，2014：166.

（2）参与制定有关消费者权益的法律、法规、规章和强制性标准。

（3）参与有关行政部门对商品和服务的监督、检查。

（4）就有关消费者合法权益的问题，向有关部门反映、查询，提出建议。

（5）受理消费者的投诉，并对投诉事项进行调查、调解。

（6）投诉事项涉及商品和服务质量问题的，可以委托具备资格的鉴定人鉴定，鉴定人应当告知鉴定意见。

（7）就损害消费者合法权益的行为，支持受损害的消费者提起诉讼或者依照本法提起诉讼。

（8）对损害消费者合法权益的行为，通过大众传播媒介予以揭露、批评。

为保证消费者组织的公正性和独立性，更好地担当起法律赋予其保护消费者合法权益的责任，《中华人民共和国消费者权益保护法》（2013年修正）第三十八条通过禁止性规范对其职权加以限制：消费者组织不得从事商品经营活动和营利性服务、不得以牟利为目的向社会推荐商品和服务。

3. 国际社会对消费者合法权益的保护

在国际社会中，各个国家和国际组织对旅游者的合法权益的保护问题相当重视，其保护方式主要有两种。

（1）召开国际会议，协调各国在旅游者合法权益保护方面的政策和法律，帮助各国政府制定类似政策、法律；通过国际组织宣言、决议等形式确认保护旅游者合法权益的某些原则和主张，督促各签字国遵守。例如，世界旅游组织于1980年在菲律宾首都马尼拉召开的世界旅游大会，与会的107个国家一致通过了《世界旅游宣言》（1980年）。

（2）各国在有关旅游者合法权益问题上缔结了各种双边、多边条约或国际公约，其中许多涉及旅游者合法权益方面的规定，如《国际海上人命安全公约》（2020年）、《2002年雅典公约》等。此外，部分双边或多边协定也涉及旅游消费者合法权益的保护问题，如简化旅游者出入境手续、互免旅游签证等。

（二）消费者权益争议的解决途径

《中华人民共和国消费者权益保护法》（2013年修正）第三十九条规定，消费者和经营者发生消费者权益争议的，可以通过下列途径解决：

（1）与经营者协商和解。当消费者和经营者因商品或服务发生争议时，协商和解应作为首选方式，特别是因误解产生的争议，通过解释、谦让及其他补救措施，可化解矛盾、平息争议。协商和解必须在自愿平等的基础上进行，遇到重大纠纷或双方立场对立严重、要求相距甚远的，可寻求其他解决方式。

（2）请求消费者协会调解。《中华人民共和国消费者权益保护法》（2013年修正）明确规定消费者协会应履行对消费者的投诉事项进行调查和调解的职能。消费者协会在调解时应依照法律、行政法规及公认的商业道德从事，并由双方自愿接受和执行。

（3）向有关行政部门申诉。政府有关行政部门依法具有规范经营者的经营行为，维护消费者合法权益和市场经济秩序的职能。消费者权益争议涉及的领域很广，当权益受到侵害时,消费者可根据具体情况向不同的行政职能部门提出申诉,如物价部门、市场监督管理部门、技术质量监督部门等。

(4)提请仲裁。消费者权益争议可通过仲裁途径予以解决,但前提条件是双方签订有书面仲裁协议(或书面仲裁条款)。在一般的消费活动中,大多数情况下不签订仲裁协议,因此在消费领域中较少以仲裁方式解决争议。

(5)向人民法院提起诉讼。消费者权益受到损害时可直接向人民法院起诉,也可因不服行政处罚决定而向人民法院起诉。司法审判具有权威性、强制性,是解决各种争议的最后手段。

第二节　文明旅游规范和旅游者的义务与责任

一、文明旅游规范

文明旅游规范是指旅游者在旅游活动中所遵循的规则和准则的总称,是社会认可和人们普遍接受的具有一般约束力的行为标准;符合文明旅游规范的行为为文明旅游行为,不符合则为不文明旅游行为。目前我国法律法规中,对于游客文明旅游行为的引导主要分为文明旅游规范和不文明旅游行为管理两方面。

(一)旅游者文明旅游规范

文明旅游行为是旅游者精神世界在现实生活中的反应,表现为不对旅游地环境、资源和社区构成威胁,不损害其他旅游者和旅游社区居民的利益,在旅游活动中采取符合道德规范的行为[①]。改革开放后,随着我国综合国力和人民生活水平的提升,旅游逐渐成为广大人民的生活方式,出境游也在国内广泛兴起。在此过程中,游客在国内外的旅游不文明行为逐渐出现,不仅对旅游地的环境和居民带来了负面影响,也影响了我国的国际形象。引导旅游者遵守文明旅游规范具有重要意义,是国家精神文化建设的重要内容,是实现旅游目的地可持续发展的重要途径。

为了引导游客遵守文明旅游规范,我国发布了一系列的相关政策文件,大致可分为政策倡导文明旅游(2006—2012年)、法律要求文明旅游(2013年至今)两个阶段。

政策倡导文明旅游阶段(2006—2012年),起初由中央文明办和原国家旅游局于2006年向全国征集"提升中国公民旅游文明素质十大建议",随后,《〈提升中国公民旅游文明素质行动计划〉的通知》(2006年)、《中国公民出境旅游文明行为指南》(2006年)、《中国公民国内旅游文明行为公约》(2006年)等文明旅游专项政策文件从爱护环境、维护秩序、尊重他人、遵守礼仪等方面对游客文明旅游行为进行规范,引导游客在旅游活动中注重言谈举止和自身文明形象;《关于加快发展旅游业的意见》(2009年)、《国民旅游休闲纲要(2013—2020)》(2013年)等文明旅游相关政策文件都明确将引导旅游者遵守文明旅游规范列入其中。

---

① 黄兰萍.青年旅游者文明旅游行为形成机理[D].长沙:湖南师范大学,2019.

法律要求文明旅游阶段(2013年至今),《中华人民共和国旅游法》(2013年)明确提出文明旅游的相关条例,将文明旅游规范上升至国家法律层面。根据《旅游法》(2018年修正)第十三条的规定:"旅游者在旅游活动中应当遵守社会公共秩序和社会公德,尊重当地的风俗习惯、文化传统和宗教信仰,爱护旅游资源,保护生态环境,遵守旅游文明行为规范。"除了对游客自身行为的规范外,《旅游法》(2018年修正)中第四十一条第一款还规定导游在自身遵守文明旅游规范的同时也要对游客进行相应的引导:"导游和领队从事业务活动,应当佩戴导游证、领队证,遵守职业道德,尊重旅游者的风俗习惯和宗教信仰,应当向旅游者告知和解释旅游文明行为规范,引导旅游者健康、文明旅游,劝阻旅游者违反社会公德的行为。"此外,为推动文明旅游工作的常态化和机制化、加强文明旅游宣传教育培训等,先后发布了《中央文明委关于进一步加强文明旅游工作的意见》(2014年)、《关于进一步加强旅游行业文明旅游工作的指导意见》(2015年)等文明旅游相关的政策文件,提出了推进旅游行业文明旅游工作具体要求。

由此可见,我国文明旅游的相关政策和法规从政策倡导走向法律要求,在多年来的实践中逐渐发展成熟。

专栏4

文明旅游规范

《中国公民出境旅游文明行为指南》(2012年)内容包括:中国公民,出境旅游,注重礼仪,保持尊严。讲究卫生,爱护环境;衣着得体,请勿喧哗。尊老爱幼,助人为乐;女士优先,礼貌谦让。出行办事,遵守时间;排队有序,不越黄线。文明住宿,不损用品;安静用餐,请勿浪费。健康娱乐,有益身心;赌博色情,坚决拒绝。参观游览,遵守规定;习俗禁忌,切勿冒犯。遇有疑难,咨询领馆;文明出行,一路平安。

《中国公民国内旅游文明行为公约》(2006年)内容包括:① 维护环境卫生。不随地吐痰和口香糖,不乱扔废弃物,不在禁烟场所吸烟。② 遵守公共秩序。不喧哗吵闹,排队遵守秩序,不并行挡道,不在公众场所高声交谈。③ 保护生态环境。不踩踏绿地,不摘折花木和果实,不追捉、投打、乱喂动物。④ 保护文物古迹。不在文物古迹上涂刻,不攀爬触摸文物,拍照摄像遵守规定。⑤ 爱惜公共设施。不污损客房用品,不损坏公用设施,不贪占小便宜,节约用水用电,用餐不浪费。⑥ 尊重别人权利。不强行和外宾合影,不对着别人打喷嚏,不长期占用公共设施,尊重服务人员的劳动,尊重各民族宗教习俗。⑦ 讲究以礼待人。衣着整洁得体,不在公共场所袒胸赤膊;礼让老幼病残,礼让女士;不讲粗话。⑧ 提倡健康娱乐。抵制封建迷信活动,拒绝黄、赌、毒。

材料来源:

[1]《中国公民出境旅游文明行为指南》(2012年)[EB/OL].[2023-05-26].
https://www.gov.cn/govweb/fwxx/content_2268014.htm.

[2]《中国公民国内旅游文明行为公约》(2006年)[OB/OL].[2023-05-26].
https://www.gov.cn/jrzg/2006-10/02/content_404537.htm.

（二）旅游者不文明旅游行为管理

不文明旅游行为与文明旅游行为相对,指旅游者在旅游过程中各种可能对旅游地环境、旅游地居民和其他旅游者产生负面影响的行为,是一种介于文明行为与违法行为之间的道德失范行为。根据发生环节不同,可将常见的不文明旅游行为划分为餐饮不文明行为、住宿不文明行为、游览不文明行为、购物不文明行为和娱乐不文明行为六类,具体表现为不讲卫生、不讲秩序、不讲尊爱、行为粗俗、不讲规则、法治意识淡薄等[①]。

旅游者不文明行为的形成原因较为复杂,受到旅游地管理状况、游客自身素质、游客消费水平、其他旅游者示范行为等多个因素的影响,具有随机性、从众性、多样性、类聚性等特征。因此,要想根治旅游不文明行为,需要标本兼治,采用多种手段,惩罚与鼓励相结合。引导旅游者遵守文明旅游规范是鼓励性手段,对于道德感较高、文明意识较强的旅游者效用较为明显,还必须采取惩罚性手段对顽固性旅游不文明行为进行矫治。

2015 年 3 月,原国家旅游局制定了《游客不文明行为记录管理暂行办法》,后根据实施情况将其修订为《旅游不文明行为记录管理暂行办法》(2016 年修订),其中的第二条规定:"中国游客在境内外旅游过程中发生的因违反境内外法律法规、公序良俗,造成严重社会不良影响的行为,纳入'旅游不文明行为记录'。"具体不文明旅游行为如下:

（1）扰乱航空器、车船或者其他公共交通工具秩序。

（2）破坏公共环境卫生、公共设施。

（3）违反旅游目的地社会风俗、民族生活习惯。

（4）损毁、破坏旅游目的地文物古迹。

（5）参与赌博、色情、涉毒活动。

（6）不顾劝阻、警示从事危及自身,以及他人人身财产安全的活动。

（7）破坏生态环境,违反野生动植物保护规定。

（8）违反旅游场所规定,严重扰乱旅游秩序。

（9）国务院旅游主管部门认定的造成严重社会不良影响的其他行为。

《旅游不文明行为记录管理暂行办法》(2016 年修订)第四条规定:"'旅游不文明行为记录'包括当事人姓名、性别、户籍省份、不文明行为的具体表现、不文明行为造成的影响和后果、对不文明行为的记录期限。"第五条规定:"国务院旅游主管部门建立全国'旅游不文明行为记录'、省级旅游行政主管部门设立本行政区域内的'旅游不文明行为记录'。"上述规定是对旅游者不文明行为的主要惩罚性措施,有利于消除大众对不文明旅游行为的模仿,避免恶性循环的形成。此外,我国各城市依据《旅游不文明行为记录管理暂行办法》(2016 年修订)也拟定了各地方管理办法。

---

① 杨懿,常飞.旅游者不文明行为:内涵、机制与矫治[J].资源开发与市场,2015,31(10):1250 - 1253.

专栏 5

代表性地方级旅游不文明行为管理办法主要内容

厦门市文化和旅游局于 2020 年 7 月发布《厦门市文化和旅游局关于印发〈厦门市旅游者不文明行为管理办法〉的通知》,《厦门市旅游者不文明行为管理办法》第三条规定:

旅游者在旅游活动中有下列行为,造成严重社会不良影响并被有关行政执法部门处罚的,本市旅行社、景区等旅游经营者可以拒绝与其签订旅游服务合同或者拒绝为其提供旅游服务。主要包括:

(一) 扰乱公共汽车、地铁、火车、船舶、航空器或者其他公共交通工具秩序的;

(二) 在文物古迹上乱涂乱画、攀爬触摸文物,拍照摄像不遵守规定,恶意破坏旅游设施的;

(三) 破坏生态环境,踩踏绿地、摘折花木和果实、乱扔垃圾、随地吐痰,违规追捉、投打、乱喂动物的;

(四) 违反旅游场所规定,随意插队、高声喧哗,严重扰乱旅游秩序的;

(五) 违反《若干规定》重点治理清单的其他不文明行为。

因监护人存在重大过错导致被监护人发生以上不文明行为,本市旅行社、景区等旅游经营者可以拒绝与监护人签订旅游服务合同或者拒绝为其提供旅游服务。

材料来源:《厦门市文化和旅游局关于印发〈厦门市旅游者不文明行为管理办法〉的通知》(2020 年)[EB/OL]. (2020 - 07 - 10)[2023 - 05 - 26]. https://wlj.xm.gov.cn/zwgk/rdyw/202007/t20200710_2461696.htm.

二、旅游者义务与责任

(一) 旅游者的义务

1. 遵纪守法、文明旅游的义务

《旅游法》(2018 年修正)第十三条规定,旅游者在旅游活动中应当遵守公共秩序和社会公德,尊重当地风俗习惯、文化传统和宗教信仰,爱护旅游资源,保护生态环境,遵守旅游文明行为规范。由于公民的权利、义务具有一致性,旅游者在享有权利的同时也应当履行义务。

2. 不得损害他人合法权益

《旅游法》(2018 年修正)第十四条规定,旅游者在旅游活动中,或者在解决旅游纠纷时,不得损害当地居民的合法权益,不得干扰他人的旅游活动,不得损害旅游经营者和旅游从业人员的合法权益。

3. 安全配合义务

《旅游法》(2018 年修正)第十五条规定,旅游者购买、接受旅游服务时,应当向旅游经营者如实告知与旅游活动相关的个人健康信息,遵守旅游活动中的安全警示规定。

4. 遵守出入境管理规则的义务

《旅游法》(2018 年修正)第十六条规定,出境旅游者不得在境外非法滞留,随团出境的旅游者不得擅自分团、脱团。入境旅游者不得在境内非法滞留,随团入境的旅游者不得擅自分团、脱团。该规定既适用于我国旅游者前往其他国家和地区参加旅游活动,也适用于来中国参加旅游活动的外国人。

(二)旅游者的责任

责任是身处社会的个体成员必须遵守的规则和条文,带有强制性。它伴随着人类社会的出现而出现,有社会就有责任。责任可分为法律责任、道义责任、理性责任、社会责任等,其中与旅游者关系较紧密的是法律责任和社会责任。

1. 法律责任

法律责任是指源于法律规定或当事人间的契约而产生的法律效果。大多数情况是在违反法律或契约之后,责任的内容才会具体显现。例如,违反刑法的规定,行为人会有刑事责任;违反民事契约,当事人通常要负民事责任。根据违法行为所违反的法律的性质,可以把法律责任分为民事责任、行政责任、经济法责任、刑事责任、违宪责任和国家赔偿责任。在旅游活动中,依据旅游者触犯法律的不同,应承担相应的法律责任。

以旅游者破坏旅游景点为例,如果被破坏的景点属于国家文物保护单位,则应按照《中华人民共和国文物保护法》(2017 年修正)第七章"法律责任"的各条规定,分别追究民事赔偿责任和刑事责任;如刑事责任应按照《中华人民共和国刑法》(2020 年修正)第六章"妨害社会管理秩序罪"的第四节"妨害文物管理罪"的第 324 条规定处置:"故意损毁国家保护的珍贵文物或者被确定为全国重点文物保护单位、省级文物保护单位的文物的,处三年以下有期徒刑或者拘役,并处或者单处罚金;情节严重的,处三年以上十年以下有期徒刑,并处罚金。"

专栏 6

破坏受国家保护的名胜古迹的相关法律解释

为惩治文物相关犯罪,最高人民法院、最高人民检察院于 2015 年 12 月 30 日发布《最高人民法院、最高人民检察院关于办理妨害文物管理等刑事案件适用法律若干问题的解释》,其中的第四条对旅游者破坏受国家保护的名胜古迹时应承担的法律责任进行了详细解释:

风景名胜区的核心景区,以及未被确定为全国重点文物保护单位、省级文物保护单位的古文化遗址、古墓葬、古建筑、石窟寺、石刻、壁画、近代现代重要史迹和代表性建筑等不可移动文物的本体,应当认定为刑法第三百二十四条第二款规定的"国家保护的名胜古迹"。

故意损毁国家保护的名胜古迹,具有下列情形之一的,应当认定为刑法第三百二十四条第二款规定的"情节严重":

(1) 致使名胜古迹严重损毁或者灭失的。

(2) 多次损毁或者损毁多处名胜古迹的。

(3) 其他情节严重的情形。

实施前款规定的行为,拒不执行国家行政主管部门作出的停止侵害文物的行政决定或者命令的,酌情从重处罚。

故意损毁风景名胜区内被确定为全国重点文物保护单位、省级文物保护单位的文物的,依照刑法第三百二十四条第一款和本解释第三条的规定定罪量刑。

材料来源: 中华人民共和国最高人民法院.最高人民法院、最高人民检察院关于办理妨害文物管理等刑事案件适用法律若干问题的解释[EB/OL].[2023 - 05 - 26].https://www.court.gov.cn/zixun-xiangqing-16405.html.

2. 社会责任

旅游者在购买、使用、处置旅游产品与服务的过程中,应追求最大化对社会、环境方面的正面影响,最小化对这些方面的负面影响。在旅游者的社会责任中,环境责任尤为重要,与旅游者的文明旅游义务一致。旅游者的社会责任是构建旅游地可持续发展机制的内在要求,旅游者的社会责任感越差,对旅游资源、社会环境和自然环境的损害越大。旅游者的社会责任的利益回报包括三个方面:一是景区管理成本下降,尤其是保护性管理成本;二是对旅游持有正面评价的居民比重增长,从而营造良好的旅游接待环境;三是因支持环境保护而促进旅游地的可持续发展。

📑 课堂讨论

2021 年 3 月 3 日,湖北恩施巴王水寨景区一名工作人员在网上发文,称其检票时曾被 5 名游客殴打。据工作人员田小姐回忆,事发时,一行 7 名游客(5 名成人,2 名小孩)准备检票进入景区。田小姐发现这些人的 5 张纸质票中只有 1 张有副联,便询问他们是否购票。其中一名男子出示了手机中 5 张票的购买记录,田小姐看后马上道歉。此时,7 人中的一名女子开始辱骂田小姐耽误他们时间。随后,田小姐发现同行的 2 名孩子都超过 1.2 米,其中一个看起来超过 1.5 米。根据该景区规定,身高超过 1.2 米的孩子需要购票,于是,田小姐一边道歉,一边要求游客去售票处测量身高,并补一张半票,却遭到同行游客的辱骂。随后,这一行游客中的 3 名男性追着田小姐殴打了 5 分钟,一度将田小姐打得晕倒。而后,田小姐被送到巴东县人民医院住院。该院诊断证明书中记录:田小姐全身软组织多处损伤,左侧额头头皮肿胀。

材料来源: 海报新闻.湖北恩施一景区工作人员遭 5 名游客殴打　打人者有中学老师

和县司法局工作人员[EB/OL]. (2021 - 03 - 03) [2023 - 05 - 26]. https://baijiahao.baidu.com/s?id=1692213787604936121&wfr=spider&for=pc.

思考：涉事游客在旅游活动中没有履行哪些义务？应履行哪些责任？

第三节 案例解读

一、案例一：游客游览受伤

【案例事件】

2019 年 5 月 2 日，游客方某进入义乌华溪森林公园游览，游览过程中，独自一人偏离景区设定的游行步道，因迷路跨越景区外多个山头，后因天黑坠落受伤。其间，方某曾打电话报警，后因手机没电关机失联。接到报警后，义乌市华溪森林公园旅游开发有限公司、派出所、民间紧急救援协会等相关部门立即组织 200 多人次在森林公园附近进行大面积的搜寻，经过四天的努力终于找到方某，救援人员立即将方某抬下山并送往医院治疗。

后经司法鉴定机构鉴定，方某构成九级伤残。方某于 2020 年 3 月诉至法院，要求义乌市华溪森林公园旅游开发有限公司及某保险公司赔偿医疗费、残疾赔偿金、误工费、护理费、营养费等损失共计 214 740.35 元。庭审中，被告华溪森林公园有限公司辩称，森林公园作为一个成熟、规范的景区，已经按照相关要求设置相应的隔离指示标识，树立了醒目的警示牌，已尽到安全保障义务。原告缺乏购票进入景区游玩的依据，且即使原告是购票进入景区的，原告受伤发现所在地并非景区范围内，原告损害不是发生在景区负有安全保障义务的范围内，故被告无须承担赔偿责任。

材料来源：中国法院网.游客偏离景区游览路线受伤 景区不承担责任[EB/OL]. [2023 - 05 - 26]. https://www.chinacourt.org/article/detail/2020/08/id/5405246.shtml

【案例解读】

法院审理认为，根据《中华人民共和国侵权责任法》(2009 年)第三十七条规定："宾馆、商场、银行、车站、娱乐场所等公共场所的管理人或者群众性活动的组织者，未尽到安全保障义务，造成他人损害的，应当承担侵权责任。"而本案中，被告义乌市华溪森林公园旅游开发有限公司在门票中标明了游览线路，在景区内多处竖立了警示标志和景区游览图，其已经履行了对旅游者的告知、警示义务。且原告报警后，被告当即组织各方资源对原告进行了四天的大规模搜救，并将搜寻到的原告及时送往医院救治。可以认定，景区管理者已尽到了相应的安全保障义务。

原告作为一名完全民事行为能力人，是自身安全的第一责任人，其在进入景区游览时，应当注意阅览游客须知和游线导示图，并按照导示图显示的游览路线进行游览，更应预见到擅自偏离游览线路的情况下，会对自己的人身安全造成危害。经过听取双方陈述、质证,并进行实地勘查,法院最终查明原告受伤因其擅自偏离游览路线所致,景区管理者虽对进入景区游客的人身和财产安全负有善良管理的义务,但其已尽到必要的安全保障义务,遂判决驳回原告的诉讼请求[①]。

讨论题:

(1) 该案例中,游客方某没有尽到哪些法律规定中的义务?

(2) 旅游者在旅游活动中,应如何更好地旅行法定义务,避免此类事件再次发生?

(3) 旅游景区应如何更好地履行法定义务,避免此类事件再次发生?

二、案例二: 旅游强制消费

【案例事件】

东北雪乡"宰客"事件屡见不鲜,给游客带来了极大的困扰。网友"一木"发布文章《雪乡的雪再白也掩盖不掉纯黑的人心! 别再去雪乡了!》称,在 2017 年 12 月 29 日入住雪乡的赵家大院,定的是三人炕房间,她和家人付了两晚的房费,只住了一天就被老板赶去睡大通铺,理由是客人太多,这间三人炕从 276 元涨成 1 009 元了,要么补钱,要么去睡大通铺。一木当然不肯,最后老板说可以退 276 元的房费给她,让她出去找别家住。

赵家大院被曝光后,给雪乡的名声带来了严重影响,直接导致了客流量的大幅下降,当地旅游部门为此作出了不少努力,但都收效甚微。雪乡为了解决游客最担心的被宰问题,特意实行了明码标价,但这一招反而吓退了更多的游客。因为雪乡公布的价格实在是太高了,如一根大一些的烤肠需 15 元,小一些的则要 8 元;一杯奶茶需 10 元,一根甜玉米需 8 元,一个茶叶蛋则需 4 元。游客吐槽景区商品价格贵,官媒发文喊"冤"。黑龙江日报官方微信公众号发文表示,雪乡烤肠 15 元一根是有着交通和资源供给方面的考虑,且都是明码标价,并未强制消费。因雪乡一年的经营时间很短,若遇大雪封山,其物流成本会比其他地方高很多,和其他景区相比,雪乡烤肠卖得并不贵。官方表示:欢迎监督,别有用心将追究责任。

材料来源: 百度网.东北雪乡实行明码标价,游客却被高价吓退,旅游不是做慈善[EB/OL]. (2019 - 12 - 28)[2023 - 05 - 26]. https://baijiahao.baidu.com/s?id=16541423711333355080&wfr=spider&for=pc.

【案例解读】

2018 年 1 月 3 日,经查发现文章中提到的赵家大院确实存在价格欺诈行为,按照规定已对其处罚 5.9 万余元。2018 年 1 月 17 日,《黑龙江省人民政府办公厅关于切实加强全省冬季旅游市场综合监管的通知》发布,要求将亚布力滑雪旅游度假区、雪乡国家森林公园等作为整治重点,对各相关部门的职责进行了详细规定。

[①] 人民网.浙江义乌一游客起诉景区要求赔偿被驳回[EB/OL]. [2020 - 08 - 20]. https://www.sohu.com/a/414068448_114731.

旅游部门：监管和查处"不合理低价游"、强迫和变相强迫消费、违反旅游合同等违法违规行为。联合市场监督等部门组织查处"黑社""黑导"等非法经营行为。配合公安、交通运输等部门打击涉旅行业的"黑店""黑车"等非法经营行为等。

公安部门：依法严厉打击在旅游景区、旅游交通站点等侵害游客权益的违法犯罪团伙和个人，及时查处强迫消费、敲诈勒索等违法犯罪行为。

市场监督部门：依法查处旅游市场中的虚假广告、虚假或者引人误解的宣传、销售假冒伪劣商品、利用合同格式条款侵害消费者合法权益、垄断行为（价格垄断行为除外）、商业贿赂等不正当竞争行为及其他违法违规行为。依法清理网上虚假旅游信息，查处发布各类误导、欺诈消费者等违法、违规网站等。

价格主管部门：严肃查处旅游行业经营者不执行政府定价和政府指导价、不按规定明码标价、价格欺诈、低价倾销，以及达成垄断协议、滥用市场支配地位等问题。

讨论题：

（1）"雪乡宰客"事件中，涉事店家侵害了旅游者哪些权益？

（2）旅游者在旅游活动中遇到类似事件，应如何维护自己的合法权益？

（3）雪乡在淡旺季和地理位置等客观因素的制约下，应如何更好地维护消费者的合法权益？

三、案例三：游客境外旅游冲突

【案例事件】

2017年1月，周先生和爱人在途牛网上订了"欧洲四国游"的旅游产品，在法国旅游时发生了意外。他在参观凡尔赛宫时有些迷路，未能按时回到团队，而与团队的其他成员发生了冲突，被同行的团队成员打伤。

周先生介绍："它并不是途牛自己组织的一个欧洲行，是拼团形式的。到那儿之后，他们拼了一个叫北京华远旅行社的团，团里的人是全国各地拼过来的。在法国参观凡尔赛宫的时候，我们两个人可能有点迷路，返回过程中迟到了。后来遇到了同团的6个人。当时6个人围上我们，上来就是辱骂，我什么都没说，也没跟他们对骂。紧接着其中有两人就直接动手，打了我，当时就在凡尔赛宫停车场。"

周先生说，他被打的时候，导游并没有在现场。后来据导游说，是出去找他了。事件发生后，他在法国当地想要报警，被导游劝阻，说回国之后一定给他一个说法。但回国后，导游就消失了。周先生称："他（导游）怕事件闹大，影响他的工作，就拽着我，然后我们就稀里糊涂上了大巴车。在这个过程当中，他跟我保证说肯定给我做主，回去协商解决。回国之后，这个导游彻底不认账，导致现在事件没法解决。"

周先生回忆，发生冲突的当天，他去法国一家医院就医，处理了伤口。共花了35欧元。随后，他联系了途牛网和这次组织他们出境游的北京华远旅行社，希望讨回公道。但双方都认为和自己没有关系，也不愿意透露打人者的信息。

材料来源：央广网.游客在境外游途中被同行成员打伤　途牛网称只能自行解决

[EB/OL].（2017 - 07 - 20）[2023 - 08 - 23]. http://m.cnr.cn/news/20170720/t20170720_523859878.html.

【案例解读】

对于周先生的遭遇,法院驳回了他对旅行社和途牛网的起诉,原因是打人的游客只是参加旅游的一位旅客,并不是旅行社和途牛网的员工。因为在提起诉讼时首先要确定被告的情况,打人者是侵权的主体,只有侵权的主体确定后,才具备向法院提起诉讼的资格。

在确定侵权的主体后,还要调查清楚现场的事实情况,判定周先生现在所遭受到伤害的后果是什么程度。途牛网和北京华远旅行社都表示只能在周先生的维权过程中起到协助作用,因涉及顾客隐私所以不能提供打人者信息,只能通过报警的方式,让警察进行协助调查。在这个案件中,无论旅行社还是途牛,都不是直接的侵权主体,只是在此过程中需履行相应的协助义务。在具备以上条件的情况下,周先生可以继续通过起诉的方式,向法院申请调取相应的证据,由旅行社或途牛来协助,以取得必要的基础的信息。

在境外旅游的过程中,保障游客个人安全要注意三点:① 在与旅行社签订合同时,对人身保险和财产保险要有全方位的约定,必要的情况下需购买意外险。② 从导游的角度来讲,在执业过程中,要尽到充分的提示义务,最大限度避免意外的发生。③ 游客要遵守法律规定,听从旅行社的安排,要遵守当地的风俗习惯和人文情况。

讨论题:

(1) 案例中的打人者在出境旅游中没有遵守哪些文明旅游规范?

(2) 旅游者在出境旅游遇到类似冲突事件时,旅游者当时及事后应如何维护自己的合法权益?

 **复习思考**

(1) 简述旅游者的法律地位。

(2) 旅游者的合法权益主要有哪些?

(3) 旅游者合法权益的保护方式有哪些?

(4) 为什么我国要确立文明旅游规范?

(5) 旅游者在境外旅游中应履行哪些义务和文明旅游规范?

第六章

旅游者出入境管理

学习要点

- 中国出入境管理制度。
- 中国旅游者出境旅游管理制度。
- 经营出国旅行业务的旅行社的资格与职责。
- 港澳台地区居民及外国旅游者入境管理制度。

第一节　出入境管理

我国公民出境旅游最早起源于1983年广东地区的"港澳探亲游",成为我国综合国力增强、居民生活水平提高和对外开放深化的最直接的见证。2011—2019年,我国出境旅游人数由1.17亿人次增长至1.55亿人次,增长了32.5%,已成为世界第一大出境旅游客源国。同时,接待入境国际旅游者是中国旅游业起飞的重要标志,2019年,我国接待入境旅游者人数已达1.45亿人次,其中外国旅游者达3 188万人次。为此,我国制定了出境入境管理的一系列法律法规,旅游者和旅游行业必须遵守此类法律制度。

一、出入境管理立法

我国的出境入境旅游立法大致分为三个阶段。

第一阶段:20世纪80年代至90年代。这一阶段,出境入境旅游立法的主要目的为保护外国人在华的合法权益、确保国家主权和安全。《中华人民共和国外国人入境出境管理法》(1985年)、《中华人民共和国外国人入境出境管理法实施细则》(1986年)和《中华人民共和国公民出境入境管理法》(1985年)分别对外国人入境出境居留旅行等和中国公民出入境的规范作出具体规定。此外,国家还出台了《中华人民共和国出境入境边防检查条例》(1995年)、《中华人民共和国海关法》(2000年修正)等相关政策文件。

第二阶段:20世纪90年代到2010年。这一阶段,因出境旅游热的情况而出台了针对中国公民出境旅游的相关法律法规。例如,《中国公民自费出国旅游管理暂行办法》(1997 年)明确指出中国公民自费出国旅游必须有计划、有组织、有控制的发展。《中国公民出国旅游管理办法》(2001 年)旨在规范旅行社组织中国公民出国旅游活动,保障出国旅游者和出国旅游经营者的合法权益,《中国公民自费出国旅游管理暂行办法》(1997 年)同时废止。《中国公民出境旅游突发事件应急预案》(2006 年)为中国公民加强自我保护意识、选择安全出境旅游目的地提供重要的信息服务。

第三阶段：2010 年后至今。这一阶段,出境入境旅游立法主要目的为维护我国主权安全和社会秩序,以适应我国经济社会的快速发展和对外开放的不断深化。因此,国家出台了适用中国公民的出境入境、外国人的入境出境、外国人在中国境内停留居留的管理、交通工具的出境入境的边防检查等各种出境入境旅游情形的《中华人民共和国出境入境管理法》(2012 年),《中华人民共和国外国人入境出境管理法》(1985 年)和《中华人民共和国公民出境入境管理法》(1985 年)同时废止。

表 6-1 为我国入境出境旅游法规一览。

表 6-1　我国入境出境旅游法规一览

法 规 名 称	简 要 说 明	效力状态
中华人民共和国外国人入境出境管理法	1985 年 11 月 22 日六届全国人大常委会第十三次会议通过,自 1986 年 2 月 1 日起施行,2013 年 7 月 1 日废止	废止
中华人民共和国外国人入境出境管理法实施细则	1986 年 12 月 27 日公安部外交部发布,1994 年 7 月 13 日、2010 年 4 月 24 日修订,2013 年 9 月 1 日废止	废止
中华人民共和国公民出境入境管理法	1985 年 11 月 22 日第六届全国人民代表大会常务委员会第十三次会议通过,自 1986 年 2 月 1 日起施行,2013 年 7 月 1 日废止	废止
中华人民共和国公民出境入境管理法实施细则	1986 年 12 月 3 日国务院批准,1986 年 12 月 26 日公安部、外交部、交通部发布,1994 年 7 月 13 日修订,2020 年 3 月 27 日废止	废止
中华人民共和国出境入境边防检查条例	1995 年 7 月 20 日国务院令第 182 号发布,自 1995 年 9 月 1 日起施行	有效
中华人民共和国国境卫生检疫法	1986 年 12 月 2 日第六届全国人民代表大会常务委员会第十八次会议通过,自 1987 年 5 月 1 日起施行,2018 年 4 月 27 日修订	有效
中华人民共和国国境卫生检疫法实施细则	1989 年 3 月 6 日卫生部发布,2010 年 4 月 24 日第一次修订、2016 年 2 月 6 日第二次修订	有效
中华人民共和国护照法	2006 年 4 月 29 日,第十届全国人民代表大会常务委员会第 21 次会议通过,自 2007 年 1 月 1 日起施行	有效

法　规　名　称	简　要　说　明	效力状态
中华人民共和国出境入境管理法	2012 年 6 月 30 日,第十一届全国人民代表大会常务委员会第 27 次会议通过,自 2013 年 7 月 1 日起施行	有效
中华人民共和国外国人入境出境管理条例	2013 年 7 月 3 日,国务院第十五次常务会议通过,自 2013 年 9 月 1 日起施行	有效

二、中国公民出入境管理

出入境是出境入境的简称。出境是指由中国内地前往其他国家或者地区,以及由中国内地前往香港特别行政区、澳门特别行政区与台湾地区。入境是指由其他国家或者地区进入中国内地,以及由香港特别行政区、澳门特别行政区与台湾地区进入中国内地。

国家保护中国公民出境入境合法权益,中国公民因私出境应向户口所在地的市、县公安机关提出申请;中国公民因公务出境,由派遣部门向外交部或外交部授权的地方外事部门申请办理出境证件;海员因执行任务出境,由港务监督局或者港务监督局授权的港务监督办理出境证件。《中华人民共和国出境入境管理法》(2012 年)规定,中国公民有下列情形之一的,不准出境:

(1) 未持有效出境入境证件或者拒绝、逃避接受边防检查的。

(2) 被判处刑罚尚未执行完毕或者属于刑事案件被告人、犯罪嫌疑人的。

(3) 有未了结的民事案件,人民法院决定不准出境的。

(4) 因妨害国(边)境管理受到刑事处罚或者因非法出境、非法居留、非法就业被其他国家或者地区遣返,未满不准出境规定年限的。

(5) 可能危害国家安全和利益,国务院有关主管部门决定不准出境的。

(6) 法律、行政法规规定不准出境的其他情形。

国家在对外开放的口岸设立出入境边防检查机关,中国公民、外国人,以及交通运输工具应当从对外开放的口岸出境入境,特殊情况下可以从国务院或者国务院授权的部门批准的地点出境入境。出境入境人员和交通运输工具应当接受出境入境边防检查。为了便利本国公民通关,并为下一步继续推出自助通关等便利提供法律授权,《中华人民共和国出境入境管理法》(2012 年)规定具备条件的口岸,应当为我国公民出入境提供专用通道等便利措施。

三、中国公民出入境有效证件

(一) 护照

护照是一国公民向本国及外国当局证明其身份的文书,也是各主权国家发给本国公民出境、旅行、居留、入境的证件。护照能证明持有人的国籍、身份,可以使持证人在国外得到外国当局或者本国驻外大使馆、领事馆的保护,凡出国人员均应持有效护照,以便有关当局查验。护照是维护国家主权、保护本国公民利益和保障国际正常交往所必备的重要证件。任何组织或者个人不得伪造、变造、转让、故意损毁或者非法扣押护照。

1. 护照的分类

根据《中华人民共和国护照法》(2006年)的规定,我国政府现行共颁布三种类别的护照,并对其办理方法作了具体规定。

(1) 普通护照。普通护照封皮为褐色。公民因前往外国定居、探亲、学习、就业、旅行、从事商务活动等非公务原因出国的,由本人向户籍所在地的县级以上地方人民政府公安机关出入境管理机构申请普通护照。因此,普通护照的颁发对象是出国定居、探亲访友、继承财产、留学就业、旅游等因私事出国的中国公民。中国公民出境旅游应申请办理普通护照,申请人应向户口所在地市县公安机关出入境管理部门提出申请,并回答有关询问、旅行相关手续。普通护照的有效期为:护照持有人未满16周岁的5年,16周岁以上的10年。

(2) 外交护照。外交护照为红色。外交官员、领事官员及其随行配偶、未成年子女和外交信使持有外交护照。外交护照的颁发对象主是中国党政军高级官员、全国人民代表大会、中国人民政治协商会议和各民主党派的主要领导人;外交官员、领事官员及其随行配偶、未成年子女和外交信使等。

(3) 公务护照。公务普通护照为深褐色,公务护照为墨绿色,公民因公出国执行公务的持有公务护照,《中华人民共和国护照法》(2006年)授权外交部自行规定公务护照的具体类别。公务护照主要颁发给各级政府部门县(处)级以上官员;派驻国外的外交代表机关、领事机关和驻联合国组织系统及其专门机构的工作人员及其随行配偶、未成年子女等。公务普通护照的颁发对象为县处级(含副县、处级)以下国家公务员和事业单位的工作人员;国有或国有控股企业、股份制企业以及其他诚信高、效益好、具有一定规模的外向型企业因公出国人员;国有控股和国有参股金融机构工作人员等。

2. 护照的申请

一是国内申请护照。《中华人民共和国护照法》(2006年)第五条规定,公民因前往外国定居、探亲、学习、就业、旅行、从事商务活动等非公务原因出国的由本人向户口所在地及以上地方人民政府公安机关出入境管理机构申请普通护照。第六条规定,公民申请普通护照,应当提交本人的居民身份证、户口簿、近期免冠照片与申请事由的相关材料。国家工作人员因非公务原因出境申请普通护照的,还应当按照国家有关规定提交相关证明文件。公安机关出入境管理机构应当自收到申请材料之日起15日内签发普通护照;对不符合规定不予签发的,应当书面说明理由,并告知申请人享有依法申请行政复议或者提起行政诉讼的权利。在偏远地区或者交通不便的地区,或者因特殊情况不能按期签发护照的,经护照签发机关负责人批准,签发时间可以延长至30日。公民因合理紧急事由请求加急办理的,公安机关出入境管理机构应当及时办理。

二是境外申请护照。中国公民在境外申请护照,应当直接向我国驻外使领馆、外交代表机关及外交部授权的其他驻外机关提出申请,由这些机关或部门进行审核和颁发护照。

3. 不予签发护照的情形

申请人有以下情形之一的,护照签发机关不予签发护照:已不具有中华人民共和国国籍的;无法证明身份的;在申请过程中弄虚作假的;被判处刑罚正在服刑的;人民法院通知有未了结的民事案件,不能出入境的;属于刑事案件被告人或者犯罪嫌疑人的;国务院有关主管部门认为出境后将对国家安全造成危害或者对国家利益造成重大损失的。

申请人有以下情形之一的,护照签发机关自其刑罚执行完毕或者被遣返回国之日起六个月至三年内不予签发护照:因妨碍国边境管理受到刑事处罚的;因非法出境、非法居留、非法就业被遣返回国的。

(二)签证

签证是指一个国家官方机构发给外国人入住本国国境或者本国停留、居住许可证证明。中国公民凭护照或其他有效证件出境,无须办理签证。但若作为允许中国公民前往一个国家或中途经过或停留的证件,中国国民在经批准出境获得护照后,应申办前往国的签证或入境许可证。按国际惯例,一般按护照种类发给相应签证,但也可能高于或低于护照种类的签证。

出国旅游应向驻华使、领馆办理签证申请;没有使、领馆也没有其他使、领馆代办业务的,则需到办理该国签证机关的国家办理。出国旅游要提前办理签证;办好签证要特别注意有效期和停留期;需延长的,应向有关单位办理申请延长手续。

(三)旅行证

中国旅行证为中华人民共和国护照的替代证件,通常颁发给下列几类中华人民共和国公民:

(1)临时出国护照遗失、被盗抢、损毁、过期,而急于回国的中国公民。

(2)紧急情况下来不及申办护照的中国公民。

(3)未持有"港澳居民来往内地通行证",而需赴内地的中国籍港澳居民。

(4)未持有"台湾居民来往大陆通行证",而需赴大陆的中国籍台湾居民。

(5)部分情况特殊的中国籍未成年人。

旅行证由中国驻外的外交代表机关、领事机关和外交部授权的其他驻外机关颁发。旅行证分为一年一次有效和两年多次有效两种,由持证人保存、使用。需变更或加注旅行证的记载事项,应提供变更材料、加注事项的证明或说明材料向发证机关提出申请。

(四)出入境通行证

出入境通行证是中国公民入出境的通行证件,《中华人民共和国护照法》(2006年)第二十四条规定:"公民从事边境贸易、边境旅游服务或者参加边境旅游等情形,可以向公安部委托的县级以上地方人民政府公安机关出入境管理机构申请中华人民共和国出入境通行证。"出入境通行证在有效期内一次或多次入出境有效。

出入境证件持有人出现下列情形之一的,原发证机关或上级机关予以吊销和宣布作废:持证人因非法进入前往国,非法居留被送回国内的;持护照、证件招摇撞骗的;从事危害国家安全、荣誉和利益的活动的。若违反法律规定,持证人还将受到收缴证件、警告、拘留的处罚,情节严重的,追究刑事责任。

第二节 出境旅游管理

按照国际通行的定义,"出境旅游指一个国家的居民跨越国境到另外一个国家的旅游活动"。由于特殊政治背景和历史等诸多因素,在我国,出境旅游指由中国内地前往其他国家或者地区,以及由中国内地前往香港特别行政区、澳门特别行政区与台湾地区,不以通过所从事的活动获取报酬为主要目的,进行休闲、娱乐、观光、度假、探亲访友、就医疗养、购物、参加会议或从事经济、文化、体育、宗教的活动,且在境外连续停留不超过 12 个月,不包括因工作或学习在国内和目的地国家(地区)之间有规律往返的活动。本书中提到的出境旅游,实际包括出国旅游、边境旅游和到我国港澳台地区的旅游活动。

一、大陆居民赴港澳台地区旅游管理办法

(一) 大陆居民赴港澳地区旅游管理制度

内地居民赴香港、澳门特别行政区旅游,应当持"中华人民共和国往来港澳通行证"及有效签注,参游人员的港澳游证件及签注按公安部的规定办理。经营港澳游业务的旅行社,应在经香港、澳门旅游部门或行业协会推荐的范围内自行选择接待社,并签订港澳游业务书面合同,明确双方的责任和义务。旅游合同应当包括旅游起止时间、行程路线、价格、食宿、交通及违约责任等内容,由经营港澳游业务的旅行社(组团社)和旅游者各持一份。书面合同文本须报香港、澳门特别行政区旅游管理部门(或行业协会)和内地省级旅游局备案。旅游团队应当按照确定的日期整团出入境,严禁参游人员在境外滞留。参游人员出境前已确定分团入境的,经营港澳游业务的旅行社(组团社)应事先向有关出入境边防检查总站或者省级公安边防部门备案。边防检查站凭"中华人民共和国往来港澳通行证"及有效签注、"名单表"放行团队,单独返回人员还需持"名单表"复印件。

(二) 大陆居民赴台湾地区旅游管理制度

大陆居民赴台湾地区旅游可采取团队旅游或个人旅游两种形式,个人赴台湾地区旅游的大陆居民在台湾期间可自行活动。大陆居民赴台湾地区旅游须由指定经营大陆居民赴台旅游业务的旅行社(组团社)组织,以团队形式整团往返,旅游团成员在台湾期间须集体活动。大陆居民赴台湾地区旅游应向其户口所在地公安机关出入境管理部门申请办理"大陆居民往来台湾通行证",并根据其采取的旅游形式,办理团队旅游签注或个人旅游签注,参加团队旅游应事先在指定经营大陆居民赴台旅游业务的旅行社登记报名。大陆居民赴台湾地区的旅游团队须凭"大陆居民赴台湾地区旅游团名单表"从大陆对外开放口岸整团出入境,确需分团的需遵守相关规定。

经营大陆居民赴台旅游业务的旅行社(组团社)由原国家旅游局会同有关部门,从已

批准的特许经营出境旅游业务的旅行社范围内指定,由海峡两岸旅游交流协会公布。除被指定的经营大陆居民赴台旅游业务的旅行社外,任何单位和个人不得经营大陆居民赴台湾地区的旅游业务。台湾地区接待大陆居民赴台旅游的旅行社(接待社)经大陆有关部门会同原国家旅游局确认后,由海峡两岸旅游交流协会公布。赴台旅游的大陆居民应按期返回不得非法滞留。旅游团成员因紧急情况不能随团入境大陆或不能按期返回大陆的,指定经营大陆居民赴台旅游业务的旅行社(组团社)应及时向有关出入境边防检查总站或省级公安边防部门报告。对在台湾地区非法滞留情节严重者,公安机关出入境管理部门自其被遣返回大陆之日6个月至3年以内不批准其再次出境。

二、中国公民出国旅游管理条例

中国公民的出境旅游,从活动形式来看,大体上是沿着"港澳游""边境游"到"出国游"的顺序逐渐发展起来的;从活动目的来看,是从探亲访友、商贸活动到休闲观光逐渐展开的;从国家政策和管理角度来看,经历了试验、放松到逐渐放开的过程。《中国公民自费出国旅游管理暂行办法》(1997年)的颁布标志着中国公民自费出国旅游正式开始,并在《中国公民出国旅游管理办法》(2001年)施行后废止。

(一)出国旅游目的地审批规定

《中国公民出国旅游管理办法》(2001年)第二条规定:"出国旅游目的地国家由国务院旅游行政部门会同国务院有关部门提出,报国务院批准后,由国务院旅游行政部门公布。任何单位和个人不得组织中国公民到国务院旅游行政部门公布的出国旅游目的地国家以外的国家旅游。组织中国公民到国务院旅游行政部门公布的出国旅游目的地国家以外的国家,进行涉及体育活动、文化活动等临时性专项旅游的,须经国务院旅游行政部门批准。"

具体而言,我国对中国公民出境旅游采取出境旅游目的地制度(Approved Destination Status,ADS)。出境旅游目的地资格的获得采取ADS协议谈判方式。中国公民出境旅游目的地的审批与开放,是在拟开放作为中国公民出境游目的地向中国提出申请的前提下,由文旅部会同外交部、公安部研究以后,报国务院批准而确定,依据以下五个标准筛选:

(1)对方是中国的入境旅游客源国,相互开放有利于双方旅游合作与交流。

(2)政治上对我国友好,开展国民外交符合中国对外政策的目标。

(3)对方的旅游资源有吸引力,服务设施适于接待中国旅游者。

(4)在外交、法律、行政方面,对中国旅游者没有歧视性、限制性、报复性的政策,中国旅游者的旅游和人身安全有保障。

(5)具有良好的交通和旅游可进入性。

出境旅游目的地开放的多少,直接关系到中国公民境外消费的范围,也从一个侧面反映了出境旅游市场开放的程度[①]。随着中国出境旅游目的地从港澳和东南亚向大洋洲,

---

① 李文汇,朱华.旅游政策与法律法规[M].北京:北京大学出版社,2014:139.

再逐渐向欧洲、非洲,然后向美洲国家逐渐扩散,中国的出境游组团社为中国公民出境旅游提供的服务空间越来越大。截至 2019 年 3 月,中国已与 157 个国家、地区签署了 ADS 协议。

(二)经营出国旅行业务旅行社的资格

为规范旅行社组织中国公民出国旅游活动,保障出国旅游者和出国旅游经营者的合法权益,《中国公民出国旅游管理办法》(2001 年)对经营出国旅行业务的旅行社的资格确定进行了明确。第四条规定:"申请经营出国旅游业务的旅行社,应当向省、自治区、直辖市旅游行政部门提出申请。国务院旅游行政部门批准旅行社经营出国旅游业务,应当符合旅游业发展规划及合理布局的要求。未经国务院旅游行政部门批准取得出国旅游业务经营资格的,任何单位和个人不得擅自经营或者以商务、考察、培训等方式变相经营出国旅游业务。"第三条规定,旅行社经营出国旅游业务应当具备以下三个条件:

(1)取得旅行社资格满一年。

(2)经营入境旅游业务有突出业绩。

(3)经营期间无重大违法行为和重大服务问题。

《中国公民出国旅游管理办法》(2001 年)第六条规定:"国务院旅游行政部门根据上年度全国入境旅游的业绩、出国旅游目的地的增加情况和出国旅游的发展趋势,在每年 2 月底以前确定本年度组织出国旅游的人数安排总量,并下达到省、自治区、直辖市旅游行政部门。省、自治区、直辖市旅游行政部门根据本行政区域内各组团社上年度经营入境旅游的业绩、经营能力、服务质量,按照公平、公正、公开原则,在每年 3 月底以前核定各组团社本年度组织出国旅游的人数安排。"第二十五条规定,组团社有下列情形之一的,旅游行政管理部门可以暂停其经营出国旅游业务。情节严重的,取消其出国旅游业务经营资格:

(1)入境旅游业绩下降的。

(2)因自身原因,在一年内未能正常开展出国旅游业务的。

(3)因出国旅游服务质量问题被投诉并经查实的。

(4)有逃汇、非法套汇行为的。

(5)以旅游名义弄虚作假、骗取护照签证等出入境证件或者送他人出境的。

(6)国务院旅游行政部门认定的影响中国公民出国旅游秩序的其他行为。

(三)经营出国旅游业务旅行社的职责

《中国公民出国旅游管理办法》(2001 年)第十四至第十七条对组团社的职责作出明确规定,包括整团入境、与旅游者签订旅游合同、保护旅游者合法权益。具体如下:

(1)按照核定的出国旅游人数安排组织出国旅游团队,并填写国务院旅游行政部门统一印制的"中国公民出国旅游团队名单表"。

(2)为旅游者办理前往国签证等出境手续。旅游者持有有效普通护照的,可以直接到组团社办理出国旅游手续;没有有效普通护照的,应当依照《中华人民共和国出境入境管理法》(2012 年)的有关规定办理护照后再办理出国旅游手续。

(3)为旅游团队安排专职领队,领队应当经省、自治区、直辖市旅游行政部门考核合格取得领队证,领队在带团时应当佩戴领队证并遵守本办法及国务院旅游行政部门的有关规定。

(4) 旅游团队应当从国家开放口岸整团出入境。旅游团队出入境时,应当接受边防检查站对护照、签证、"中国公民出国旅游团队名单表"的查验。经国务院有关部门批准,旅游团队可以到旅游目的地国家,按照该国有关规定办理签证或者免签证。旅游团队出境前已确定分团入境的,组团社应当事先向出入境边防检查总站或者省级公安边防部门备案。旅游团队出境后因不可抗力或其他特殊原因确需分团入境的,领队应及时通知组团社,组团社应立即向有关出入境边防检查总站或省级公安边防部门备案。

(5) 维护旅游者的合法权益。组团社向旅游者提供的出国旅游服务信息必须真实可靠,不得作虚假宣传,报价不得低于成本价。

(6) 经营出国旅游业务,应当与旅游者订立书面旅游合同。旅游合同应当包括旅游起止时间、行程路线、价格、食宿、交通及违约责任等内容。旅游合同由组团社和旅游者各持一份。

(7) 按照旅游合同约定的条件为旅游者提供服务。组团社应当保证所提供的服务符合保障旅游者人身、财产安全的要求;对可能危及旅游者人身安全的情况,应当向旅游者作出真实说明和明确警示,并采取有效措施,防止危害的发生。

(8) 组团社委托境外接待社,应签订书面合同。组团社组织旅游者出国旅游,应当选择在目的地国家依法设立并具有良好信誉的旅行社(以下简称境外接待社),并与之订立书面合同后,方可委托其承担接待工作。

(9) 组团社及其旅游团队领队应当要求境外接待社按照约定的团队活动计划安排旅游活动,并要求其不得组织旅游者参与涉及色情、赌博、毒品内容的活动或者危险性活动,不得擅自改变行程,减少旅游项目,或者强迫、或者变相强迫旅游者参加额外付费项目,境外接待社违反组团社及其旅游团队领队根据前款规定提出的要求时,组团社及其旅游团队领队应当予以制止。

《中国公民出国旅游管理办法》(2001 年)第十七条至第二十条对旅游团队领队的职责进行了规定,主要包括引导旅游者文明旅游、保障旅游者安全等。具体如下:

(1) 旅游团队领队应当向旅游者介绍旅游目的地国家的相关法律、风俗习惯及其他有关注意事项,并尊重旅游者的人格尊严、宗教信仰、民族风俗和生活习惯。

(2) 旅游团队领队在带领旅游者旅行、游览过程中,应当就可能危及旅游者人身安全的情况,向旅游者作出真实说明和明确警示,并按照组团社的要求采取有效措施,防止危害的发生。

(3) 旅游团队在境外遇到特殊困难和安全问题时,领队应当及时向组团社和中国驻所在国家使领馆报告,组团社应及时向旅游行政部门和公安机关报告。

(4) 旅游团队领队不得与境外接待社、导游及为旅游者提供商品或者服务的其他经营者串通欺骗、胁迫旅游者消费,不得向境外接待社、导游及其他为旅游者提供商品或服务的经营者索要回扣、提成或者收受其财物。

（四）中国公民边境旅游管理制度

边境旅游是出国旅游的一部分,指经批准和指定的旅游部门组织和接待本国公民及毗邻国家的公民,在双方政府商定的边境地区进行的旅游活动。边境旅游的特点是:由特定部门组织接待对象主要是两个邻近国家的公民;通常有双边协议,并在规定区域内进行;时间较短,不需要具备亲友提供的担保。根据《边境旅游暂行管理办法》(2017年)第六条规定,边境地区开办边境旅游业务,必须具备以下条件:

（1）经国务院批准对外国人开放的边境市、县。

（2）有国家正式批准对外开放的国家一二类口岸,口岸联检设施基本齐全。

（3）有旅游行政管理部门批准可接待外国旅游者的旅行社。

（4）具备就近办理参游人员出、入境证件的条件。

（5）具备交通条件和接待设施。

（6）同对方国家边境地区旅游部门签订了意向性协议。

《边境旅游暂行管理办法》(2017年)第十条和第十二条分别对边境旅游参游人员的证件和行为进行规定:“双方参游人员应持用本国有效护照或代替护照的有效国际旅游证件,或两国中央政府协议规定的有效证件;严禁公费参游,不准异地申办出境证件,严禁滞留不归或从事非法移民活动,严禁携带违禁物品出入境。”

课堂讨论

姜某是某旅行社出境领队,从事导游行业多年。某次姜某从韩国回来时,带着个大行李箱,通关时她神情显得有些紧张,海关人员将她拦下检查。行李箱一打开,里面简直就是一个小店铺,装满了各式各样韩国时下流行的化妆品。经过清点,姜某未申报通关且随身携带的化妆品多达597件,加上一部新款的苹果手机,一次从韩国携带入境的物品价值近20万元。姜某随后被移送机场海关缉私分局,未申报带入境的物品全被查扣。姜某淘宝店的合伙人傅某,也被传唤到案。

材料来源: 凤凰网旅游.旅行社领队韩国归来代购20万化妆品 被判走私获刑3年[EB/OL].（2014 - 11 - 23）[2023 - 05 - 26]. https://travel.ifeng.com/news/world/detail_2014_11/23/39528344_0.shtml

思考: 出境旅游者、导游或领队在国外旅游时非法代购触犯了哪些法律? 应如何对此种行为进行规范?

第三节 入境旅游管理

一、港澳台地区居民赴大陆旅游管理办法

1999年1月1日以前,港、澳同胞来往内地旅游须申请办理“港、澳同胞回乡证”(以

下简称"回乡证"),不必办理签证。从1999年1月1日起,港、澳居民来往内地包括来内地旅游使用"港、澳居民往来内地通行证"(以下简称"通行证")。该通行证是港、澳居民入出内地的旅行证件和在内地住宿、居留、旅行的身份证件,由公安部委托香港、澳门中国旅行社受理通行证申请,授权广东省公安厅审批、签发的"通行证"。具有中国国籍的香港、澳门居民,只要未向国籍管理机关申报为外国人,无论是否持有外国护照或旅行证件,均可申请通行证。与"回乡证"相比,"通行证"具有过关手续简便、携带保管方便和管理水平提高的优势,"通行证"在有效期内使用次数不受限制。内地居民因私往来香港或澳门特别行政区旅游、探亲,从事商务、培训、就业等非公务活动,可以向户口所在地的市、县公安出入境管理部门申请办理往来港澳通行证,凭往来港澳通行证及有效签注前往港澳地区。

台湾同胞回大陆探亲、旅游需办理"台湾居民来往大陆通行证"(俗称"台胞证"),根据《中国公民往来台湾地区管理办法》(2015年修正)的规定,台胞来往大陆免予签注。台胞回大陆旅游,海关对其携带的行李物品,在自用合理数量范围内从宽验放,与外国旅游者相比有优待规定。

二、外国人入境旅游管理办法

(一) 外国旅游者的法律地位

依据《中华人民共和国国籍法》(1980年)规定,在我国的外国旅游者,是指不具有中国国籍而在中国境内进行旅行、游览的外国人或无国籍的人。从国际法角度看,一个国家是否准许外国人入境、居留、旅行、出境等是该国的国家主权问题,别的国家无权干涉。世界各国都根据本国的具体情况,在不同程度上规定了外国人可以入、出本国国境和在本国境内居留、旅行等。在国际实践中,根据外国人在一个国家所处的法律地位不同,可将其分为一般外国人与享有外交特权和豁免权的外国人两种。外国旅游者属于前一种人。一个国家对合法入境的外国旅游者,都给予了一定的权利,如人身权、财产权、婚姻家庭权和诉讼权等。

关于外国旅游者的待遇问题,各国因自身情况不同出现了许多不同的原则和形式。其中,国民待遇是最常见的一种,指旅游地国给予外国旅游者的待遇和给予本国旅游者的待遇相同。但这种待遇仅限于一般民事方面或者诉讼方面,而不包括政治方面。例如,在我国,外国旅游者可以同中国公民结婚,但却没有选举权与被选举权。外国旅游者的合法权益受旅游目的地国法律保护,当他们的人身自由或者财产安全受到损害时,可以提起诉讼。当然,外国旅游者也应遵守旅游目的地国的法律法规和政策,不得危害旅游目的地国的安全,不得损害其社会公共利益和公共秩序。由于旅游者本人的过错给旅游目的地国家、集体和个人财产造成经济损失的,应进行赔偿;如果其行为触犯旅游目的地国法律的,可依法追究其责任[①]。

---

① 王莉霞.旅游法规:理论与实务[M].3版.大连:东北财经大学出版社,2014:2-6.

（二）外国旅游者出入境

1. 外国旅游者入境规定

《中华人民共和国出境入境管理法》（2012 年）第十五条规定："外国人入境,应当向驻外签证机关申请办理签证。"应依照有关规定在其所持证件（护照等）上签注、盖印,表示准其出入本国国境或过境的手续,它实际上是一国实施有条件准许入境的措施。为了规范签证的签发和外国人在中国境内停留、居留的服务和管理,外国人申请办理签证,应当向驻外签证机关提交本人的护照或者其他国际旅行证件,及申请事由的相关材料,按照驻外签证机关的要求办理相关手续、接受面谈。旅行社按照国家有关规定组织入境旅游的,可以向口岸签证机关申请办理团体旅游签证。我国根据外国人申请来中国的永久居留、访问考察、从事商业贸易、旅游等不同事由,在签证上标明相应的汉语拼音字母,L 字母签证发给入境旅游的人员,以团体形式入境旅游的签发团体 L 字母签证。

《中华人民共和国出境入境管理法》（2012 年）第二十一条规定,外国人有下列情形之一的,不予签发签证:

（1）被处驱逐出境或者被决定遣送出境,未满不准入境规定年限的。

（2）患有严重精神障碍、传染性肺结核病或者有可能对公共卫生造成重大危害的其他传染病的。

（3）可能危害中国国家安全和利益、破坏社会公共秩序或者从事其他违法犯罪活动的。

（4）在申请签证过程中弄虚作假或者不能保障在中国境内期间所需费用的。

（5）不能提交签证机关要求提交的相关材料的。

（6）签证机关认为不宜签发签证的其他情形。

且对不予签发签证的外国人,签证机关可以不说明理由。

《中华人民共和国出境入境管理法》（2012 年）第二十五条规定,外国人有下列情形之一的,不准入境:

（1）未持有效出境入境证件或者拒绝、逃避接受边防检查。

（2）具有本法第二十一条第一款第一项至第四项规定情形的。

（3）入境后可能从事与签证种类不符的活动。

（4）法律、行政法规规定不准入境的其他情形。

且对不准入境的外国人,出入境边防检查机关可以不说明理由。

2. 外国旅游者出境规定

外国人出境是指外国人依法离开其居住或停留的国家。《中华人民共和国出境入境管理法》（2012 年）第二十七条对外国旅游者出境程序作出了规定:"外国人出境应当向出入境边防检查机关交验本人的护照或者其他国际旅行证件等出境入境证件,履行规定的手续,经查验准许,方可出境。"第二十八条规定,外国人有下列情形之一的,不准出境:

（1）被判处刑罚尚未执行完毕或者属于刑事案件被告人、犯罪嫌疑人的。但是按照中国与外国签订的有关协议,移管被判刑人的除外。

（2）有未了结的民事案件，人民法院决定不准出境。

（3）拖欠劳动者的劳动报酬，经国务院有关部门或者省、自治区、直辖市人民政府决定不准出境。

（4）法律、行政法规规定不准出境的其他情形。

课堂讨论

F国小伙Leo是个资深旅游达人，一次持旅游签证来中国旅游过程中，偶然得知某"国际"私立学校招聘外教，便抱着"小试牛刀"的心态去应聘，成功成为该学校的一名外语教师，结果被移民管理警察查获。Leo被处以5 000元罚款，聘用Leo的学校也被罚款1万元。

材料来源：腾讯网·福安公安官方账号.【百日行动】对"歪果仁"非法就业行为说不！［EB/OL］.（2022 - 08 - 22）［2023 - 05 - 26］. https://new.qq.com/rain/a/20220822A0AIHL00.

思考：外国旅游者在我国非法就业触犯了哪些法律？应如何对此种行为进行规范？

复习思考

（1）我国出入境管理立法是如何演变的？

（2）我国公民出入境须持哪些有效证件？

（3）如何约束外国旅游者入境旅游时的行为？

（4）在全球化和国际交流日益频繁的背景下，应如何完善对旅游者出入境的管理？

第七章

旅游规划管理与旅游资源保护

学习要点

- 旅游规划的法律地位及作用。
- 旅游规划管理的要求。
- 旅游资源概述。
- 旅游资源保护的相关法律制度。
- 世界遗产资源的保护制度。

第一节　旅游规划管理的法律制度

旅游规划是指导地方旅游业发展和旅游功能区开发建设的重要依据,在促进和保障旅游业科学发展、协调和均衡各方利益等方面发挥着基础性、统筹性和引领性作用。《中华人民共和国旅游法》(2018 年修正)明确了对旅游规划制定和实施的相关要求与规定,标示着我国旅游规划的地位和作用首次在国家法律层面得到了确认。

一、旅游规划概述

(一) 旅游规划的制定和实施主体

我国旅游发展规划的组织编制主体为国务院,省、自治区、直辖市人民政府,以及旅游资源丰富的地市级、区县级人民政府。一般来说,各旅游地方政府应当按照国民经济和社会发展规划的要求,组织编制本行政区域旅游发展规划。其中,当旅游资源位于两个或者两个以上的行政区域时,应从整体上利用而不是分割成不同的部分进行利用;应当由这两个或者两个以上行政区域地方人民政府的共同上级人民政府组织编制旅游发展规划,或者由这两个或者两个以上行政区域的地方人民政府进行协商编制整体利用旅游资源的旅游发展规划。

(二) 旅游规划的基本内容

按照《中华人民共和国旅游法》(2018 年修正)要求,旅游规划的基本内容应当包括

"旅游业发展的总体要求和发展目标,旅游资源保护和利用的要求和措施,旅游产品开发、旅游服务质量提升、旅游文化建设、旅游形象推广、旅游基础设施和公共服务设施建设的要求和促进措施等内容"。并且为了更有效地实施旅游规划意图,可以制定针对特定区域内的旅游项目、设施和服务功能配套的专项规划。

（三）旅游规划衔接

地方旅游发展规划应当与土地利用总体规划、城乡规划、环境保护规划,以及其他自然资源和文物等人文资源的保护和利用规划等相衔接,而不得与之不一致甚至与之相冲突。

（四）旅游基础设施和公共服务设施建设

现代社会中,交通、通信、供水、供电、环保等基础设施和公共服务设施,对人们的生产、生活不可或缺,对旅游者及旅游活动而言也是如此。因此,旅游基础设施和公共服务设施的空间布局和建设用地要求必须体现在土地利用总体规划、城乡规划之中,同时各级人民政府编制土地利用总体规划、城乡规划时应当充分考虑相关旅游项目、设施的空间布局和建设用地要求。

（五）旅游规划的执行评估

旅游规划执行情况的评估是指旅游规划编制并执行以后,通过科学的方法,对其执行情况进行分析、论证,并对其执行的有效性、执行中存在的问题等作出客观评价。各级人民政府应当组织对本级政府编制的旅游发展规划执行情况进行评估,并将评估情况向社会公布,使广大社会公众知晓。

二、旅游规划管理要求

为推进旅游规划工作科学化、规范化、制度化,充分发挥规划在文化和旅游发展中的重要作用,文化和旅游部结合文化和旅游工作实际,制定了《文化和旅游规划管理办法》（2019 年）。它是继《旅游发展规划管理办法》（2001 年）之后,旅游主管部门第二次就规划管理办法出台的相关制度文件,也是文旅部门合并后文化和旅游部首次就文化和旅游"规划"发布的管理办法。

（1）旅游规划包括文化和旅游部发布的总体规划、专项规划、区域规划,以及地方文化和旅游行政部门编制的地方旅游发展规划。其中,文化和旅游部规划工作由政策法规司归口管理;地方文化和旅游行政部门依据相关法律法规的规定或本地人民政府赋予的职责和要求,开展旅游规划编制和实施工作。

（2）旅游规划编制要坚持围绕中心、服务大局、突出功能,以及找准定位、改革创新、远近结合等原则。

（3）旅游规划文本一般包括指导思想、基本原则、发展目标、重点任务、工程项目、保障措施等,以及法律法规规定的其他内容。要求发展目标尽可能量化、发展任务具体明确、重点突出等。

（4）旅游规划编制单位应对规划立项的必要性进行充分论证,应制定相应工作方案,对规划期、论证情况、编制方式、进度安排、人员保障、经费需求等进行必要说明,应深化重大问题研究论证,深入研究前瞻性、关键性、深层次重大问题,充分考虑要素支撑条件、资源环境约束和重大风险防范,提高规划编制的透明度和社会参与度。

三、国家旅游业发展规划解读

国家旅游业发展规划是根据国家的方针政策和国民经济与社会发展的需要,综合分析旅游业发展特点和社会经济技术条件基础上所制定的目标体系,以及为实现目标对旅游业发展要素、保障与实施条件所作的系统安排。

我国旅游业发展规划一般会伴随着国民经济与社会发展五年规划,每隔五年制定一次。自从"七五"开始编制第一个旅游业五年规划以来,到"十四五",总共编制了八个旅游业五年规划。国家旅游规划具有超前预见性、统筹协调性和滚动发展性,在我国旅游业由小变大、从弱变强的历史进程中发挥了非常突出的作用。新时期的《"十四五"旅游业发展规划》(2022年)再次被纳入国家"十四五"专项规划,充分说明国家对旅游业的关心和重视。

(1)发展目标上,不断提升旅游业发展水平,增加旅游有效供给、优质供给、弹性供给,更好满足大众旅游消费需求。增强旅游业国际影响力、竞争力,进一步推进旅游强国建设。建设一批富有文化底蕴的世界级旅游景区和度假区,打造一批文化特色鲜明的国家级旅游休闲城市和街区,加快发展红色旅游、乡村旅游。进一步提升旅游创新能力,加强旅游无障碍环境建设和服务,增强市场主体活力,从而使旅游业在服务国家经济社会发展、满足人民文化需求、增强人民精神力量、提升社会文明程度等方面的作用更加凸显。

(2)在发展内容上,一是坚持创新驱动发展,加快推进以数字化、网络化、智能化为特征的智慧旅游,深化"互联网+旅游",扩大新技术场景应用;二是优化旅游空间布局,落实区域重大战略、区域协调发展战略"十四五"规划重点任务、主体功能区战略,构建旅游空间新格局,优化旅游城市和旅游目的地布局,优化城乡休闲空间;三是构建科学保护利用体系,坚持文化引领、生态优先,坚持"绿水青山就是金山银山"理念,稳步推进国家文化公园、国家公园建设;四是完善旅游产品供给体系,加大优质旅游产品供给力度,激发各类旅游市场主体活力,推动"旅游+"和"+旅游",形成多产业融合发展新局面;五是拓展大众旅游消费体系,围绕构建新发展格局,坚持扩大内需战略基点,推进需求侧管理,改善旅游消费体验,做强做优做大国内旅游市场,推动旅游消费提质扩容,健全旅游基础设施和公共服务体系;六是建立现代旅游治理体系,坚持依法治旅,加强旅游信用体系建设,依法落实旅游市场监管责任,健全旅游市场综合监管机制,提升旅游市场监管执法水平,倡导文明旅游。

(3)在重点工作上,"十四五"期间旅游业将推动一系列重要工程和国家级项目建设,包括对国家智慧旅游建设工程、文化和旅游资源普查工程、生态旅游优化提升工程、美好生活度假休闲工程、文化和旅游消费促进工程、旅游服务质量评价体系建设工程、旅游厕所提升工程、国家旅游宣传推广精品建设工程、海外旅游推广工程等工作作出具体部署。

📑 **课堂讨论**

国家旅游重点区域发展规划
——《粤港澳大湾区发展规划纲要》

为贯彻落实《粤港澳大湾区发展规划纲要》(2019年),深化粤港澳大湾区在文化和旅游领域合作,共建人文湾区和休闲湾区。近日,文化和旅游部、粤港澳大湾区建设领导小组办公室、广东省人民政府联合印发《粤港澳大湾区文化和旅游发展规划》(2019年)(以下简称《规划》)。

《规划》包含指导思想、规划原则、发展目标、共建人文湾区、构筑休闲湾区和保障措施六个部分,旨在全面准确贯彻"一国两制"方针,坚持贯彻新发展理念,加快构建新发展格局,支持港澳特区巩固提升竞争优势,充分发挥广东改革开放先行先试优势,支持港澳更好融入国家发展大局,推动粤港澳大湾区文化和旅游交流合作与协调发展,繁荣发展文化事业和文化产业,建设具有国际影响力的人文湾区和休闲湾区。

《规划》设置11个专栏36个项目,通过实施粤港澳大湾区文化遗产保护传承工程,开展青少年交流重点项目、重点艺术交流活动,建设公共文化服务设施重点项目、文化产业园区和展会项目、文化协同发展平台,开发特色旅游产品、特色旅游项目,推进滨海旅游重点建设项目,完善旅游资源推介平台,深化旅游人才培养等,推动粤港澳大湾区在"十四五"期间构建和完善新时代艺术创作体系、文化遗产保护传承利用体系、现代公共文化服务体系、现代文化产业体系、现代旅游业体系、现代文化和旅游市场体系、对外文化交流和旅游推广体系,不断巩固文化和旅游发展相互促进、相得益彰的良好局面。

下一步,在粤港澳大湾区建设领导小组框架下,广东、香港、澳门将加强沟通协调,依托粤港澳文化合作会议、粤港澳大湾区城市旅游联合会等文化、旅游合作工作机制,推进规划实施,确保《规划》确定的主要目标和重点任务落实到位。

材料来源: 中华人民共和国文化和旅游部.共建具有国际影响力的人文湾区和休闲湾区[EB/OL].(2021-01-06)[2023-08-21].https://zwgk.mct.gov.cn/zfxxgkml/zcfg/zcjd/202101/t20210106_920503.html.

思考: 区域性旅游规划编制的意义是什么?旅游规划实施时可能遇到哪些障碍?

第二节　旅游资源的法律保护

一、旅游资源概述

旅游资源是旅游业赖以生存和发展的基础,也是旅游业发展的重要支撑性因素。根据国家标准《旅游资源分类、调查与评价》(GB/T 18972—2017),旅游资源是指自然界和人类社会中凡是能对旅游者产生吸引力,可以为旅游业开发利用,并可产生经济效益、环境效益和社会效益的各种事物和因素[①]。旅游资源具有吸引功能、范围广泛、与旅游产业的高度相关性、内涵不断丰富,以及开发后同时产生经济、社会及环境效益等特性[②]。

在《旅游资源分类、调查与评价》(GB/T 18972—2017)中,以旅游资源的现存状况、形态、特性、特征为分类原则,将旅游资源分为 8 个主类、23 个亚类和 110 个基本类型。其中,该标准将旅游资源分为地文景观、水域景观、生物景观、天象与气候景观、建筑与设施、历史遗迹、旅游购品、人文活动 8 个主类。

《旅游资源分类、调查与评价》(GB/T 18972—2017)建立了旅游资源的评价体系,具体包括资源要素价值、资源影响力及环境保护与环境安全三个方面,并根据评分结果将旅游资源分为五个等级:五级旅游资源评分不低于 90 分,称为特品级旅游资源;四级旅游资源评分在 75～89 分之间,三级旅游资源评分在 60～74 分之间,均称为优良级旅游资源;二级旅游资源评分在 45～59 分之间,一级旅游资源评分在 30～44 分之间,均称为普通级旅游资源。

二、保护旅游资源的相关法律制度

旅游资源是一个国家或地区发展旅游业的重要基础,直接关系到旅游业的发展水平。同时,旅游资源还具有脆弱的一面,大多属于不可再生资源,若不正确开发和利用,甚至加以破坏,将导致其价值下降乃至丧失,从而阻碍旅游业进一步发展[③]。因此,在旅游业的发展过程中,将各类旅游资源的开发、利用和保护纳入法制化轨道,有利于保障旅游业可持续发展,有利于保证旅游资源的可持续利用,有利于普及旅游资源保护知识,提高公民的保护意识[④]。

为此,一些国际组织呼吁世界各国保护旅游资源和环境。例如,联合国人类环境会议于 1972 年通过了《保护世界文化和自然遗产公约》,强调保护自然、文化遗产对人类的重要性;世界旅游组织于 1980 年在《马尼拉宣言》中指出:"所有旅游资源都是人类文化遗产的构成部分,各国和整个国际社会都必须采取步骤加以保护"。

还有一些旅游资源丰富、法制建设健全的发达国家,如法国、美国和日本等,针对风景区、公园、文物等旅游资源和环境保护问题制定了许多法律和法规,并作出了具体规定。

我国历来十分重视对旅游资源的保护。早在 1950 年 5 月,中央人民政府就颁布了《古迹、珍贵文物、图书及稀有生物保护办法》,在人文旅游资源方面,要求对文物古迹"妥为保护,严禁破坏、损毁及散失";在自然旅游资源方面,提出"珍贵化石及稀有生物,各地人民政府应妥为保护,严禁任意采捕"。1951 年 5 月,又颁布了《关于地方文物名胜古迹的保护管理办法》。1961 年 3 月,国务院根据十几年来文物保护工作的经验,制定了《文物保护管理暂行规定》,对文物保护管理权限、范围、机构、办法、出口、奖惩等都作了具体

① 李海峰,师晓华,陈文娟,等.旅游政策与法规[M].北京:清华大学出版社,2015:126.
② 韩玉灵.旅游法教程[M].5 版.北京:高等教育出版社,2022:169.
③ 李海峰,师晓华,陈文娟,等.旅游政策与法规[M].北京:清华大学出版社,2015:126.
④ 赵利民.旅游法规教程[M].4 版.北京:科学出版社,2015:179.

的规定①。

从 20 世纪 70 年代末以来,逐渐形成了旅游资源管理的法规体系,为我国旅游业的良性发展奠定了基础。1982 年 11 月,第五届全国人民代表大会常务委员会第二十五次会议通过了《中华人民共和国文物保护法》。1985 年 6 月,国务院颁布了《风景名胜区管理暂行条例》。1989 年,第七届全国人民代表大会常务委员会第十一次会议通过了《中华人民共和国环境保护法》。1994 年 9 月,国务院发布了《中华人民共和国自然保护区保护条例》等,使旅游资源的保护逐步走上了法制化道路。

当前我国关于旅游资源管理方面的法律法规主要有《旅游法》《中华人民共和国非物质文化遗产法》《风景名胜区条例》《自然保护区条例》《森林和野生动物类型自然保护区管理办法》《中华人民共和国环境保护法》《旅游区(点)质量等级评定办法》《中华人民共和国水下文物保护》等。此外,《中华人民共和国草原法》《中华人民共和国水污染防治法》《中华人民共和国文物保护法》等法律中也有关于旅游资源保护和管理的条款②。

《旅游法》第四条规定:"旅游业发展应当遵循社会效益、经济效益和生态效益相统一的原则。国家鼓励各类市场主体在有效保护旅游资源的前提下,依法合理利用旅游资源。利用公共资源建设的游览场所应当体现公益性质。"第二十一条规定:"对自然资源和文物等人文资源进行旅游利用,必须严格遵守有关法律、法规的规定,符合资源、生态保护和文物安全的要求,尊重和维护当地传统文化和习俗,维护资源的区域整体性、文化代表性和地域特殊性,并考虑军事设施保护的需要。"

《水污染防治法》规定:"县级以上人民政府可以对生活饮用水源地、风景名胜区、重要渔业水体和其他具有特殊经济文化价值的水体,划定保护区,并采取措施,保证保护区的水质符合规定用途的水质标准。"

《文物保护法》规定:"中华人民共和国境内地下、内水和领海中遗存的一切文物,属于国家所有""属于集体所有和私人所有的纪念建筑物、古建筑和祖传文物以及依法取得的其他文物,其所有权受法律保护。"

三、地方实行的旅游资源管理制度

为了保护和合理开发、利用旅游资源,规范旅游经营行为,保护旅游者和旅游经营者的合法权益,促进旅游业的发展,地方根据《风景名胜区条例》和有关法律、行政法规的规定,结合本地区实际情况,制定相关的旅游资源管理制度。

(一) 黄山风景名胜区管理条例

黄山市为了严格保护黄山风景名胜资源、自然和文化生态环境,合理开发、科学利用和有效管理风景名胜资源,根据国务院《风景名胜区条例》和有关法律、行政法规的规定,结合黄山风景名胜区实际,制定《黄山风景名胜区管理条例》,自 2014 年 7 月 1 日起实行。

---

① 杨朝晖.旅游法规教程[M].2 版.大连:东北财经大学出版社,2014:246.
② 赵利民.旅游法规教程[M].4 版.北京:科学出版社,2015:179.

《黄山风景名胜区管理条例》第六条规定："黄山市人民政府应当建立协商协调机制，对风景名胜区保护地带的土地利用、资源与环境管理、城乡建设、低山景点调控等规划的编制、实施进行协调。省人民政府、黄山市人民政府、黄山风景区管委会应当建立生态补偿机制，对为保护黄山风景名胜资源受到限制开发的地区给予补偿。"第十三条规定："风景名胜区内的奇峰异石、古树名木、名泉名瀑、冰川遗迹、石雕石刻等珍稀资源，应当建立档案，设置标牌，严格保护。上述景物周围根据需要建置保护设施，不得建设其他设施。"第十四条规定："风景名胜区的河溪、泉水、瀑布、深潭的水流、水源，除按风景名胜区规划的要求整修、利用外，应当保持原状，不得截流、改向或者作其他改变。"第十九条规定："管委会应当确定风景名胜区的环境容量和游览路线，制定、实施旅游者流量控制方案，并向社会公布，有计划地组织旅游活动。必要时，可采取措施，限制旅游者数量。"

（二）杭州西湖风景名胜区管理条例

《杭州西湖风景名胜区管理条例》于 2003 年 12 月 19 日杭州市第十届人民代表大会常务委员会第十四次会议通过，2004 年 5 月 28 日浙江省第十届人民代表大会常务委员会第十一次会议批准。

《杭州西湖风景名胜区管理条例》第十一条规定："保持风景区自然景观原有风貌和人文景观历史风貌，保护自然生态环境，改善环境质量，各项建设应当与风景区环境相协调，防止风景区城市化、人工化和商业化，力求留住自然，保护好旅游资源。"第十五条规定："风景区内的河、湖、泉、池、溪、涧、潭等水体和竹木花草、野生动物、森林植被、岩石土壤、溶洞、地形地貌等自然景物以及园林建筑、宗教寺庙、文物古迹、历史遗址、石雕石刻等人文景物及其所处的环境，均属风景名胜资源，应严加保护。风景区管委会应当设立必要的机构，配备必要的人员和装备，建立健全各项制度，制定保护措施，落实保护责任制。"

除这两个地区的条例外，一些地方和重点风景名胜区一般都会制定相关管理条例，比如《大理白族自治州大理风景名胜区管理条例》《杭州西溪国家湿地公园保护管理条例》《宁波市旅游景区条例》《吉林市松花湖国家级风景名胜区管理条例》《甘肃省麦积山风景名胜区保护管理条例》等。

📖 课题讨论

2021 年 2 月 14 日 17 时 43 分许，有着"中国最后的原始部落"之称的中国历史文化名村翁丁村（国家 4A 级景区）发生火灾，104 座佤族传统民居被烧为灰烬，造成直接财产损失 813.48 万元。一位 8 岁小孩在古寨玩火导致该起火灾发生。

资料来源：肖方.2021 年全国 10 起典型火灾爆炸事故[J].中国消防,2022,554(01)：14 - 15.

思考："翁丁火灾"反映出我国在传统村落景区保护管理中存在哪些问题？其他类型景区是否存在类似问题？在传统村落的旅游开发过程中，如何做到利用与保护的统一？

四、世界遗产资源的国际保护制度

中国作为著名的文明古国,自 1985 年加入世界遗产公约,至 2015 年 7 月,共有 48 个项目被联合国教科文组织列入《世界遗产名录》,其中世界文化遗产 31 处、世界自然遗产 10 处、世界文化和自然遗产 4 处、世界文化景观遗产 3 处。

(一) 世界遗产的含义

世界遗产是指被联合国教科文组织和世界遗产委员会确认的人类罕见的、目前无法替代的财富,是全人类公认的具有突出意义和普遍价值的文物古迹及自然景观。世界遗产包括文化遗产、自然遗产、文化与自然遗产和文化景观四类。广义概念,根据形态和性质,世界遗产分为文化遗产、自然遗产、文化和自然双重遗产、记忆遗产、非物质文化遗产、文化景观。

自然遗产是指具有突出价值的自然生物学和地质学形态、濒危动植物物种栖息地,以及具有科学、美学和保护价值的地区。

物质文化遗产是具有历史、艺术和科学价值的文物,包括古遗址、古墓葬、古建筑、石窟寺、石刻、壁画、近现代重要史迹及代表性建筑等不可移动文物,历史上各时代的重要实物、艺术品、文献、手稿、图书资料等可移动文物,以及在建筑式样、分布均匀或与环境景色相结合方面具有突出普遍价值的历史文化名城(街区、村镇)。

非物质文化遗产是被各群体、团体、有时为个人所视为其文化遗产的各种实践、表演、表现形式、知识体系和技能及其有关的工具、实物、工艺品和文化场所。根据《中华人民共和国非物质文化遗产法》规定,非物质文化遗产是指各族人民世代相传并视为其文化遗产组成部分的各种传统文化表现形式,以及与传统文化表现形式相关的实物和场所。包括① 传统口头文学,以及作为其载体的语言;② 传统美术、书法、音乐、舞蹈、戏剧、曲艺和杂技;③ 传统技艺、医药和历法;④ 传统礼仪、节庆等民俗;⑤ 传统体育和游艺;⑥ 其他非物质文化遗产。属于非物质文化遗产组成部分的实物和场所,凡属文物的,适用《中华人民共和国文物保护法》的有关规定。

(二) 世界遗产的国际保护

1. 保护世界文化遗产和自然遗产的公约

(1) 保护世界遗产主要是有关国家的责任。

(2) 在联合国教科文组织内建立一个政府间的"世界遗产委员会"。

(3) 缔约国对于提交保护的遗产负有鉴定、保护、保存、陈列,以及传于后代的义务。

2. 保护非物质遗产公约

(1) 保护非物质文化遗产。

(2) 尊重有关群体、团体和个人的非物质遗产。

(3) 在地方国家和国际一级提高对非物质文化遗产及其相互鉴赏的重要性的意识。

(4) 开展国际合作及提供国际援助[1]。

---

① 杨叶昆.旅游政策与法规(最新版)[M].昆明:云南大学出版社,2007:177-178.

复习思考

（1）为什么要制定旅游规划？

（2）简述旅游规划的基本内容。

（3）谈谈旅游资源的地位、概念及相关法律制度。

（4）简述各省份代表性风景名胜区的旅游资源管理制度。

（5）我国世界遗产资源有哪些？相关的法律保护制度是怎样的？

第八章

景区与接待服务管理

学习要点

- 风景名胜区设立、规划、保护、合理利用和管理及相关法律责任。
- 自然保护区设立条件、区域构成、管理制度及相关法律责任。
- 博物馆设立、管理及相关法律责任。
- 旅游饭店与其他住宿接待点的管理及法律责任。
- 其他旅游接待服务的管理。

第一节 景区管理制度

一、景区的法律界定

(一) 旅游景区的界定

《旅游法》(2018 年修正) 第一百一十一条规定:"景区,是指为旅游者提供游览服务、有明确的管理界限的场所或者区域。"《旅游景区质量等级管理办法》(2012 年) 第二条规定:"旅游景区是指可接待旅游者,具有观赏游憩、文化娱乐等功能,具备相应旅游服务设施并提供相应旅游服务,且具有相对完整管理系统的游览区。"从上述概念可以看出,旅游景区具有以下特征:

(1) 相对独立性。旅游景区作为客观存在的旅游活动的客体,存在于一定的空间地域内的场所设施,构成了一个相对完整的具有统一管理系统的独立单位,且具有一定边界范围的空间或地域。

(2) 游览休闲性。游览休闲性是旅游景区的核心和主要功能。旅游景区具有一定的审美价值、文化价值和娱乐价值,可供旅游者游览欣赏、体察品味、积极参与,从而使其获得某种美感享受、文化熏陶或者身心刺激,得到快乐、愉悦和放松,以消磨其度假休闲时光。

(3) 公众开放性。旅游景区面向社会大众,以吸引社会大众参与旅游活动为目的,围绕社会大众求新、求异、求知、求美等精神需求,为其参与旅游活动提供相应的服务,一般是有偿的。

(二) 旅游景区的类别

旅游景区类型多样,按照不同标准有不同分类方法。其中,根据旅游景区属性的不同,可分为自然旅游景区、人文旅游景区、主题公园旅游景区和社会旅游景区四种类型(见表 8‐1)。

表 8‐1 旅游景区的分类

景 区 类 别	代 表 景 区	举 例
自然旅游景区	名山、大川、名湖、海洋	森林公园、地质公园、自然保护区
人文旅游景区	遗址、遗迹	名人故居、博物馆、古建筑
主题公园旅游景区	人造主题公园	深圳华侨城、迪士尼
社会旅游景区	现代建设成就	工业旅游景区、观光农业旅游景区

二、景区经营管理

(一) 景区开放管理

《中华人民共和国旅游法》(2013 年发布,2018 年修正)不仅对景区开放作了相应的规定,使得景区开放制度从资源保护、研究的视角转向保护旅游者合法权益、满足旅游者需求的视角,还将《旅游景区质量等级的划分与评定》(2012 年)及一些成熟的地方旅游法规上升到了法律层面。《旅游法》(2018 年修正)第四十二条对景区开放的条件作了明确规定:

(1) 有必要的旅游配套服务和辅助设施。

(2) 有必要的安全设施及制度,经过安全风险评估,满足安全条件。

(3) 有必要的环境保护设施和生态保护措施。

(4) 法律、行政法规规定的其他条件。

景区开放的条件涉及基础设施、安全、环保等诸多方面,需要旅游、安全、环保等部门的共同参与才能完成。

(二) 景区门票与收费管理

近年来,为规范景区门票价格管理,切实保障消费者合法权益,营造良好旅游消费环境,发挥景区促进旅游消费的积极作用,国家及地方政府发布了《关于开展景区门票价格专项整治工作的通知》(2015 年)、《国家发展改革委关于完善国有景区门票价格形成机制降低重点国有景区门票价格的指导意见》(2018 年)、《江苏省景区门票和相关服务价格管理办法》(2018 年)等一系列的专项政策文件。此外,《中华人民共和国价格管理条例》

(1987年)、《价格违法行为行政处罚规定》(2010年修订)等政策文件也适用于旅游景区门票价格管理。然而,目前我国旅游景区门票管理仍然存在以下问题:

(1)部分景区违反价格政策规定,以各种形式变相提高门票价格,扰乱了旅游市场价格秩序。

(2)有的地方提高门票价格违反了国家相关定价规定或未依法履行规定程序,加重了旅游消费者负担,引起社会关注和反映。

(3)不限量的发售门票会给游客和旅游景点带来一连串的后果。

(4)限时开放的景点一律全票明显不公,优惠票的规定不明确,引起争议。

(5)景区逃票、倒票现象严重。

(6)政府部门管理旅游景区体制不顺,责权利关系不明。

因此,旅游主管部门应整治重点景区经营者在旅游经营过程中的违法违规行为、门票价格制定过程中违反定价规则与程序规定的行为及其他问题。

专栏7

地方相关制度解读

1.《四川省定价目录(2021年版)》和《四川省景区门票定价成本监审办法》(2016年)

《四川省定价目录(2021年版)》规定,利用公共资源建设的重点景区门票以及景区内的交通运输服务价格,如九寨沟、黄龙、峨眉山、乐山大佛、都江堰-青城山景区,由四川省价格主管部门定价;辖区内除省定重要旅游景区外,利用公共资源建设的景区门票以及景区内交通运输服务价格,授权市、县人民政府定价,但4A级及4A级以上景区的门票以及景区交通运输服务价格授权市人民政府制定。

同时为提高景区门票价格管理的科学性、合理性和规范性,四川省改革和发展委员会出台了《四川省景区门票定价成本监审办法》(2016年)。该办法第二条指出:"本办法适用于政府价格主管部门对实行政府制定价格的景区门票定价成本实施监审的行为。"第四条指出:"景区门票定价成本,是指保证景区正常经营的合理费用支出。"第八条指出:"景区门票成本包括职工薪酬、办公费、水电费、取暖费、邮电费、交通费、差旅费、会议费、门票印制费、广告宣传费、绿化维护费、森林防火防灾费、景区规划费、景观文物古建筑维护费、修理费、物料消耗、低值易耗品摊销、培训费、董事会会费、租赁费、物业管理费、劳务费、业务招待费、税金(指房产税、车船使用税、土地使用税、印花税)、固定资产折旧、无形资产摊销、财务费用、上缴管理费及其他费用。"

2.《江苏省景区门票和相关服务价格管理办法》(2023年)

第三条规定:"各级发展改革部门依法对景区门票和相关服务价格实施管理,上级发展改革部门应当加强对下级的工作指导。"

该办法对不同性质的景区采用不同的门票制度。第五条规定:"景区门票和相关服务价格实行政府指导价或者市场调节价。利用公共资源建设的景区门票,以及景区内具有垄断服务性质的交通运输服务价格实行政府指导价。景区可以在政府指导价范围内,自主确定价格水平。景区内其他已经形成充分竞争的服务价格实行市场调节价。非利用公共资源建设的景区门票和相关服务价格,实行市场调节价。景区配套建设的停车设施停车收费按照《江苏省机动车停放服务收费管理办法》管理。"

该办法对景区门票价格的制定和调整做出了明确要求。第八条规定:"制定或者调整实行政府指导价的景区门票和相关服务价格,应当履行成本监审或成本调查、听取社会意见、合法性审查、集体审议、作出价格决定并及时向社会公告等程序。拟收费或者提高价格的,应当举行听证会,征求旅游者、经营者和有关方面的意见。制定或者调整与宗教活动场所有关的景区门票价格时,应当听取宗教事务部门、宗教活动场所代表以及有关方面的意见。"

第九条规定:"提高政府指导价管理的景区门票价格,应当提前6个月向社会公布,不得在法定节假日期间及之前1个月内提高门票价格。景区在政府指导价范围内调整具体价格水平、淡旺季票价执行时间等,应当提前3个月向社会公布,并按照管理权限抄报发展改革部门。"

第十条规定:"实行政府指导价的景区门票原则上实行一票制,未经批准不得设置园中园门票。景区内实行重点保护性开放、确有需要单独设置门票的景点门票价格,应当按照管理权限报发展改革部门批准。景区内举办各种临时活动原则上不得加价。确有观赏价值且投入较大的景区,应当按照管理权限申报临时活动的门票价格。"

此外,该办法第十一条规定:"将不同景区的门票或者同一景区内不同游览场所的门票合并成联票出售的,应当按照价格管理权限报告发展改革部门。合并后的联票价格不得高于各单项门票的价格之和,并保留各单项门票。景区内的核心游览项目因故暂停向旅游者开放或者停止提供服务的,应当相应降低门票价格并向社会公示。"

材料来源:

[1]《四川省发展和改革委员会关于印发〈四川省定价目录(2021年版)〉的通知》(2021年)[EB/OL]. (2021 - 07 - 19)[2023 - 05 - 26]. http://fgw.sc.gov.cn/sfgw/c106088/2021/7/19/930220d2c3334ab3b7798c8387a6f65a.shtml.

[2]《四川省发展和改革委员会关于印发〈四川省景区门票定价成本监审办法〉的通知》(2016年)[EB/OL]. (2016 - 06 - 07)[2023 - 05 - 26]. http://fgw.sc.gov.cn/sfgwsjd/c100105/2016/6/7/635d853528884e8094c8881ebbfa4252.shtml.

[3]《江苏省发展改革委关于印发〈江苏省景区门票和相关服务价格管理办法〉的通知》(2023年)[EB/OL]. (2023 - 03 - 09)[2023 - 05 - 26]. http://fzggw.jiangsu.gov.cn/art/2023/3/9/art_51007_10777725.html.

（三）景区最大承载量管理

1. 旅游景区最大承载量定义

《景区最大承载量核定导则》（LB/T 034—2014）是指导全国旅游景区开展最大承载量核定工作的国家标准，将景区最大承载量定义为在景区日开放时间内，在保障景区内每个旅游者人身安全和旅游资源环境安全的前提下，景区能够容纳的最大旅游者数量。此外，《旅游法》（2018 年修正）第四十五条针对游客数量超过旅游景区最大承载量的可能情况作出了规定："景区接待旅游者不得超过景区主管部门核定的最大承载量。景区应当公布景区主管部门核定的最大承载量，制定和实施旅游者流量控制方案，并可以采取门票预约等方式，对景区接待旅游者的数量进行控制。旅游者数量可能达到最大承载量时，景区应当提前公告并同时向当地人民政府报告，景区和当地人民政府应当及时采取疏导、分流等措施。"

2. 旅游景区承载量类型

旅游景区承载量包括空间承载量、设施承载量、生态承载量、心理承载量、社会承载量等类型。

（1）空间承载量指在一定时间条件下，旅游资源依存的游憩用地、游览空间等有效物理环境空间能够容纳的最大旅游者数量。

（2）设施承载量指在一定时间条件下，景区内各项旅游服务设施在正常工作状态下，能够服务的最大旅游者数量。

（3）生态承载量指在一定时间条件下，景区在生态环境不会恶化的前提下能够容纳的最大旅游者数量。

（4）心理承载量指在一定时间条件下，旅游者在进行旅游活动时无不良心理感受的前提下，景区能够容纳的最大旅游者数量。

（5）社会承载量指在一定时间条件下，景区周边公共设施能够同时满足旅游者和当地居民需要，旅游活动对旅游地人文环境的冲击在可接受范围内的前提下，景区能够容纳的最大旅游者数量。

3. 旅游景区容量管理的应用

（1）旅游饱和、旅游超载与旅游污染。旅游饱和指旅游景区承受的旅游流量或活动量达到其极限容量。若旅游流量或活动量超出旅游景区的极限容量，则称为旅游超载。在旅游管理的实际工作中，旅游景区管理者将旅游景区接待的旅游流量达到其最佳容量视为旅游饱和，超过其最佳容量视为旅游超载。旅游饱和与旅游超载的类型有多种划分方法，从规律上看，可分为周期性旅游饱和与旅游超载、偶发性旅游饱和与旅游超载；从时间上看，可分为长期连续性旅游饱和与旅游超载、短期性旅游饱和与旅游超载；从空间上，可分为整体性旅游饱和与旅游超载、局部性旅游饱和与旅游超载。而且，旅游超载必然导致旅游污染或拥挤。

（2）旅游饱和、旅游超载对环境和设施的消极影响。

① 践踏后果。当旅游景区达到旅游饱和或处于旅游超载的状态，旅游流量或活动量超出旅游活动场所所承载的最佳容量，旅游者脚踏量急剧增加，产生了过量的重力、压力，

从而导致旅游活动场所的磨损或损坏(这种磨损或损坏甚至不可修复)。例如,北京故宫三大殿内的"金砖"(现已无法重新制作)因长期性的旅游饱和与旅游超载而出现快速磨蚀,现已明显下凹。

② 对水体的污染。在绝大多数情况下,旅游饱和与旅游超载会导致自然旅游景区的水体污染。例如,我国的黄山、桂林等著名的旅游风景区,因旅游旺季时的旅游饱和与旅游超载导致其水体污染现象日趋严重。

③ 拥挤和噪声。拥挤是旅游饱和与旅游超载对人类感官的直接影响,破坏旅游气氛、降低旅游体验,导致旅游者心理上的不满足。在自然旅游风景区中,动物会因噪声而受到恐吓,逃离原先的栖息地,进而造成不良的生态后果。

④ 对基础设施和旅游设施的损害。旅游饱和与旅游超载会给基础设施和旅游设施带来巨大的压力。一般情况下,短期的旅游饱和与旅游超载不会对基础设施和旅游设施造成严重的损害,而长期的旅游饱和与旅游超载会使基础设施和旅游设施不能正常运行或遭到破坏,甚至可能引发灾难性的后果。

三、不同类型景区管理制度

(一) 风景名胜区管理

1. 风景名胜区的概念

《风景名胜区条例》(2006 年)第二条规定:"风景名胜区是指具有观赏、文化或科学价值,自然景物、人文景物比较集中,环境优美,具有一定规模和范围,可供人们游览、休息或进行科学、文化活动的区域。"

2. 风景名胜区的等级划分

按照风景名胜区中景物的观赏、文化科学价值和环境质量、规模大小、游览条件等条件,可将其划分为国家级风景名胜区和省级风景名胜区。

(1) 国家级风景名胜区。自然景观和人文景观能够反映重要自然变化过程和重大历史文化发展过程,基本处于自然状态或者保持历史原貌,具有国家代表性的,可以申请设立国家级风景名胜区。

(2) 省级风景名胜区。自然景观和人文景观具有区域代表性的,可以申请设立省级风景名胜区。

3. 风景名胜区的管理机构

(1) 风景名胜区所在地县级以上的地方人民政府设置的风景名胜区管理机构,负责风景名胜区的保护、利用和统一管理工作。

(2) 国务院建设主管部门负责全国风景名胜区的监督管理工作。

(3) 国务院其他有关部门,按照国务院有关规定的职责分工,负责风景名胜区的有关监督管理工作。

(4) 省、自治区人民政府建设主管部门和直辖市人民政府风景名胜区主管部门,负责本行政区域内风景名胜区的监督管理工作。

（5）省、自治区、直辖市人民政府其他有关部门按照规定的职责分工，负责风景名胜区的有关监督管理工作。

4. 风景名胜区的保护

（1）风景名胜区保护的原则。国家对风景名胜区实行科学规划、统一管理、严格保护、永续利用的原则。风景名胜区内的景观和自然环境，应当根据可持续发展的原则，严格保护，不得破坏或者随意改变。风景名胜区管理机构应当建立健全风景名胜资源保护的各项管理制度。风景名胜区管理机构应当对风景名胜区内的重要景观进行调查、鉴定，并制定相应的保护措施。风景名胜区内的居民和游览者应当保护风景名胜区的景物、水体、林草植被、野生动物和各项设施。

风景名胜区内的建设项目应当符合风景名胜区规划，并与景观相协调，不得破坏景观、污染环境、妨碍游览。在风景名胜区内进行建设活动的建设单位、施工单位应当制定污染防治和水土保持方案，并采取有效措施，保护好周围景物、水体、林草植被、野生动物资源和地形地貌。

（2）风景名胜区内禁止的活动。

① 开山、采石、开矿、开荒、修坟立碑等破坏景观、植被和地形地貌的活动。

② 修建储存爆炸性、易燃性、放射性、毒害性、腐蚀性物品的设施。

③ 在景物或者设施上刻画、涂污。

④ 乱扔垃圾。

⑤ 在风景名胜区内设立各类开发区。

⑥ 在风景名胜核心景区内搞各种建设。禁止在风景名胜核心景区内建设宾馆、招待所、培训中心、疗养院，以及与风景名胜资源保护无关的其他建筑物；已经建设的，应当按照风景名胜区规划，逐步迁出。在国家级风景名胜区内修建缆车、索道等重大建设工程，项目的选址方案应当报省、自治区人民政府建设主管部门和直辖市人民政府风景名胜区主管部门核准。

（3）在风景名胜区经批准后可从事的活动。在风景名胜区内进行下列活动，应经风景名胜区管理机构审核后，依照有关法律、法规的规定报有关主管部门批准：

① 设置、张贴商业广告。

② 举办大型游乐等活动。

③ 改变水资源、水环境自然状态的活动。

④ 其他影响生态和景观的活动。

5. 风景名胜区的管理与利用

（1）风景名胜区的管理。风景名胜区所在地县级以上地方人民政府设置的风景名胜区管理机构，负责风景名胜区的保护、利用和统一管理工作。国务院建设主管部门负责全国风景名胜区的监督管理工作。国务院其他有关部门按照国务院规定的职责分工，负责风景名胜区的有关监督管理工作。省、自治区人民政府建设主管部门和直辖市人民政府风景名胜区主管部门，负责本行政区域内风景名胜区的监督管理工作。省、自治区、直辖市人民政府其他有关部门按照规定的职责分工,负责风景名胜区的有关监督管理工作。

任何单位和个人都有保护风景名胜资源的义务,并有权制止、检举破坏风景名胜资源的行为。

风景名胜区管理机构应当根据风景名胜区的特点,保护民族民间传统文化,开展健康有益的游览观光和文化娱乐活动,普及历史文化和科学知识。风景名胜区管理机构应当根据风景名胜区规划,合理利用风景名胜资源,改善交通、服务设施和游览条件。风景名胜区管理机构应当在风景名胜区内设置风景名胜区标志和路标、安全警示等标牌。

风景名胜区管理机构应当建立健全安全保障制度,加强安全管理,保障游览安全,并督促风景名胜区内的经营单位接受有关部门依据法律、法规进行的监督检查。

(2)风景名胜区的利用。

① 门票。进入风景名胜区的门票,由风景名胜区管理机构负责出售。禁止超过允许容量接纳游客和在没有安全保障的区域开展游览活动。

② 风景名胜资源有偿使用费。风景名胜区内的交通、服务等项目,应当由风景名胜区管理机构依照有关法律、法规和风景名胜区规划,采用招标等公平竞争的方式确定经营者。风景名胜区管理机构应当与经营者签订合同,依法确定各自的权利义务。经营者应当缴纳风景名胜资源有偿使用费。

③ 门票和资源有偿使用费的用途。风景名胜区的门票收入和风景名胜资源有偿使用费,实行收支两条线管理。风景名胜区的门票收入和风景名胜资源有偿使用费应当专门用于风景名胜资源的保护和管理以及风景名胜区内财产的所有权人、使用权人损失的补偿。

风景名胜区管理机构不得从事以营利为目的的经营活动,不得将规划、管理和监督等行政管理职能委托给企业或者个人行使。

6. 风景名胜区的法律责任

《风景名胜区条例》(2006 年)规定了相关行政法律责任,包括由风景名胜区管理机构责令停止违法行为、恢复原状或者限期拆除,没收违法所得,并处罚款,对直接负责的主管人员和其他直接责任人员依法给予降级或者撤职的处分;构成犯罪的,依法追究刑事责任①。

第四十条规定:"对在风景名胜区内进行开山、采石、开矿等破坏景观、植被、地形地貌的活动,修建储存爆炸性、易燃性、放射性、毒害性、腐蚀性物品的设施,在核心景区建设宾馆、招待所、培训中心、疗养院等行为,有风景名胜区管理机构责令停止违法行为,恢复原状或者限期拆除,没收违法所得,并处 50 万元以上 100 万元以下的罚款。"

第四十一条规定:"对未经风景名胜区管理机构审核,在风景名胜区内从事禁止范围以外的建设活动,由风景名胜区管理机构责令停止建设、限期拆除,对个人处 20 万元以上50 万元以下的罚款。"

第四十六条规定:"违反本条例的规定,施工单位在施工过程中,对周围景物、水体、林草植被、野生动物资源和地形地貌造成破坏的,由风景名胜区管理机构责令停止违法行

---

① 傅林放.旅游法读本[M].北京:清华大学出版社,2014:37.

为、限期恢复原状或者采取其他补救措施,并处 2 万元以上 10 万元以下的罚款;逾期未恢复原状或者采取有效措施的,由风景名胜区管理机构责令停止施工。"

《风景名胜区条例》(2006 年)还批准实施有违法行为的地方人民政府及有关主管部门的直接负责和其他直接责任人员,分别承担相应的行政责任。构成犯罪的,依法追究刑事责任。

(二) 自然保护区管理

1. 自然保护区的概念

为了加强自然保护区的建设和管理,保护自然环境和自然资源,国家于 1994 年发布、实施《中华人民共和国自然保护区条例》(1994 年发布,2017 年修订),标志着我国对自然保护区的建设和管理走上了法制化的道路。

自然保护区指对有代表性的自然生态系统、珍稀濒危动植物物种的天然集中分布区、有特殊意义的自然遗址等保护对象所在的陆地、水体或者海域,依法划出一定面积予以特殊保护和管理的区域。针对各个不同的物种,我国及地方也制定了针对性的法律、法规,如《中华人民共和国陆生野生动物保护实施条例》(1992 年发布,2016 年修订)、《中华人民共和国野生植物保护条例》(1996 年发布,2017 年修订)、《中华人民共和国水生动植物自然保护区管理办法》(1997 年发布,2013 年修订)、《中华人民共和国植物新品种保护条例》(1997 年发布,2014 年修订)、《吉林省野生动植物保护管理暂行条例》(2018 年)等。

2. 自然保护区的分类

在国内外,有典型意义、在科学上有重大国际影响或者有特殊科学研究价值的自然保护区,列为国家级自然保护区。除列为国家级自然保护区的外,其他具有典型意义或者重要科学研究价值的自然保护区列为地方级自然保护区。鉴于此,我国的自然保护区分为国家级自然保护区和地方级自然保护区。

3. 自然保护的区域划分

自然保护区划分为核心区、缓冲区和实验区等不同的区域,在不同的区域内实行不同的保护手段。

核心区是自然保护区内保存完好的天然状态的生态系统以及珍稀、濒危动植物的集中分布区。通常情况下,该区域内禁止任何单位和个人进入(除非省级以上人民政府有关自然保护区行政管理部门批准),不允许进入从事科学研究活动。

缓冲区是在核心区外围划定一定面积的区域,只准进入从事科学研究观测活动。

实验区是指缓冲区的外围区域,可从事科学实验、教学实习、参观考察、旅游以及驯化、繁殖珍惜和濒危野生动植物等活动。

原批准自然保护区的人民政府认为必要时,可在自然保护区的外围制定一定面积的外围保护带①。

4. 自然保护区的管理

(1) 自然保护区的管理机构。国家对自然保护区实行综合管理与分部门管理相结合

---

① 李海峰,师晓华,陈文娟,等.旅游政策与法规[M].北京:清华大学出版社,2015:132-134.

的管理体制。国务院环境保护行政主管部门负责全国自然保护区的综合管理。国务院林业、农业、地质矿产、水利、海洋等有关行政主管部门在各自的职责范围内,主管有关的自然保护区。县级以上地方人民政府负责自然保护区管理部门的设置和职责,由省、自治区、直辖市人民政府根据当地具体情况确定。

（2）自然保护区管理的措施。

① 禁止在自然保护区内进行砍伐、放牧、狩猎、捕捞、采药、开垦、烧荒、开矿、采石、挖沙等活动,但法律、行政法规另有规定的除外。

② 禁止任何人进入自然保护区的核心区。因教学科研的目的,需要进入自然保护区的核心区从事科学观测、调查活动的,应当事先向自然保护区管理机构提交申请和活动计划,并经省级以上人民政府有关自然保护区行政主管部门批准。其中,进入国家级自然保护区核心区,必须经过国务院有关保护区行政主管部门批准。

③ 禁止在自然保护区的缓冲区内开展旅游和生产经营活动。因教学科研的目的,需要进入自然保护区的缓冲区从事非破坏性的科学研究、教学实习和标本采集活动的,应当事先向自然保护区管理机构提交申请和活动计划,经自然保护区管理机构批准。从事该活动的单位和个人,应当将其活动成果的副本提交自然保护区管理机构。

④ 在自然保护区的核心区和缓冲区内,不得建设任何生产设施。在自然保护区的实验区内,不得建设污染环境、破坏环境或者景观的生产设施。

⑤ 严禁开设与自然保护区保护方向不一致的参观、旅游项目。在国家级自然保护区的实验区和地方级自然保护区的实验区经批准开展旅游、参观活动的,应当服从自然保护区管理机构的管理[①]。

⑥ 自然保护区所在地的公安机关,可以根据需要在自然保护区设置公安派出机构,维护自然保护区内的治安秩序[②]。

⑦ 外国人进入地方级自然保护区的,接待单位应事先报经省、自治区、直辖市人民政府有关自然保护区行政主管部门批准。外国人进入国家自然保护区的,接待单位应报经国务院有关自然保护区行政主管部门批准[③]。

⑧ 在自然保护区内的单位、居民和经批准进入的自然保护区的人员,必须遵守自然保护区的各项管理制度,接受自然保护区管理机构的管理。

5. 自然保护区的法律责任

《中华人民共和国自然保护区条例》（2017 年修订）第三十四条规定,违反本条例规定,有下列行为之一的,由自然保护区管理机构责令其改正,并可以根据不同情节处以 100 元以上 5 000 元以下的罚款：① 擅自移动或者破坏自然保护区界标的;② 未经批准进入自然保护区或者在自然保护区内不服从管理机构管理的;③ 经批准在自然保护区的缓冲区或者在自然保护区内从事科学研究、教学学习和标本采集的单位和个人,不向自然

---

① 杨叶昆.旅游政策与法规（最新版）[M].昆明：云南大学出版社,2007：170 - 171.
② 李海峰,师晓华,陈文娟,等.旅游政策与法规[M].北京：清华大学出版社,2015：135.
③ 杨叶昆.旅游政策与法规（最新版）[M].昆明：云南大学出版社,2007：170 - 171.

保护区管理机构提交活动成果副本的。

《中华人民共和国自然保护区条例》(2017年修订)第三十七条规定,自然保护区管理机构违反本条例规定,有下列行为之一的,由县级以上人民政府自然保护区行政主管部门责令限期改正;对直接责任人员,由其所在单位或者上级机关给予行政处分:① 未经批准在自然保护区开展参观、旅游活动的;② 开设与自然保护区保护方向不一致的参观、旅游项目的;③ 不按照批准的方案开展参观、旅游活动的。

此外,对于违反《中华人民共和国自然保护区条例》(2017年修订)的规定,给自然保护区造成损失的,由县级以上人民政府有关自然保护区行政主管部门责令赔偿。造成自然保护区重大污染或者破坏事故,导致公私财产重大损失或者人身伤亡的严重后果,构成犯罪的,对直接负责的主管人员和其他直接责任人员,依法追究刑事责任。妨碍自然保护区管理人员执行公务的,由公安机关依照《中华人民共和国治安处罚法》(2005年)的规定予以处罚,情节严重,构成犯罪的,依法追究刑事责任[①]。

专栏8

自然保护区的类型

自然保护区是指国家为了保护自然环境和自然资源,促进国民经济的持续发展将一定面积的陆地和水体划分出来,并经各级人民政府批准而进行特殊保护和管理的区域。根据国家标准《自然保护区类型与级别划分原则(GB/T 14529—93)》,我国自然保护区分为3大类别,9个类型。第一类是自然生态系统类,包括森林生态系统类型、草原与草甸生态系统类型、荒漠生态系统类型、内陆湿地和水域系统类型、海洋和海岸生态系统类型自然保护区;第二类是野生生物类,包括野生动物类型和野生植物类型自然保护区;第三类是自然遗迹类,包括地质遗迹类型和古生物遗迹类型自然保护区。

根据《2015年全国自然保护区名录》,截至2015年底,全国共有自然保护区2 740个,面积14 702.99万公顷。

材料来源:

[1]《自然保护区类型与级别划分》(GB/T 14529—93)[EB/OL]. (2001 - 05 - 18)[2023 - 05 - 26]. https://www.mee.gov.cn/image20010518/4593.pdf.

[2]《2015年全国自然保护区名录》[EB/OL]. (2019 - 05 - 14)[2023 - 05 - 26]. https://www.mee.gov.cn/ywgz/zrstbh/zrbhdjg/201905/P020190514616282907461.pdf.

[3] 国家林业和草原局经济发展研究中心综合管理处.《我国林业行业外自然保护区管理体制现状分析及建议》[EB/OL]. (2019 - 01 - 03)[2023 - 05 - 26]. https://www.forestry.gov.cn/html/jjyj/jjyj_4961/20190103185856994981975/file/20190103185932978457352.pdf.

---

① 辛树雄.旅游法教程[M].北京:清华大学出版社,2014:183.

(三) 博物馆管理

1. 博物馆的概念及其分类

为规范博物馆管理工作,促进博物馆事业发展,文化部于 2005 年 12 月 22 日发布《博物馆管理办法》(2005 年)。为促进博物馆事业发展,发挥博物馆功能,满足公民精神文化需求,提高公民思想道德和科学文化素质,国务院于 2015 年 2 月 9 日发布《博物馆条例》(2015 年)。

(1) 博物馆的概念。《博物馆条例》(2015 年)第二条规定,博物馆指以教育、研究和欣赏为目的,收藏、保护并向公众展示人类活动和自然环境的见证物,经登记管理机关依法登记的非营利组织。

(2) 博物馆的分类。博物馆包括国有博物馆和非国有博物馆。其中,利用或者主要利用国有资产设立的博物馆为国有博物馆;利用或者主要利用非国有资产设立的博物馆为非国有博物馆。国家在博物馆的设立条件、提供社会服务、规范管理、专业技术职称评定、财税扶持政策等方面,公平对待国有和非国有博物馆。

2. 博物馆的设立

(1) 设立条件。《博物馆条例》(2015 年)第十条规定,设立博物馆,应当具备下列条件:① 固定的馆址以及符合国家规定的展室、藏品保管场所。博物馆馆舍建设应当坚持新建馆舍和改造现有建筑相结合,鼓励利用名人故居、工业遗产等作为博物馆馆舍。新建、改建馆舍应当提高藏品展陈和保管面积占总面积的比重;② 相应数量的藏品以及必要的研究资料,并能够形成陈列展览体系;③ 与其规模和功能相适应的专业技术人员;④ 必要的办馆资金和稳定的运行经费来源;⑤ 确保观众人身安全的设施、制度及应急预案。

(2) 制定章程。《博物馆条例》(2015 年)第十一条规定,设立博物馆,应当制定章程。章程应当包括下列事项:① 博物馆名称、馆址;② 办馆宗旨及业务范围;③ 组织管理制度,包括理事会或者其他形式决策机构的产生办法、人员构成、任期、议事规则等;④ 藏品展示、保护、管理、处置的规则;⑤ 资产管理和使用规则;⑥ 章程修改程序;⑦ 终止程序和终止后资产的处理;⑧ 其他需要由章程规定的事项。

(3) 备案制度。

一是国有博物馆。《博物馆条例》(2015 年)第十二条规定,国有博物馆的设立、变更、终止依照有关事业单位登记管理法律、行政法规的规定办理,并应当向馆址所在地省、自治区、直辖市人民政府文物主管部门备案。

二是古生物化石博物馆。《博物馆条例》(2015 年)第十三条规定,藏品属于古生物化石的博物馆,其设立、变更、终止应当遵守有关古生物化石保护法律、行政法规的规定,并向馆址所在地省、自治区、直辖市人民政府文物主管部门备案。

三是非国有博物馆。《博物馆条例》(2015 年)第十四条规定,设立藏品不属于古生物化石的非国有博物馆的,应当向馆址所在地省、自治区、直辖市人民政府文物主管部门备案,并提交下列材料:① 博物馆章程草案;② 馆舍所有权或者使用权证明,展室和藏品保管场所的环境条件符合藏品展示、保护、管理需要的论证材料;③ 藏品目录、藏品概述及藏品合法来源说明;④ 出资证明或者验资报告;⑤ 专业技术人员和管理人员的基本情况;⑥ 陈列展览方案。

《博物馆条例》(2015 年)第十五条规定,设立藏品不属于古生物化石的非国有博物馆的,应当到有关登记管理机关依法办理法人登记手续;有变更、终止行为的,应当到有关登记管理机关依法办理变更登记、注销登记,并向馆址所在地省、自治区、直辖市人民政府文物主管部门备案。

3. 博物馆的管理

(1) 管理部门。《博物馆条例》(2015 年)第七条规定,国家文物主管部门负责全国博物馆监督管理工作。国务院其他有关部门在各自职责范围内负责有关的博物馆管理工作。县级以上地方人民政府文物主管部门负责本行政区域的博物馆监督管理工作。县级以上地方人民政府其他有关部门在各自职责范围内负责本行政区域内有关的博物馆管理工作。

(2) 管理制度。

一是组织管理制度。《博物馆条例》(2015 年)第十七条规定,博物馆应当完善法人治理结构,建立健全有关组织管理制度。第十八条规定,博物馆专业技术人员按照国家有关规定评定专业技术职称。

二是使用管理制度。《博物馆条例》(2015 年)第十九条规定,博物馆依法管理和使用的资产,任何组织或者个人不得侵占。博物馆不得从事文物等藏品的商业经营活动。博物馆从事其他商业经营活动,不得违反办馆宗旨,不得损害观众利益。博物馆从事其他商业经营活动的具体办法由国家文物主管部门制定。

三是捐赠管理制度。《博物馆条例》(2015 年)第二十条规定,博物馆接受捐赠的,应当遵守有关法律、行政法规的规定。博物馆可以依法以举办者或者捐赠者的姓名、名称命名博物馆的馆舍或者其他设施;非国有博物馆还可以依法以举办者或者捐赠者的姓名、名称作为博物馆馆名。第二十一条规定,博物馆可以通过购买、接受捐赠、依法交换等法律、行政法规规定的方式取得藏品,不得取得来源不明或者来源不合法的藏品。

四是档案管理制度。《博物馆条例》(2015 年)第一十一条规定,博物馆应当建立藏品账目及档案。藏品属于文物的,应当区分文物等级,单独设置文物档案。建立严格的管理制度,并报文物主管部门备案。未依照前款规定建账、建档的藏品,不得交换或者出借。

五是安全管理制度。《博物馆条例》(2015 年)第二十三条规定,博物馆法定代表人对藏品安全负责。博物馆法定代表人、藏品管理人员离任前,应当办结藏品移交手续。

《博物馆条例》(2015 年)第二十四条规定,博物馆应当加强对藏品的安全管理,定期对保障藏品安全的设备、设施进行检查、维护,保证其正常运行。对珍贵藏品和易损藏品应当设立专库或者专用设备保存,并由专人负责保管。

六是出入境及买卖管理制度。《博物馆条例》(2015 年)第二十五条规定,博物馆藏品属于国有文物、非国有文物中的珍贵文物和国家规定禁止出境的其他文物的,不得出境,不得转让、出租、质押给外国人。国有博物馆藏品属于文物的,不得赠予、出租或者出售给其他单位和个人。

《博物馆条例》(2015年)第二十七条规定,博物馆藏品属于文物或者古生物化石的,其取得、保护、管理、展示、处置、进出境等还应当分别遵守有关文物保护、古生物化石保护的法律、行政法规的规定。

4.博物馆的法律责任

(1)主管部门及工作人员的法律责任。《博物馆条例》(2015年)第四十三条规定,县级以上人民政府文物主管部门或者其他有关部门及其工作人员玩忽职守、滥用职权、徇私舞弊或者利用职务上的便利索取或者收受他人财物的,由本级人民政府或者上级机关责令改正,通报批评;对直接负责的主管人员和其他直接责任人员依法给予处分。

(2)违法经营责任。《博物馆条例》(2015年)第四十一条规定,博物馆自取得登记证书之日起6个月内未向公众开放,或者未依照本条例的规定实行免费或者其他优惠的,由省、自治区、直辖市人民政府文物主管部门责令改正;拒不改正的,由登记管理机关撤销登记。

《博物馆条例》(2015年)第四十二条规定,博物馆违反有关价格法律、行政法规规定的,由馆址所在地县级以上地方人民政府价格主管部门依法给予处罚。

《博物馆条例》(2015年)第三十九条规定,博物馆取得来源不明或者来源不合法的藏品,或者陈列展览的主题、内容造成恶劣影响的,由省、自治区、直辖市人民政府文物主管部门或者有关登记管理机关按照职责分工,责令改正,有违法所得的,没收违法所得,并处违法所得2倍以上5倍以下罚款;没有违法所得的,处5000元以上2万元以下罚款;情节严重的,由登记管理机关撤销登记。

《博物馆条例》(2015年)第四十条规定,博物馆从事文物藏品的商业经营活动的,由工商行政管理(市场监督)部门依照有关文物保护法律、行政法规的规定处罚。博物馆从事非文物藏品的商业经营活动,或者从事其他商业经营活动违反办馆宗旨、损害观众利益的,由省、自治区、直辖市人民政府文物主管部门或者有关登记管理机关按照职责分工,责令改正。有违法所得的,没收违法所得,并处违法所得2倍以上5倍以下罚款;没有违法所得的,处5000元以上2万元以下罚款;情节严重的,由登记管理机关撤销登记。

课堂讨论

2020年4月,由于全国新冠疫情防控已取得阶段性重要成果,本土疫情传播已基本阻断,加上免费开放等政策的助推,人们再也按捺不住出游的冲动,争相到景区景点踏青游玩。在清明小长假期间,黄山等景区开始上演"人从众"的戏码,"人山人海"现象再现。

4月4日,安徽黄山市29家景区开始对安徽籍游客免费开放14天,景区现场拥挤不堪。4月5日早上,黄山景区的进山游客数量已达到游客流量限制人数——2万人,根据相关视频显示,密密麻麻的人群缓慢前行,而且很多游客(包括儿童在内)未佩戴口罩。有游客表示,自己在景区走1千米耗费两个多小时。针对清明期间黄山风景区游客扎堆的现象,黄山风景区一名工作人员表示,当景区有2万人进入时会闭园,后期将加强对游客的引导和管理。

材料来源：澎湃新闻.黄山游客集聚事件复盘：免门票预判不足,节前已有排队现象[EB/OL].[2023-08-22].https://www.thepaper.cn/newsDetail_forward_6874815.

思考：你认为旅游景区最大承载量对于景区管理方面有何作用?

第二节　旅游饭店与其他住宿接待点管理

一、管理对象的界定

(一)旅游饭店(酒店)

旅游饭店是最常见的旅游住宿类型,旅游饭店依不同标准有不同的分类。

(1)根据饭店计价方式分类。欧陆式计价饭店指其房价包括房租及一份简单的欧陆式早餐,即咖啡、面包和果汁。此类饭店一般不设餐厅。欧式计价饭店是指饭店客房价格仅包括房租,不含食品、饮料等其他费用。世界各地绝大多数饭店均属此类。美式计价饭店是指其客房价格包括房租及一日早、午、晚三餐的费用。修正美式计价饭店是指客房价格包括房租、早餐及午餐或晚餐的费用,以便宾客有较大的自由安排白天活动。

(2)根据饭店的规模分类。主要有小型饭店(300间以下)、中型饭店(300—600间)、大型饭店(600间以上)。

(3)根据饭店的建筑投资费用分类。主要有中低档饭店、中档或中档偏上等级饭店、豪华级饭店。

(二)非标准化住宿

目前,我国非标准化住宿业态主要有青年旅社、农家乐、民宿等。

青年旅社又称青年旅馆、青年旅舍。青年旅社以床位论价,一般一个床位收费为当地买一个快餐的价格,为三星级酒店房价的十分之一左右。室内设备简单,高低床、硬实的床垫和被褥,带锁的个人衣柜,使用集体浴室、洗手间。硬件以自助为主。

农家乐是以农民家庭为接待单位,依托和利用田园景观、自然生态、农民生活及农村文化为资源,为旅游者提供食宿、农家体验及民俗娱乐等乡村旅游活动的接待场所。

民宿指利用自用住宅空闲房间,结合当地人文、自然景观、生态、环境资源及农林渔牧生产活动,以家庭副业方式经营,提供旅客乡野生活之住宿处所。客栈、集装箱、会所等特色主题住宿点一般以某一主题为特征建造,如客栈体现了中国古代餐旅生活的特点,集装箱住宿的建造过程体现了"堆积木"的特点且集装箱住宿可自由移动。

二、管理制度及其主要内容

(一)开办制度

1.许可证制度

《旅馆业治安管理办法》(2022年修订)第四条规定:"申请开办旅馆,应取得市场监管部核发的营业执照,向当地公安机关申领特种行业许可证后,方准开业。"第十五条规定:"违反本办法第四条规定开办旅馆的,公安机关可以酌情给予警告或者处以 200 元以下罚款;未经登记,私自开业的,公安机关应当协助工商行政管理部门依法处理。"

2. 消防管理制度

为预防火灾和减少火灾危害,保护公民人身、公共财产和公民财产的安全,危害公共安全,保障社会主义现代化建设的顺利进行,我国颁布了《中华人民共和国消防法》(2021修正)、《农家乐(民宿)建筑防火导则(试行)》(2017 年)等。根据以上政策文件的规定,旅游住宿接待点的消防管理工作应做到以下几点:

(1)接待点在使用或者开业前,应当向当地公安消防机构申报,经消防安全检查合格后,方可使用或者开业。

(2)接待点工程的建设和施工应符合消防的要求,建筑构件和建筑材料的防火性能必须符合国家标准或者行业标准。电器产品、燃气用具的质量必须符合国家标准或者行业标准。电器产品、燃气用具的安装、使用和线路、管路的设计、敷设,必须符合国家有关消防安全技术的规定。

(3)按照国家有关规定配置消防设施和器材、设置消防安全标志,并定期组织检验、维修,确保消防设施和器材完好、有效。保障疏通通道、安全出口畅通,并设置符合国家规定的消防安全疏散标志。在设有车间或者仓库的建筑物内,不得设置员工集体宿舍。

(4)针对本单位的特点对职工进行消防宣传教育。制定消防安全制度、消防安全操作规程,实行防火安全责任制,确定本单位和所属各部门、岗位的消防安全责任人。经常组织防火检查,及时消除火灾隐患[①]。

3. 卫生管理制度

《公共场所卫生管理条例》(2019 年修订)规定,旅游饭店作为公共场所,其以下项目应当符合国家卫生标准和要求:空气、微小气候(湿度、温度、风速);水质;采光、照明;噪声;顾客用具和卫生设施。同时应当按要求取得"卫生许可证",以及公共场所直接为顾客服务的人员,持有"健康合格证"方能从事本职工作。患有痢疾、伤寒、病毒性肝炎、活动期肺结核、化脓性或者渗出性皮肤病以及其他有碍公共卫生的疾病的,治愈前不得从事直接为顾客服务的工作。

(二)预订、登记、入住与收费

1. 预订、登记、入住

《中国旅游饭店行业规范》(2009 年修订)第四条规定:"饭店应与客人共同履行住宿合同,因不可抗力不能履行双方住宿合同的,任何一方均应当及时通知对方。双方另有约定的,按约定处理。"第五条规定:"饭店由于出现超额预订而使客人不能入住的,应当主动替客人安排本地同档次或高于本饭店档次的饭店入住,所产生的有关费用由饭店承担。"第六条规定:"饭店应当同团队、会议、长住客人签订住房合同。合同内容应包括客人入住

① 赵利民.旅游法规教程[M].4 版.北京:科学出版社,2015:122 - 125.

和离店的时间、房间等级与价格、餐饮价格、付费方式、违约责任等款项。"第七条规定:"饭店在办理客人入住手续时,应当按照国家的有关规定,要求客人出示有效证件,并如实登记。"第八条规定,以下情况饭店可以不予接待:

(1) 携带危害饭店安全的物品入店者。

(2) 从事违法活动者。

(3) 影响饭店形象者(如携带动物者)。

(4) 无支付能力或曾有过逃账记录者。

(5) 饭店客满。

(6) 法律、法规规定的其他情况。

2. 饭店收费

《中国旅游饭店行业规范》(2009年修订)对于饭店收费规定:"饭店应当将房价表置于总服务台显著位置,供客人参考。饭店如给予客人房价折扣,应当书面约定;饭店应在前厅显著位置明示客房价格和住宿时间结算方法,或者确认已将上述信息用适当方式告知客人;根据国家规定,饭店如果对客房、餐饮、洗衣、电话等服务项目加收服务费,应当在房价表及有关服务价目单上明码标价。"

(三) 保护客人人身与财产安全

《中国旅游饭店行业规范》(2009年修订)第十二条规定:"为了保护客人的人身和财产安全,饭店客房房门应当装置防盗链、门镜、应急疏散图,卫生间内应当采取有效的防滑措施。客房内应当放置服务指南、住宿须知和防火指南。有条件的饭店应当安装客房电子门锁和公共区域安全监控系统。"第十四条规定:"对可能损害客人人身和财产安全的场所,饭店应当采取防护、警示措施。警示牌应当中外文对照"。第十五条规定:"饭店应当采取措施,防止客人放置在客房内的财产灭失、损毁。由于饭店的原因造成客人财物灭失、损毁的,饭店应当承担责任。"

1. 保管客人的贵重物品

《中国旅游饭店行业规范》(2009年修订)第十八条至第二十一条对饭店如何保管客人的贵重物品规定如下:

(1) 饭店应当对住店客人贵重物品的保管服务作出书面规定,并在客人办理入住登记时予以提示。违反上述规定,造成客人贵重物品灭失的,饭店应当承担赔偿责任。

(2) 客人寄存贵重物品时,饭店应当要求客人填写贵重物品寄存单,并办理有关手续。

(3) 客房内设置的保险箱仅为客人提供存放一般物品之用。对没有按规定存放在饭店前厅的贵重物品保险箱内,造成客房里客人的贵重物品灭失、损毁的,如果责任在饭店一方,可视为一般物品予以赔偿。

(4) 如无事先约定,在客人结账退房离开饭店以后,饭店可以将客人寄存在贵重物品保险箱内的物品取出,并按照有关规定处理。饭店应当将此条规定在客人贵重物品寄存单上明示。

2. 保管客人的一般物品

《中国旅游饭店行业规范》(2009 年修订)第二十四条规定:"客人在餐饮、康乐、前厅行李处等场所寄存物品时,饭店当面询问客人物品中有无贵重物品。客人寄存的行李中如有贵重物品,应当向饭店声明,由饭店员工验收并交饭店贵重物品保管处免费保管;客人事先未声明或不同意核实而造成物品灭失、损毁的,如果责任在饭店一方,饭店按照一般物品予以赔偿;客人对寄存物品没有提出需要采取特殊保管措施的,因为物品自身的原因造成损毁或损耗的,饭店不承担赔偿责任;由于客人没有事先说明寄存物的情况,造成饭店损失的,除饭店知道或者应当知道而没有采取补救措施的以外,饭店可以要求客人承担相应的赔偿责任。"

3. 治安管理

(1) 建立各项安全管理制度,设置治安保卫组织或者指定安全保卫人员。

(2) 旅馆接待旅客住宿,必须查验旅客的身份证件,并如实登记旅客姓名、身份证件种类和号码等。接待境外旅客住宿,还应当在 24 小时内向当地公安机关报送住宿登记表。旅馆工作人员发现可疑人员、正在实施违法犯罪的人员和被公安机关通缉的在逃嫌疑人,应当立即向当地公安机关报告,不得知情不报或隐瞒包庇。

(3) 严禁旅客将易燃、易爆、剧毒、腐蚀性和放射性等危险物品带入旅馆。旅客也不得私自留客住宿或者转让床位。

(4) 对旅客遗留的物品,应妥善保管,设法物归原主或揭示招领;经招领 3 个月后无人认领的,应登记造册,送当地公安机关按拾遗物品处理。对旅客遗留的违禁物品和可疑物品,应当及时报告公安机关处理。

(5) 旅馆内严禁进行卖淫、嫖宿、赌博、吸毒、传播淫秽物品等违法犯罪活动。

(四) 住宿经营者责任保险制度

《旅游法》(2018 年修正)第五十六条规定:"国家根据旅游活动的风险程度,对旅行社、住宿、旅游交通以及本法第四十七条规定的高风险旅游项目等经营者实施责任保险制度。"根据《保险法》第六十五条的规定,责任保险是指以被保险人对第三者依法应负的赔偿责任为保险标的的保险。即保险人与投保人签订保险合同,约定由投保人缴纳保险费,由保险人承担投保人(被保险人)在生产、业务活动或日常生活中,由于疏忽、过失等行为造成他人财产或人身伤亡时所应承担的赔偿责任。

住宿类经营场所属于公众聚集场所,较易发生安全事故,一旦发生事故,住宿经营者难以赔偿对住宿客人造成的损害,因而规定强制责任保险制度,有利于旅游住宿经营者转移风险,提高风险防范意识,保护旅游者的权益。

三、住宿服务等级管理制度

(一) 旅游饭店星级评定与管理

1. 旅游饭店星级评定制度概述

旅游饭店是我国旅游住宿业的主体,在我国旅游业的发展中起到了极为重要的作用。

对旅游饭店进行星级评定,是国际上通行的惯例,不仅能使饭店管理向正规化、科学化的目标迈进,而且也可以方便旅游者选择。旅游饭店的星级制度以"星"来标志饭店等级,以"星"来反映饭店的硬件、软件水平,是一种国际化的通用标识。我国自 1988 年开始施行旅游饭店星级评定制度,其标志是《中华人民共和国评定旅游涉外饭店星级的规定》(1988年)、《中华人民共和国评定旅游涉外饭店星级标准》(1988 年)的发布,并于 1993 年 9 月发布了第一个饭店行业管理的国家标准——《中华人民共和国旅游涉外饭店星级划分与评定》(GB/T 14308—93)。

随着我国旅游业的发展,我国对先前发布的饭店行业管理标准——《中华人民共和国旅游涉外饭店星级划分与评定》(GB/T 14308—93)先后修订为《旅游饭店星级的划分与评定》(GB/T 14308—2003)、《旅游饭店星级的划分与评定》(GB/T 14308—2010)。其中,《旅游饭店星级的划分与评定》(GB/T 14308—2003)将"旅游涉外饭店"改称为"旅游饭店",并按照国际惯例,将旅游饭店定义为指以夜为时间单位向旅游客人提供配有餐饮及相关服务的住宿设施,按不同习惯它也被称为宾馆、酒店、旅馆、旅社、宾舍、度假村、俱乐部、大厦、中心等。

2. 旅游饭店星级评定制度的主要内容

(1) 星级划分及评定依据。《旅游饭店星级的划分与评定》(GB/T 14308—2010)规定,旅游饭店星级评定实行五星制,分为一星级饭店、二星级饭店、三星级饭店、四星级饭店和五星级饭店(含白金五星级)。旅游饭店星级越高,档次也越高。旅游饭店星级的标志和证书由全国旅游饭店星级评定机构统一制作、核发。旅游饭店星级的标志须置于饭店前厅最明显的位置。

(2) 星级评定的标准。旅游饭店星级评定标准的依据有五项:① 饭店的建筑、装潢、设备、设施条件;② 饭店的设备设施的维修保养状况;③ 饭店的管理水平;④ 饭店的服务质量;⑤ 饭店的服务项目。

(3) 旅游饭店星级的评定范围。《中华人民共和国评定旅游(涉外)饭店星级的规定》(2017 年)规定,凡是在我国境内的,从事接待外国人、华侨、港澳台同胞以及国内公民,正式开业 1 年以上的国有、集体、中外合资、中外合作以及外商独资的饭店、宾馆、度假村等都可以申请评定星级;凡准备开业或正式开业不满 1 年的饭店,给予定出预备星级,待饭店正式开业 1 年以后再正式评定星级。

(4) 星级评定的机构及其分工。在我国,旅游饭店星级评定的领导机构是文化和旅游部。在文化和旅游部的统一领导下,地方各级旅游主管部门设立饭店星级评定机构,负责本行政区域内的旅游饭店星级评定工作。文化和旅游部设立饭店星级评定机构,负责全国旅游饭店星级评定工作,并具体负责评定四星、五星级饭店;地方各级旅游局饭店评审机构具体负责评定本地区一星、二星、三星级饭店,评定结果报国家旅游饭店星级评定机构备案。对本地区三星级饭店评定后,报文化和旅游部饭店星级评定机构确认,并负责向原国家旅游局饭店星级评定机构推荐四星级、五星级饭店。

（5）旅游饭店星级评定的程序。

① 申请。旅游饭店申请星级，应向相应评定权限的旅游饭店星级评定机构递交星级申请材料；申请四星级以上的饭店，应按属地原则逐级递交申请材料。申请材料包括：饭店星级申请报告、自查自评情况说明及其他必要的文字和图片资料。

② 受理。受理期限为 14 天。

③ 检查。相应评定权限的旅游饭店星级评定机构应在一个月内以明查和暗访的方式安排评定检查。对于申请四星级以上的饭店，检查分为初检和终检。

④ 评审。旅游饭店星级评定机构接到检查报告后的一个月内，应根据检查员意见对申请星级的饭店进行评审。其主要内容有：审定申请资格、核实申请报告、认定本标准的达标情况、查验违规及事故、投诉的处理情况等。

⑤ 批复。对于评审通过的饭店，旅游饭店星级评定机构应给予评定星级的批复，并授予相应星级的标志和证书。对于经评审认定达不到标准的饭店，旅游饭店星级评定机构不予批复[①]。

（6）旅游饭店星级复核及处理制度。旅游饭店评定星级后，并非一劳永逸。《旅游饭店星级的划分与评定》（GB/T 14308—2010）规定，对已经评定星级的饭店，实行复检制度，至少每一年复核一次。复核工作由地方各级饭店星级评定机构组织实施，国家旅游饭店评定机构则采取有计划、有重点的方法进行复核。

复核采取定期的明查和不定期的暗访相结合的方法进行。对经复核达不到星级标准的星级饭店，具体处理方法如下。

经复核，星级饭店不能达到规定标准的，星级饭店评定机构则可根据具体情况签发警告通知书、通报批评、降低或取消星级。凡是被降低或取消星级的饭店，自降低或取消星级之日起半年内，不予恢复星级。半年后，方可申请重新评定星级。

饭店接到警告通知书、通报批评、降低或取消星级的通知后，须认真执行改进工作，并在规定期限内将改进情况上报给发出上述通知的饭店星级评定机构。凡在一年内接到警告通知书不超过两次（含两次）的饭店，可继续保持原星级；凡在一年内接到三次警告通知书的饭店，旅游饭店星级评定机构将降低或取消其星级，并向社会公布。

（二）民宿与农家乐管理制度

《旅游法》（2018 年修正）第四十六条规定："城镇和乡村居民利用自有住宅或者其他条件依法从事旅游经营，其管理办法由省、自治区、直辖市制定。"本条是关于城镇和乡村居民旅游经营，以及农家乐与民宿管理制度的规定。

1. 关于民宿的规定

自国内首个旅游民宿行业标准——《旅游民宿基本要求与评价》（LB/T 065—2017）发布以来，国家先后发布了《旅游民宿基本要求与评价》（LB/T 065—2019）、《文化和旅游部办公厅关于实施〈旅游民宿基本要求与评价〉（LB/T 065—2019）及第 1 号修改单有关

---

① 孙东亮,余兵.旅游政策与法规[M].武汉：武汉大学出版社,2014：173 - 174.

工作的通知》(2021年)、《全国旅游民宿等级评定和复核专家管理办法》(2021年)等专项政策文件,不断完善旅游民宿的行业标准,推动民宿品质化发展,让民宿的升级改造有了更明确清晰的发展方向,同时也更为适应快速发展的民宿行业对游客权益保障和品质保证的需求。

(1) 适用对象和相关定义。《旅游民宿基本要求与评价》(2021年修订)从旅游民宿的定义、等级和标志、基本要求、等级划分条件和划分方法等方面对我国民宿行业发展给出了指导性意见,对民宿行业的健康发展具有重要意义,适用于正式营业的小型旅游住宿设施,包括但不限于客栈、庄园、宅院、驿站、山庄等。

《旅游民宿基本要求与评价》(2021年修订)规定,旅游民宿指利用当地民居等相关闲置资源,经营用客房不超过4层、建筑面积不超过800 m²,主人参与接待,为游客提供体验当地自然、文化与生产生活方式的小型住宿设施。其中,根据所处地域的不同可分为城镇民宿和乡村民宿。民宿主人是指民宿业主或者经营管理者。

(2) 民宿的基本要求。

① 规范经营。应符合治安、消防、卫生、环境保护、安全等有关规定与要求,取得当地政府要求的相关证照。经营场地应符合本市县国土空间总体规划(包括现行城镇总体规划、土地利用总体规划)、所在地民宿发展有关规划。服务项目应通过文字、图形方式公示,并标明营业时间,收费项目应明码标价。经营者应定期向文化和旅游行政部门报送统计调查数据,及时向相关部门上报突发事件等信息。

② 安全卫生。经营场地无地质灾害和其他影响公共安全的隐患。易发生危险的区域和设施应设置安全警示标志,安全警示标志应清晰、醒目;易燃、易爆物品的储存和管理应采取必要的防护措施,符合相关法律法规。应配备必要的防盗、应急、逃生安全设施,确保游客和从业人员人身和财产安全。应建立各类相关安全管理制度和突发事件应急预案,落实安全责任,定期演练。食品来源、加工、销售应符合相关食品安全国家标准要求。从业人员应按照要求持健康证上岗。

③ 生态环保。生活用水(包括自备水源和二次供水)应符合GB 5719要求。室内外装修与用材应符合环保规定,达到GB 50222的要求。建设、运营应因地制宜,采取节能减排措施,污水统一截污纳管或自行有效处理达标排放。提供餐饮服务时应制定并严格执行制止餐饮浪费行为的相应措施。

(3) 民宿的等级划分。旅游民宿等级分为三个级别,由低到高分别为丙级、乙级和甲级。等级旅游民宿标志由民居图案与相应文字构成。同时,旅游民宿等级的标牌、证书由等级评定机构统一制作。

① 等级评定机构。全国旅游标准化技术委员会作为全国旅游民宿等级评定机构,指导各地宣传贯彻实施《旅游民宿基本要求与评价》(2021年修订);负责组建、培训和管理全国旅游民宿等级评定和复核专家队伍;负责审核、备案、发布全国旅游民宿等级评定和复核结果,受理全国旅游民宿等级评定和复核申诉;组织评定甲级、乙级旅游民宿;负责制作、核发和管理全国旅游民宿等级证书、标牌。全国旅游民宿等级评定和复核专家队伍由

旅游民宿及相关行业专家、行业协会代表、民宿经营者等组成。专家由各省级文化和旅游行政部门向全国旅游标准化技术委员会推荐,经资格审核合格后予以聘任,任期三年。专家受全国旅游民宿等级评定机构委派开展工作。全国旅游标准化技术委员会秘书处作为全国旅游民宿等级评定机构的办事机构,设在文化和旅游部旅游质量监督管理所。

②评定程序。评定程序包括申请、初审和推荐、评定、审核和公示、发布、申诉六个步骤。评定依据包括两张表,一是"A必备项目检查表"。该表分别规定了丙级、乙级、甲级旅游民宿的必备项目,申报相应等级的旅游民宿每个项目应达标。二是"B一般要求评分表"。该表共200分,由环境和建筑(30分)、设施和设备(60分)、服务和接待(60分)、特色和其他(50分)四大项组成。丙级四大项总分最低得分率40%,乙级、甲级规定各大项最低得分率:乙级60%、甲级80%。

专栏9

甲级、乙级旅游民宿评定程序

(1)申请。申请评定甲级、乙级的旅游民宿主人应对照《旅游民宿基本要求与评价》(2021年修订),按属地原则向省级旅游民宿等级评定机构递交申请材料:旅游民宿等级评定申请报告,消防、卫生、工商等相关证件复印照,无违法违规行为的承诺书等。

(2)初审和推荐。省级旅游民宿等级评定机构受理申请材料后,应严格按照《旅游民宿基本要求与评价》(2021年修订),在30个工作日内对申报旅游民宿进行初审和指导。对符合要求的旅游民宿,省级旅游民宿等级评定机构向全国旅游标准化技术委员会递交推荐材料。

(3)评定。全国旅游标准化技术委员会收到省级旅游民宿等级评定机构推荐材料后,在30个工作日内对推荐的旅游民宿进行资料审核。未通过审核的旅游民宿,全国旅游标准化技术委员会书面通知省级旅游民宿等级评定机构。通过审核的旅游民宿,由全国旅游标准化技术委员会委派2~3名评定专家进行现场检查,在24~36小时内完成检查并形成打分表、检查报告等结果,提交全国旅游标准化技术委员会。

(4)审核和公示。现场检查结束30个工作日内,全国旅游标准化技术委员会对现场检查结果进行审核。审核认定达到甲级、乙级标准的旅游民宿,由全国旅游标准化技术委员会向社会公示5个工作日,公示内容包括旅游民宿名称、通过资格审核时间、评定检查时间、评定专家名单等。审核认定未达到甲级、乙级标准的旅游民宿,应根据评定反馈意见进行整改并重新申请评定。

(5)发布。公示合格的旅游民宿,由全国旅游标准化技术委员会向社会公布,授予相应等级证书和标牌。

（6）申诉。申请甲级、乙级评定的旅游民宿主人对评定过程及结果有异议的，可向全国旅游标准化技术委员会申诉。全国旅游标准化技术委员会核查后作出裁决并予以答复。全国旅游标准化技术委员会保留最终裁定权。

丙级旅游民宿评定程序由省级旅游民宿等级评定机构参照甲级、乙级旅游民宿评定程序执行，评定结果报全国旅游标准化技术委员会审核、备案后发布，全国旅游标准化技术委员会可对丙级旅游民宿的评定进行核查。

材料来源：《全国旅游标准化技术委员会关于印发"〈旅游民宿基本要求与评价〉（LB/T 065—2019）及第 1 号修改单实施工作规程"和"全国旅游民宿等级评定和复核专家管理办法"的通知》（2021 年）[EB/OL]. （2021 - 06 - 11）[2023 - 08 - 26]. https://zwgk.mct.gov.cn/zfxxgkml/hybz/202106/t20210611_925165.html.

③ 复核和处理制度。旅游民宿取得等级后，每年度应对照标准进行自我评估，针对存在问题自查自纠，报相应旅游民宿等级评定机构备案。相应旅游民宿等级评定机构根据上报材料组织抽查。因发生环境和建筑、设施和设备、服务和接待、特色和其他的变化，导致达不到原等级标准要求的，应按原程序重新申请评定。旅游民宿取得等级满三年后，由相应旅游民宿等级评定机构进行复核。

对复核结果达不到相应等级标准的旅游民宿，相应旅游民宿等级评定机构根据情节轻重给予限期整改、取消等级的处理，并对外公布。整改期限不超过六个月。复核被取消等级的旅游民宿，自取消等级之日起三年后，可重新申请评定。

2. 关于农家乐的规定

（1）农家乐管理部门。《苏州市农家乐管理办法》（2020 年）规定："本办法所称农家乐，是指利用自有资源和乡村特色资源依法从事的住宿、餐饮等乡村旅游经营活动。"负责农家乐开办设立、治安管理、卫生健康、食品安全、水利水务、应急管理、环境保护、市场监管、税务部门、消防和房屋使用安全等工作的主管部门应当依法做好日常监督管理工作。

（2）农家乐等级评定。《浙江省农家乐等级认定办法（试行）》（2022 年）将农家乐等级划分为一星、二星、三星、四星、五星五个等次，用五角星"★"标识；农家乐等级越高，表示农家乐的服务条件与质量越好；并对浙江省内的农家乐等级认定作出详细规定，具体如下。

① 认定部门。农家乐等级认定遵循"自愿申报、分级认定、动态监测"原则。省农业农村厅负责指导全省农家乐等级认定工作，具体实施五星级农家乐的认定工作。市级农业农村部门负责指导本辖区农家乐等级认定工作，具体实施四星级农家乐的认定工作。县级农业农村部门负责指导本辖区农家乐等级认定工作，具体实施三星级及以下农家乐的认定工作。

② 申报条件。需满足以下条件：依法取得从事农家乐经营活动所需相关证照；取得

合法证照后实际营业一年以上;符合《农家乐服务质量等级划分要求》(DB33/T 699)设定的基本要求和相应星级标准要求;近三年未因治安制度不落实导致重特大刑事治安案件,未发生安全生产事故以及食品安全、环境保护、消防安全等责任事故,无重大有效投诉;申报五星级农家乐的,原则上需要获得四星级二年以上;申报四星级农家乐的,原则上需要获得三星级一年以上;三星级及以下等级农家乐可直接申报;其他法律法规规定的条件。

③ 申报程序。省农业农村厅认定五星级农家乐程序如下:首先对申报主体相关材料进行形式核对,并会同省级有关部门成立认定小组或委托第三方专业机构对申报主体进行现场对标检查、评分;然后根据各市农业农村部门推荐情况、认定小组或第三方专业机构评分和评审意见,形成拟认定结果;拟认定结果在省农业农村厅门户网站公示,公示期一般不少于五个工作日;公示无异议后,正式认定为五星级农家乐。

四星级及以下等级农家乐认定由市、县(市、区)农业农村部门参照五星级农家乐认定程序进行。三星级、四星级、五星级农家乐认定标准由省农业农村厅参照《农家乐服务质量等级划分要求》(DB33/T 669—2021)制定,并体现在农家乐数字化应用系统;一星级、二星级农家乐认定标准由各县(市、区)农业农村部门自行制定。

四、住宿接待点的法律责任

(一) 对住宿客人人身损害的赔偿责任

客人入住饭店期间,饭店应对客人的人身安全承担合理的保障义务。但是,这种保障义务只需达到合理程度即可,如制定完善的安全保障制度、建立安全保卫组织、配备安全保卫人员、按时巡视、安装监控装置、接警后及时处置等,无须为每位客人提供私人保镖服务。饭店在履行合理的安全保障义务后,如仍发生客人人身损害案件的(如第三人侵害客人、客人因自身疏忽等原因而受伤等),饭店无须对此承担法律责任。

(二) 饭店合同违约责任及减免

饭店住宿合同签订后,当事人因各种原因无法履行义务的,属于违约。根据民事活动的基本原则及《中华人民共和国合同法》(1999 年)的规定,违约行为应承担相应的违约责任,除非具有法定减免责任的情形。

根据违约行为当事人的情形,饭店合同违约分为饭店违约与旅游者违约两种。

饭店违约一般表现为饭店为追逐经济利益而超额预订,以致当旅游者到达饭店时无法提供住宿服务,或者无法按照事先约定的住宿标准提供服务。对于饭店违约,根据《中华人民共和国合同法》(1999 年)、《中国旅游饭店行业规范》(2009 年修订)的原则及旅游业实际,饭店如未能按照合同约定提供服务的,应当为旅游者提供不低于原定标准的住宿服务,由此增加的相关费用(交通费、住宿服务间的差价)由饭店承担;但由于不可抗力(地震、洪灾等)、政府因公共利益需要采取措施(政府征用饭店召开会议、安排抗击传染病的人员隔离休息等)造成不能提供住宿服务的,饭店应当退还旅游者已支付的费用,并协助其安排住宿。另外,如果因公用水、电、燃气、热力企业依法中断供应服务,造成饭店不能按照合同约定标准提供服务的,饭店不承担责任。

旅游者违约一般表现为旅游者因自身原因或其他事由无法按时到达或者无法到达饭店接受住宿服务。

（三）对客人随身携带物品的限额赔偿责任

《德国民法典》（1998年修订）第701条第1款规定，以供外人住宿为营业的旅馆主应赔偿外人在该业务的经营中带入的物品因丢失、损毁或者损坏而造成的损害；《法国民法典》（1804年）第1953条规定，如果入住旅馆和饭店的旅客带入旅馆、饭店机构内的物品被偷盗或者有损失，无论由旅馆或饭店的用人或职员所为还是由出入旅馆或饭店的其他人所为，旅馆或饭店经营人均应对此承担责任。

从上述对旅馆责任的规定中可以看出，饭店对于客人的行李、物品的损害、被盗负有很大的责任。饭店经营者对客人随身携带财产的被盗、损坏承担限额赔偿责任，无法归因于饭店的情形导致客人财产损毁的，免除饭店的责任[①]。

（四）饭店的连带责任

《旅游法》（2018年修正）第五十四条规定："景区、住宿经营者将其部分经营项目或者场地交由他人从事住宿、餐饮、购物、游览、娱乐、旅游交通等经营的，应当对实际经营者的经营行为给旅游者造成的损害承担连带责任。"

在实践中，住宿经营者常常以租赁或承包的方式将其部分经营项目或者场地交由他人从事住宿、餐饮、购物、游览、娱乐等经营。当旅游者在接受这些服务过程中人身、财产受到侵害时，住宿经营者和实际经营者互相推诿使得旅游者难以得到有效、及时的救济，以及应有的赔偿。鉴于此，本法从保护旅游者权益的角度作出该条规定[②]。

第三节　其他旅游接待服务管理

一、旅游交通服务管理

（一）旅游交通的概念

旅游交通是旅游活动六大要素（吃、住、行、游、购、娱）之一，是旅游业发展的前提条件。旅游交通是指旅游业经营者为旅游者在旅行游览过程中提供各类交通运输服务而产生的一系列经济社会活动和现象的总和，主要涉及航空运输、铁路运输、公路运输和水路运输等旅游交通运输的管理与规范适用《中华人民共和国民法通则》（2009年修正）、《中华人民共和国合同法》（1999年），以及我已颁布和实施的交通运输管理的法律、法规和规章等[③]。

---

① 王天星.旅游法立法研究［M］.北京：中国旅游出版社，2013：175-178.

② 《〈中华人民共和国旅游法〉解读》编写组.中华人民共和国旅游法解读［M］.北京：中国旅游出版社，2013：175-176.

③ 李海峰，师晓华，陈文娟，等.旅游政策与法规［M］.北京：清华大学出版社，2015：71-72.

（二）旅客航空运输管理

1. 禁运规定

《中华人民共和国民用航空法》（1995年）规定："禁止旅客携带危险品乘坐民用航空器。"所谓危险品，是指对运输安全构成危险的易燃、易爆、剧毒、易腐蚀、易污染和放射性物品。这是出于对航空安全的考虑。还规定："除因执行公务并按照国家规定经过批准外，禁止旅客携带枪支、管制刀具乘坐民用航空器。管制刀具以外的利器或钝器应随托运行李托运，不能随身携带。"

2. 承运人相关责任

《中华人民共和国民用航空法》（1995年）规定，承运人的责任主要包括如下几个方面：

（1）承运人对旅客的责任。《中华人民共和国民用航空法》（1995年）规定："因发生在民用航空器上或者在旅客上下民用航空器过程中的事件，造成旅客人身伤亡，承运人应当承担责任。但是，旅客的人身伤亡是由于旅客本人的健康状况造成的，承运人不承担责任。"

（2）承运人对旅客随身携带物品和托运行李的责任。《中华人民共和国民用航空法》（1995年）规定："因发生在民用航空器上或者在旅客上下民用航空器过程中的事件，造成旅客随身携带物品毁灭、遗失或者损坏的，承运人应当承担责任。因发生在航空运输期间的事件，造成旅客的托运行李毁灭、遗失或者损坏的，承运人应当承担责任。旅客随身携带物品或者托运行李的毁灭、遗失或者损坏完全是由于行李本身的自然属性、质量或者缺陷造成的，承运人不承担责任。"

（3）关于国内航空运输承运人的赔偿责任。《中华人民共和国民用航空法》（1995年）规定："国内航空运输承运人的赔偿责任限额由国务院民用航空主管部门制定，报国务院批准后公布执行。"承运人责任限额是指当航空运输过程中发生的旅客人身、财产损失数额没有超出法定责任限额时，承运人按实际损失赔偿旅客；当损失数额超过责任限额时，承运人仅在法定责任限额内承担赔偿责任。根据《国内航空运输承运人赔偿责任限额》（2006年）规定，承运人对每名旅客的赔偿责任限额为40万元人民币；对每名旅客随身携带物品的赔偿责任限额为人民币3 000元；对每名旅客托运的行李和对运输货物的赔偿责任限额，每公斤为人民币100元。

（三）旅客铁路运输管理

1. 铁路运输合同及违约责任

《中华人民共和国铁路法》（1990年）规定："铁路运输企业应当保证旅客按车票载明的日期、车次乘车，并到达目的站。因铁路运输企业的责任造成旅客不能按车票载明的日期、车次乘车的，铁路运输企业应当按照旅客的要求，退还全部票款或者安排改乘到达相同目的站的其他列车。"

由于客观原因，有时旅客并不能按时乘车。其原因主要有两个方面：一是旅客自身的原因，如情况发生变化导致旅行计划的变更或者终止，也可能是由于某种原因，发生了误车等情况；二是铁路运输企业的原因，如列车晚点、车次取消等。这两种情况的法律责任是不同的。

（1）旅客违约责任。由于旅客自身原因造成其不能按时乘车的法律后果应当由旅客自己负责，铁路运输企业不承担法律责任。但旅客可按照相关规定办理退票或改乘其他列车的手续，并交纳规定的退票或改乘的签证费用。旅客退票实际上是向铁路运输企业提出变更合同的请求，铁路运输企业按照旅客的要求改签了车票的乘车车次、日期，则是与旅客之间成立了新的旅客运输合同，双方当事人应当按照新的合同享受权利、承担义务。在变更合同的情况下，旅客也应当承担相应的法律责任，即向铁路运输企业支付签证费以及其他规定的手续费。

（2）铁路运输企业违约责任。由于铁路运输企业的原因而造成旅客不能按车票载明日期、车次乘车的，铁路运输企业应当承担法律责任，即退还全部票款或安排改乘到达相同目的地站的其他列车。在这种情况下，旅客改乘列车，铁路运输企业不得收取任何费用。

2. 有关承运人责任和损害赔偿的规定

（1）承运人责任。《中华人民共和国铁路法》（1990 年）规定："因铁路行车事故及其他铁路运输事故造成人身伤亡的，铁路运输企业应当承担赔偿责任；如果人身伤亡是因不可抗力或者受害人自身的原因造成的，铁路运输企业不承担赔偿责任，如违章通过平交道口或者人行过道，或者在铁路线路上行走、坐卧造成的人身伤亡，属于受害人自身的原因造成的人身伤亡。"此外，《中华人民共和国合同法》（1999 年）规定："承运人应当对运输过程中旅客的伤亡承担损害赔偿责任，但伤亡是旅客自身健康原因造成的或者承运人证明伤亡是旅客故意、重大过失造成的除外。"

（2）有关损害赔偿。《铁路旅客运输损害赔偿规定》（2011 年）规定："铁路运输企业依照本规定应当承担赔偿责任的，对每名旅客人身伤亡的赔偿责任限额为人民币 4 万元，自带行李损失的赔偿责任限额为人民币 800 元。铁路运输企业和旅客也可以书面形式约定高于前款规定的赔偿责任限额。"此外，第六条规定："铁路运输企业依据本规定给付赔偿金，不影响旅客按照国家有关铁路旅客意外伤亡强制保险规定获取保险金。"由于不可抗力或者旅客自身原因造成人身伤亡和自带行李损失的，铁路运输企业不承担赔偿责任。经承运人证明不是由承运人和旅客或托运人的共同过错所致，应根据各自过错的程度分别承担责任。

（四）责任保险制度

《旅游法》（2018 年修正）第五十六条规定："国家根据旅游活动的风险程度，对旅行社、住宿、旅游交通以及本法第四十七条规定的高风险旅游项目等经营者实施责任保险制度。"这就要求旅游交通的经营者必须实施责任保险制度。

二、餐饮服务点管理

（一）旅游饭店的食品生产经营

1. 旅游饭店食品生产经营的要求

根据《中华人民共和国食品安全法》（2015 年），旅游饭店的食品生产经营应符合食品安全标准,并对食品安全作出了详细的规定,包括食品品种、生产经营设备、技术管理人员、工艺流程、食品包装等。《中华人民共和国食品安全法》(2015年)严格规定旅游饭店禁止生产经营的食品,包括致病性微生物、农药残留、污染物质、营养成分不符合食品安全标准等食品。

国家对食品生产经营实行许可制度。旅游饭店从事食品生产、食品流通、餐饮服务,应当依法取得食品生产许可、食品流通许可、餐饮服务许可。取得食品生产许可的饭店在其生产场所销售其生产的食品,不需要取得食品流通的许可;取得餐饮服务许可的饭店在其餐饮服务场所出售其制作加工的食品,不需要取得食品生产和流通的许可。

2. 饭店的食品安全管理制度

饭店从事食品生产、流通、餐饮服务,应当建立健全食品安全管理制度,加强对职工食品安全知识的培训,配备专职或者兼职食品安全管理人员,做好对所生产经营食品的检验工作,依法从事食品生产经营活动。

饭店应当建立并执行从业人员健康管理制度。患有痢疾、伤寒、病毒性肝炎等消化道传染病的人员,以及患有活动性肺结核、化脓性或者渗出性皮肤病等有碍食品安全的患病人员,不得从事接触直接入口食品的工作。饭店内从事食品生产经营的工作人员每年应当进行健康检查,取得健康证明后方可参加工作。

(二)旅游饭店的食品安全事故处置

饭店从事食品生产、食品流通、餐饮服务,应当制定食品安全事故处置方案,定期检查各项食品安全防范措施的落实情况,及时消除食品安全事故隐患。

发生食品安全事故的饭店应当立即予以处置,防止事故扩大。事故发生单位和接收病人进行治疗的单位应当及时向事故发生地县级卫生行政部门报告。农业行政、质量监督、市场监督管理、食品药品监督管理部门在日常监督管理中发现食品安全事故,或者接到有关食品安全事故的举报,应当立即向卫生行政部门通报。发生重大食品安全事故的,接到报告的县级卫生行政部门应当按照规定向本级人民政府和上级人民政府卫生行政部门报告。县级人民政府和上级人民政府卫生行政部门应当按照规定上报。任何单位或者个人不得对食品安全事故隐瞒、谎报、缓报,不得毁灭有关证据。

(三)旅游饭店的法律责任

《中华人民共和国食品安全法》(2015年)中对饭店违法该法需承担的法律责任作出了明确的规定,旅游饭店如违反《中华人民共和国食品安全法》(2015年),应承担对应的法律责任。

《中华人民共和国食品安全法》(2015年)第八十四条规定:"违反本法规定,未经许可从事食品生产经营活动,或者未经许可生产食品添加剂的,由有关主管部门按照各自职责分工,没收违法所得、违法生产经营的食品、食品添加剂和用于违法生产经营的工具、设备、原料等物品;违法生产经营的食品、食品添加剂货值金额不足1万元的,并处2 000元以上5万元以下罚款;货值金额1万元以上的,并处货值金额5倍以上10倍以下罚款。"

三、娱乐接待点管理

开办娱乐场所,除执行《旅馆业治安管理办法》(2022年修订)的有关规定外,还应遵照《娱乐场所管理条例》(2006年)、《娱乐场所管理办法》(2013年)等相关法律法规的规定。

(一) 开办管理

设立娱乐场所,应当向所在地县级人民政府文化主管部门提出申请;设立中外合资经营、中外合作经营的娱乐场所,应当向所在地省、自治区、直辖市人民政府文化主管部门提出。

申请人取得娱乐经营许可证和有关消防、卫生、环境保护的批准文件后,方可到市场监督管理部门依法办理登记手续,领取营业执照。娱乐场所取得营业执照后,应当在15日内向所在地县级公安部门备案。

(二) 经营规定

《娱乐场所管理条例》(2006年)第十三条规定,国家倡导弘扬民族优秀文化,禁止娱乐场所内进行以下娱乐活动:

(1) 违反宪法确定的基本原则的。

(2) 危害国家统一、主权或者领土完整的。

(3) 危害国家安全,或者损害国家荣誉、利益的。

(4) 煽动民族仇恨、民族歧视,伤害民族感情或者侵害民族风俗、习惯,破坏民族团结的。

(5) 违反国家宗教政策,宣扬邪教、迷信的。

(6) 宣扬淫秽、赌博、暴力,以及与毒品有关的违法犯罪活动,或者教唆犯罪的。

(7) 违背社会公德或者民族优秀文化传统的。

(8) 侮辱、诽谤他人,侵害他人合法权益的。

(9) 法律、行政法规禁止的其他内容。

1. 关于从业人员和消费者的规定

歌舞娱乐场所不得接纳未成年人。除国家法定节假日外,游艺娱乐场所设置的电子游戏机不得向未成年人提供。

娱乐场所不得招用未成年人;招用外国人的,应当按照国家有关规定为其办理外国人就业许可证。

娱乐场所应当在营业场所的大厅、包厢、包间内的显著位置悬挂含有禁毒、禁赌、禁止卖淫嫖娼等内容的警示标志,未成年人禁入或者限入标志。

2. 关于安全管理的规定

娱乐场所的法定代表人或者主要负责人应当对娱乐场所的消防安全和其他安全负责。娱乐场所应当确保其建筑、设施符合国家安全标准和消防技术规范,定期检查消防设施状况,并及时维护、更新。

娱乐场所应当制定安全工作方案和应急疏散预案。营业期间,娱乐场所应当保证疏散通道和安全出口畅通,不得封堵、锁闭疏散通道和安全出口,不得在疏散通道和安全出口设置栅栏等影响疏散的障碍物。娱乐场所应当在疏散通道和安全出口设置明显指示标志,不得遮挡、覆盖指示标志。

3. 娱乐服务场所的治安管理

在旅馆内开办歌舞、游艺场所,除执行《旅馆业治安管理办法》(2022年修订)的有关规定外,还应当按照国家和当地政府的有关规定管理,如《娱乐场所管理条例》(2006年)、《娱乐场所管理办法》(2013年)。

(1)娱乐场所内的娱乐活动内容应符合法律、行政法规的规定。每日凌晨2时至上午8时,娱乐场所不得营业。

(2)歌舞娱乐场所应当在营业场所的出入口、主要通道安装闭路电视监控设备,并应当保证闭路电视监控设备在营业期间正常运行,不得中断,闭路电视监控录像资料应留存30日备查。歌舞娱乐场所的包厢、包间内不得设置隔断,并应当安装透明门窗,包厢、包间的门不得有内锁装置。

(3)歌舞娱乐场所不得接纳未成年人。除国家法定节假日外,游艺娱乐场所设置的电子游戏机不得向未成年人提供。游艺娱乐场所不得设置具有赌博功能的电子游戏机机型、机种、电路板等游戏设施设备。

(4)娱乐场所应当在疏散通道和安全出口设置明显指示标志,并保证疏散通道和安全出口畅通。

(5)娱乐场所应当建立营业日志,记录从业人员的工作职责、工作时间、工作地点等,营业日志应当留存60日备查,并且不得删改。

四、旅游演艺服务管理

(一)概念界定

《营业性演出管理条例实施细则》(2005年)明确在《营业性演出管理条例》(2020年修订)中所称营业性演出是指以营利为目的、通过下列方式为公众举办的现场文艺表演活动:售票或者接受赞助的;支付演出单位或者个人报酬的;以演出为媒介进行广告宣传或者产品促销的;以其他营利方式组织演出的。

《旅游演艺服务与管理规范》(LB/T 045—2015)规定,演艺指音乐、歌舞、戏剧、戏曲、芭蕾、曲艺、杂技等各类型文艺演出的具体形态。旅游演艺指在旅游景区及相关空间内,以室内场景、室外自然或模拟的山水景观为演出场所,为游客提供的具有一定观赏性和娱乐性的各类演艺产品。

(二)营业性演出经营主体的管理

文艺表演团体申请从事营业性演出活动,应当有与其业务相适应的专职演员和器材设备,并向县级人民政府文化主管部门提出申请;演出经纪机构申请从事营业性演出经营活动,应当有3名以上专职演出经纪人员和与其业务相适应的资金,并向省、自治区、直辖市人民政府文化主管部门提出申请。文化主管部门应当自受理申请之日起 20 日内作出决定。批准的,颁发营业性演出许可证;不批准的,应当书面通知申请人并说明理由。

设立演出场所经营单位,应当依法到市场监督管理部门办理注册登记,领取营业执照,并依照有关消防、卫生管理等法律、行政法规的规定办理审批手续。演出场所经营单位应当自领取营业执照之日起 20 日内向所在地县级人民政府文化主管部门备案。

以从事营业性演出为职业的个体演员和以从事营业性演出的居间、代理活动为职业的个体演出经纪人,应当依法到市场监督管理部门办理注册登记,领取营业执照。个体演员、个体演出经纪人应当自领取营业执照之日起 20 日内向所在地县级人民政府文化主管部门备案。

(三) 相关服务要求

1. 服务人员

演出经营单位应配备足够的服务人员,为观众提供现场服务。

服务人员应具备良好的职业道德和服务意识,对需要帮助的观众,应及时主动地给予援助。上岗前应接受岗位培训,熟悉相关法律、法规、制度和规范,熟练掌握专业知识和服务技能。服务人员应着装统一、仪表仪容整洁,并佩戴能够明显辨识的工牌或工卡。应具备相应的文化水平和较好的语言表达能力,熟练使用普通话,使用规范称谓和礼貌用语,外语水平符合工作岗位的要求。应熟知演艺场所内购物、休息、安全、卫生、医疗等相关设施的位置和主要功能。应熟练各类应急处置、投诉处理程序。

2. 现场服务

应在观众席配备充足的现场服务人员,演出开始前应提供引导服务,及时、主动地将观众引导入座,合理控制入场流量和流向,保持良好秩序。应提供热情主动的咨询服务,关注老弱病残特殊群体的服务需求。

演出前,应维持秩序,倡导观众不向演出区域抛投杂物。

演出过程中,根据剧情,可提供节目讲解服务,应吐字清晰、言辞简要。服务规程符合《旅游景区服务指南》(GB/T 26355)要求。室内演出中,有游客离场时,应及时提供照明和引导服务。

因设备故障、安全隐患等突发事件导致演出终止或暂时中断,应第一时间安抚观众,并引导有序离场或耐心等候。

演出结束后,应引导观众有序离场,避免发生拥挤踩踏。观众全部离开后,应检查、清理观众席设施,发现损坏及安全隐患的应及时上报,发现观众遗留物品应及时上交。服务人员提供服务时,应保持微笑、态度热情,形体和用语应符合《旅游景区服务指南》(GB/T 26355)的相关规范。

3. 投诉处理

应设立专门的投诉处理部门和场所,配备投诉处理人员。投诉处理场所应有明显的标志标识,公开投诉电话,设立意见簿、意见箱等设施。应制定科学合理的投诉处理流程,加强培训,提高投诉处理时效。投诉处理人员应详细记录投诉处理台账,评估处理效果。

定期进行观众意见征询活动,提高满意度。

五、高风险旅游项目管理

(一)高风险旅游活动概述

《旅游法》(2018年修正)将高风险旅游活动概括为高空、高速、水上、潜水、探险五大类。其中,高空类的旅游活动主要包括滑翔伞、热气球、动力伞等空中项目;高速类的旅游活动主要包括轮滑、滑雪、卡丁车,以及大型游乐设施等速度类项目;水上类的旅游活动主要包括摩托艇、游艇、水上飞伞,以及水上游乐设施等水域类项目;潜水类的旅游活动主要指旅游者穿戴潜水服、氧气瓶等潜入水下的观光、休闲项目,以及水下游艇等水下旅游项目;探险类的旅游活动包括穿越高山和峡谷、徒步,以及蹦极、攀岩等项目。

(二)高风险旅游项目经营规范制度

1.经营许可及联合监管制度

《旅游法》(2018年修正)第四十七条规定:"经营高空、高速、水上、潜水、探险等高风险旅游项目,应当按照国家有关规定取得经营许可。"该条文从基本法角度明确了高风险旅游项目经营许可制度的设立,即经营者从事相关经营项目的,必须取得相应资质,获得经营许可。这对规范高风险旅游项目的经营行为,保障旅游者的安全有至关重要的作用。

高危险性体育项目经营者取得许可证后,不再符合本条例规定条件仍经营该体育项目的,由县级以上地方人民政府体育主管部门按照管理权限实施责令改正、没收违法所得、吊销许可证等处罚措施。

(1)高空旅游项目。《中华人民共和国民用航空法》(1995年)规定,高空旅游项目由国务院民用航空主管部门及其设立的地区民用航空管理机构实施许可和监管。《航空体育运动管理办法》(2005年)规定,滑翔伞、载人气球、飞艇等民用航空器由民用航空部门审批和管理,降落伞、滑翔伞等航空运动器材由体育部门审批;《滑翔伞运动管理办法》(2000年)规定,国家体育总局委托中国航空运动协会对滑翔伞俱乐部、飞行等进行审批或验收。

(2)高速旅游项目。高速旅游项目一般是依托游乐设备等特种设备来实施的旅游项目。《中华人民共和国安全生产法》(2021年修订)规定,生产经营单位使用的涉及生命安全、危险性较大的特种设备,必须按照国家有关规定,由专业生产单位生产,并经取得专业资质的检测、检验机构检测、检验合格,取得安全使用证或者安全标志。涉及生命安全、危险性较大的特种设备的目录由国务院负责特种设备安全监督管理的部门制定,报国务院批准后执行。《特种设备安全监察条例》(2009年修订)规定,大型游乐设施的制造、使用、维修、检测、监督检查等均由特种设备安全监督管理部门来负责。

(3)水上旅游项目。水上旅游项目涉及水域和海域两种水上空间。《国内水路运输管理条例》(2012年)、《中华人民共和国内河交通安全管理条例》(2019年修订)、《中华人民共和国海上交通安全法》(2021年修订)等政策文件对快艇等水上高危旅游项目作出了规制。《游艇安全管理规定》(2008年)对游艇所有人自身用于游览观光、休闲娱乐等活动的游艇航行、停泊,以及俱乐部等进行了规范。国家特种设备目录列出了"峡谷漂流系列、水滑梯系列"等水上游乐设施。《游乐园管理规定》(2000年)对"采用沿轨道运动、回转运动、吊挂回转、场地上(水上)运动、室内定置式运动等方式承载游人游乐的机械设施组合"的游艺机和游乐设施进行了规范,该规定明确园林行政主管部门负责游乐园的登记工作,质量技术监督行政部门负责游艺机和游乐设施的登记工作。

(4)探险旅游项目。探险旅游一般是依托山地环境所进行的高风险活动。《国内登山管理办法》(2003年)规定对西藏自治区5 000米以上和其他省、自治区、直辖市3 500米以上独立山峰的登山活动进行审批;攀登7 000米以上的山峰,登山活动发起单位应当在活动实施前3个月向国家体育总局申请特批。目前,一些探险旅游项目也在室内兴起,室内探险项目一般按照体育项目进行审批①。

2.责任保险制度

《旅游法》(2018年修正)第五十六条规定:"国家根据旅游活动的风险程度,对旅行社、住宿、旅游交通以及本法第四十七条规定的高风险旅游项目等经营者实施责任保险制度。"这就要求高风险旅游项目的经营者必须实施责任保险制度。

责任保险制度的价值在于对风险发生后的补救和赔偿,故旅游者在参加高风险旅游项目时,可通过购买保险来转移风险,既满足旅游者挑战极限的心理,又可以确保旅游者在损害发生时获得应有的赔偿,进而营造一个安全、公平的旅游环境。从长远来看,这一举措也有利于提高社会大众的风险防范意识和投保意识,进而促进高风险行业的正常运转和蓬勃发展②。

📑 课堂讨论 ③

2015年7月11日,周方某(本案死者)携家属到澄江抚仙湖游玩。7月11日12时许,周方某携女儿周某某(未成年人)及侄女金映某(未成年人)在澄江县抚仙湖新河口风车广场参与了许国某提供的骑马娱乐项目。双方谈好价钱后,周方某要求带两名女孩在老环湖公路上共同骑行一匹马,并由周方某自己策马前行,许国某骑自行车尾随。骑马过程中,由于公路上有车辆经过,导致马匹受惊跳起,导致周方某、金映某、周某某三人从马背上摔下,导致周方某严重受伤。随后,周方某被送至澄江县人民医院抢救,于2015年7月12日凌晨4时许抢救无效死亡,产生医药费6 971.11元。许国某经营的骑马娱乐项目系当地村民自发的旅游经营项目,未经过任何行政主管部门许可。许国某等人经营该旅游项目的待客地点在抚仙湖新河口景区风车广场的阶梯平台,履行地点为风车广场附近的老环湖公路。抚仙湖新河口景区系金沙公司向原澄江县旅游发展局承包经营的景区。双方签订的《新河口景区整体承包合同》约定,承包范围为新河口景区东至林海公园界,西

① 卢世菊.旅游法教程[M].5版.武汉:武汉大学出版社,2014:153-155.
② 傅林放.旅游法读本[M].北京:清华大学出版社,2014:26-28.
③ 杨富斌,杨洪浦.中国旅游法判例精解[M].北京:旅游教育出版社,2018:158-159.

至新河口村界,北至老环湖公路界,南临抚仙湖近岸水域。承包期限为 10 年,自 2007 年 11 月 1 日起至 2017 年 11 月 1 日止。金沙公司每年向自发经营骑马娱乐项目的经营者收取马匹卫生管理费 500 元。

2015 年 8 月 31 日,张某、周庆某、林香某、周某某诉至原审法院,请求判令许国某赔偿医疗费 6 971.11 元、死亡赔偿金 485 980 元(24 299 元×20 年)、丧葬费 27 184 元(54 368 元÷2)、被扶养人生活费 242 588 元(其中周某某 97 608 元、周庆某 144 980 元)、精神损害抚慰金 50 000 元,共计 812 723.11 元。金沙公司及澄江县旅游发展局对上述费用承担补充赔偿责任。

材料来源: 搜狐新闻.云南一游客在抚仙湖骑马摔死　法院判自行承担 30%责任 [EB/OL]. [2023 - 08 - 26]. https://www.sohu.com/a/51778681_115401.

思考: 未经许可擅自经营骑马旅游项目有可能带来哪些严重后果? 上诉案件涉及的责任主体有哪些? 其失职行为表现在哪些方面?

复习思考

(1) 按旅游景区的属性,可以将旅游景区分为哪些类型?

(2) 简述申报 5A 级旅游景区的评定程序。

(3) 我国非标准化住宿业态包含哪些?

(4) 简述旅游演艺服务的概念。

(5) 简述高风险旅游活动的类型及其内容。

第九章

旅行社与导游人员管理

学习要点

- 旅行社设立及管理制度。
- 导游人员的权利与义务。
- 导游人员管理制度。
- 在线旅游服务经营管理。

第一节　旅行社管理

一、旅行社的法律界定

（一）旅行社的概念

根据《旅行社条例》（2009年）第二条规定，旅行社"是指从事招徕、组织、接待旅游者等活动，为旅游者提供相关旅游服务，开展国内旅游业务、入境旅游业务或者出境旅游业务的企业法人"。

（二）旅行社的法律特征

从旅行社的概念中可以看出旅行社具有以下法律特征：

（1）旅行社是经过旅游行政管理部门和市场监督管理部门许可和审批设立的企业法人。旅行社从事旅游服务活动必须经旅游行政管理部门审核批准，未经有审批权的旅游行政管理部门审批，任何单位和个人不得经营旅游业务。

（2）旅行社是从事旅游业务的企业法人。旅行社业务经营活动是招徕、组织、接待旅游者等活动，为旅游者提供相关旅游服务。根据《旅行社条例实施细则》（2009年）第二条规定，招徕、组织、接待旅游者提供的相关旅游服务，主要包括：① 安排交通服务；② 安排住宿服务；③ 安排餐饮服务；④ 安排观光游览、休闲度假等服务；⑤ 导游、领队服务；⑥ 旅游咨询、旅游活动设计服务。

（3）旅行社是以营利为目的的企业法人。旅行社在经营过程中具有自主经营、自负盈亏、获取有偿服务、实现利润的性质,同时,又能以自己所有或管理的财产独立承担民事责任的特征[1]。

二、旅行社的设立与变更

(一) 旅行社的设立条件

1. 旅行社设立的条件

依据《旅行社条例实施细则》(2009 年)、《国家旅游局关于执行〈旅游法〉有关规定的通知》(2013 年)和《旅游法》(2018 年修正)等政策文件的相关规定,经营国内旅游业务和入境旅游业务,招徕、组织、接待旅游者,为其提供旅游服务,应当具备下列条件:

(1) 有固定的经营场所。是指在较长的一段时间里为旅行社拥有或能为旅行社使用的营业用房,或者申请者租用的、租期不少于一年的营业用房;营业用房应当满足申请者业务经营的需要。

(2) 有必要的营业设施。应当至少包括两部以上的直线固定电话;传真机、复印机;具备与旅游行政管理部门及其他旅游经营者联网条件的计算机。

(3) 符合规定的注册资本。注册资本是旅行社业务经营活动的基础,也是其承担法律责任的依托。出资的形式包括现金,实物、土地使用权等非现金资产。申请经营境内旅游业务和入境旅游业务经营的旅行社,注册资本不少于 30 万元。

(4) 有必要的经营管理人员与导游。必要的经营管理人员是指具有旅行社从业经历或者相关专业经历的经理人员和计调人员;必要的导游是指有不低于旅行社在职员工总数 20% 且不少于 3 名、与旅行社签订固定期限或者无固定期限劳动合同的持有导游证的导游。

(5) 法律、行政法规规定的其他条件,此为兜底条款。《旅游法》(2018 年修正)对旅行社设立条件的规定比较原则化,具体条件还有待行政法规细化。

2. 旅行社分支机构设立的条件

(1) 旅行社分社设立的条件。旅行社分社的设立不受地域限制,除了上文提及的条件(1)、(2)外,还必须符合下列条件。

① 有相应的名称,即分社的名称中应当包含设立社名称、分社所在地地名和"分社"或者"分公司"字样。

② 按照要求增存质量保证金,即按照《旅行社条例》(2009 年)规定,旅行社每设立一个经营国内旅游业务和入境旅游业务的分社,应当向其质量保证金账户增存 5 万元;每设立一个经营出境旅游业务的分社,应当向其质量保证金账户增存 30 万元。

(2) 旅行社服务网点设立的条件。服务网点是指旅行社设立的,为旅行社招徕旅游者,并以旅行社的名义与旅游者签订旅游合同的门市部等机构。设立服务网点的区域范围,应当在设立社所在地的设区的市行政区划内,不得在此区域范围外设立服务网点。服

---

① 李兴荣,李其原.旅游法规[M].成都:西南财经大学出版社,2014:62.

务网点应当设在方便旅游者识别和出入的公众场所。服务网点的名称、标牌应当包括设立社名称、服务网点所在地地名等,不得含有使消费者误解为是旅行社或者分社的内容,也不得使用易使消费者误解的简称。

(二)旅行社设立的基本程序

1. 旅行社设立的基本材料

申请设立旅行社,应当向省、自治区、直辖市旅游行政管理部门(以下简称"省级旅游行政管理部门")提交下列文件:

(1)设立申请书。内容包括申请设立的旅行社的中英文名称及英文缩写,设立地址,企业形式、出资人、出资额和出资方式,申请人、受理申请部门的全称、申请书名称和申请的时间。

(2)法定代理人履历表及身份证明。

(3)企业章程。

(4)经营场所的证明。

(5)营业设施、设备的证明或者说明。

(6)市场监督管理部门出具的《企业法人营业执照》。

2. 旅行社设立的基本程序

(1)旅行社申办程序。设立旅行社的申办人在上述材料准备就绪后,便可向相应的旅游行政管理部门、市场监督管理部门申请,具体包括以下程序。

① 申请营业许可,办理设立登记。经营国内旅游业务和入境旅游业务的,应当向所在地省、自治区、直辖市旅游行政管理部门或者其委托的设区的市级旅游行政管理部门提出申请,并提交相关证明文件。受理申请的旅游行政管理部门应当自受理申请之日起20个工作日内作出许可或者不予许可的决定。予以许可的,向申请人颁发旅行社业务经营许可证,申请人持旅行社业务经营许可证向市场监督管理部门办理设立登记;不予许可的,书面通知申请人并说明理由。

《旅行社条例》(2009年)第九条规定,申请经营出境旅游业务的,应当向国务院旅游行政主管部门或者其委托的省、自治区、直辖市旅游行政管理部门提出申请。受理电请的旅游行政管理部门应当自受理申请之日起20个工作日内作出许可或者不予许可的决定。予以许可的,向申请人换发旅行社业务经营许可证;不予许可的,书面通知申请人并说明理由。

② 缴纳质量保证金。《旅游法》(2018年修正)第三十一条规定:"旅行社应当按照规定交纳旅游服务质量保证金,用于旅游者权益损害赔偿和垫付旅游者人身安全遇有危险时紧急救助的费用。"《旅行社条例》(2009年)规定,旅行社应当自取得旅行社业务经营许可证之日起三个工作日内,在国务院旅游行政管理部门指定的银行开设专门的质量保证金账户,存入质量保证金,或者向作出许可的旅游行政管理部门提交依法取得的担保额度不低于相应质量保证金数额的银行担保。经营国内旅游业务和入境旅游业务的旅行社,应当存入质量保证金20万元;经营出境旅游业务的旅行社,应当增存质量保证金120万元。

（2）旅行社分支机构设立的基本程序。

① 旅行社分社设立的基本程序如下：设立社向分社所在地市场监督管理部门办理分社设立登记后，应当持下列文件向分社所在地与工商登记同级的旅游行政管理部门备案：分社的营业执照、分社经理的履历表、身份证明和增存质量保证金的证明文件。旅行社分社备案后，受理备案的旅游行政管理部门应当向旅行社颁发《旅行社分社备案登记证明》。

② 旅行社服务网点设立的基本程序如下：设立社向服务网点所在地市场监督管理部门办理服务网点设立登记后，应当在三个工作日内，持下列文件向服务网点所在地与工商登记同级的旅游行政管理部门备案：服务网点的营业执照、服务网点经理的履历表和身份证明。旅行社服务网点备案后，受理备案的旅游行政管理部门应当向旅行社颁发《旅行社服务网点备案登记证明》。

（三）旅行社的变更

旅行社变更事项包括业务范围的变更、注册登记地的变更，以及组织形式、名称、法定代表人、营业场所等事项的变更。

《旅行社条例》（2009 年）第十二条规定："旅行社变更名称、经营场所、法定代表人等登记事项或者终止经营的，应当到工商行政管理部门办理相应的变更登记或者注销登记，并在登记办理完毕之日起 10 个工作日内，向原许可的旅游行政管理部门备案，换领或者交回旅行社业务经营许可证。"

三、旅行社经营管理

（一）旅行社业务许可证制度

旅行社业务经营许可证制度所指的许可证，即旅行社经营旅游业务的资格证明，由具有审批权的旅游行政管理部门颁发。《旅游法》（2018 年修正）第二十九条规定："旅行社经营出境旅游和边境旅游业务，应当取得相应的业务经营许可，具体条件由国务院规定。"第三十条规定："旅行社不得出租、出借旅行社业务经营许可证，或者以其他形式非法转让旅行社业务经营许可。"

旅行社业务经营许可证分为正本、副本，旅行社应当将许可证正本和营业执照一起悬挂在营业场所的显要位置。许可证副本用于旅游行政管理部门年检和备查。旅行社业务经营许可证及副本损毁或者遗失的，旅行社应当向原许可的旅游行政管理部门申请换发或者补发。申请补发旅行社业务经营许可证及副本的，旅行社应当通过本省、自治区、直辖市范围内公开发行的报刊，或者省级以上旅游行政管理部门网站，刊登损毁或者遗失作废声明。旅行社违反《旅行社条例》（2009 年）及《旅行社条例实施细则》（2009 年）规定的，情节严重的，由旅游行政管理部门吊销其许可证。

（二）旅游服务质量保证金制度

为了加强对旅行社服务质量的监督和管理，减少服务事故，保护旅游者的合法权益，保证旅行社规范经营，维护我国旅游业的声誉，经国务院批准，在我国实行旅行社质量保证金制度（2013 年更名为旅游服务质量保证金），利用经济手段参与管理，以收到比其他管理和监督办法(如检查、评比、曝光、行政处罚)更明显的效果[①]。

旅游服务质量保证金,是指根据《旅游法》(2018年修正)及《旅行社条例》(2009年)的规定,由旅行社在指定银行缴存或由银行担保提供的一定数额用于旅游服务质量赔偿支付和团队旅游者人身安全遇有危险时紧急救助费用垫付的资金。《旅行社条例》(2009年)规定,有下列情形之一的,旅游行政管理部门可以使用旅行社的质量保证金:

(1) 旅行社违反旅游合同约定,侵害旅游者合法权益,经旅游行政管理部门查证属实的。

(2) 旅行社因解散、破产或者其他原因造成旅游者预交旅游费用损失的。

旅行社在旅游行政管理部门使用质量保证金赔偿旅游者的损失,或者依法减少质量保证金后,因侵害旅游者合法权益受到行政机关罚款以上处罚的,应当在收到旅游行政管理部门补交质量保证金的通知之日起五个工作日内补足质量保证金。

旅行社自交纳或者补足质量保证金之日起三年内未因侵害旅游者合法权益受到行政机关罚款以上处罚的,旅游行政管理部门应当将旅行社质量保证金的交存数额降低50%,并向社会公告。旅行社可凭省、自治区、直辖市旅游行政管理部门出具的凭证减少其质量保证金。旅行社不再从事旅游业务的,凭旅游行政管理部门出具的凭证,向银行取回质量保证金。

(三) 旅行社责任保险制度

根据《中华人民共和国保险法》(1995年发布,2015年修正)和《旅行社条例》(2009年)等有关规定,为保障旅游者和旅行社的合法权益,旅行社从事旅游业务经营活动,必须投保旅行社责任保险。因此,国家先后审议通过《旅行社投保旅行社责任保险规定》(2001年)、《旅行社责任保险管理办法》(2011年)等政策文件。

1. 旅行社责任保险含义

旅行社责任保险指旅行社根据保险合同的约定,向保险公司支付保险费,保险公司对旅行社在从事旅游业务经营活动中,致使旅游者人身、财产遭受损害应由旅行社承担的责任,承担赔偿保险金责任的行为。该险种的投保人为旅行社,是一种承保旅行社在组织旅游活动过程中因疏忽、过失造成事故所应承担的法律赔偿责任的险种。投保后,一旦发生责任事故,将由保险公司在第一时间对无辜的受害旅客进行赔偿。旅行社责任保险具有很强的社会公益性,具有如下特征。

(1) 旅行社责任保险是强制保险险种。《旅游法》(2018年修正)第五十六条规定:"国家根据旅游活动的风险程度,对旅行社、住宿、旅游交通等经营者分类实施责任保险制度。"《旅行社条例》(2009年)第三十八条规定:"旅行社应当投保旅行社责任险。旅行社责任险的具体方案由国务院旅游行政主管部门会同国务院保险监督管理机构另行制定。"因此,旅行社责任保险作为旅游行业中的强制保险险种,具有相应的法律、法规依据。

(2) 旅行社责任保险是财产保险。财产保险是以财产及其有关利益为保险标的的保

---

① 李海峰,师晓华,陈文娟,等.旅游政策与法规[M].北京:清华大学出版社,2015:20.

险。旅行社通过购买旅行社责任保险,将自身的赔偿风险转嫁给保险公司,保险公司承保的是旅行社的赔偿责任。因此,旅行社责任保险属于财产保险。

(3) 旅行社是旅行社责任保险的投保人。投保人是指与保险人订立保险合同,并按照合同约定负有支付保险费义务的人。旅行社责任保险所承保的是旅行社的赔偿责任,所以,该合同是旅行社和保险公司签订的,并且旅行社应当依照合同的约定向保险公司缴纳保险费。

(4) 旅行社是旅行社责任保险的被保险人。被保险人是指其财产或者人身受保险合同保障,享有保险金请求权的人。投保人可以为被保险人。财产保险的被保险人在保险事故发生时,对保险标的应当具有保险利益。作为旅行社为自己投保的责任保险,在发生保险合同所约定的保险事故时,旅行社是在自身应当承担责任的范围内,向保险公司提出保险金支付请求[①]。

2. 旅行社责任保险的监管

由于旅行社责任保险涉及旅行社和保险公司两类主体的经营行为,从市场监管的角度来看,需要旅游行政管理部门和保监会的双重监管。

(1) 旅游行政管理部门对旅行社的监管。县级以上旅游行政管理部门依法对旅行社投保旅行社责任保险情况实施监督检查,监督旅行社是否有不投保、不及时投保以及投保不足额的违法行为。对存在此类行为的旅行社,由县级以上旅游行政管理部门依照《旅行社条例》(2009 年)第四十九条的规定,责令该旅行社改正,拒不改正的,吊销其旅行社业务经营许可证。

(2) 保监会对保险公司的监管。中国保监会及其派出机构依法对保险公司开展旅行社责任保险业务实施监督管理,主要监管内容为保险公司的保险费率以及保险条款。保险公司经营旅行社责任保险,违反有关保险条款和保险费率管理规定的,由中国保监会或者其派出机构依照《中华人民共和国保险法》(2015 年修订)和中国保监会的有关规定予以处罚[②]。

四、旅行社的法律责任

(一) 旅游经营禁止项

旅游经营者不得经营含有下列内容的旅游服务项目:损害国家利益和民族尊严的;有关妨害民族、种族、宗教尊严的;性别歧视;淫秽、迷信、赌博。旅游经营者不得有下列行为:超越核定的经营范围从事旅游经营活动;擅自使用其他旅游经营者的名称或者假冒其他旅游经营者的注册商标、品牌;进行价格欺诈,损害旅游者和其他旅游经营者利益;制造和散布有损其他旅游经营者企业形象和商业信誉的虚假信息;向旅游者提供虚假旅游服务信息或者发布虚假广告宣传;制造、销售伪劣商品或者欺骗、胁迫旅游者消费;法律、

---

① 杨富斌.旅游法教程[M].北京:中国旅游出版社,2013:83.
② 杨富斌.旅游法教程[M].北京:中国旅游出版社,2013:86.

法规禁止的其他行为。

（二）经营业务许可

《旅游法》（2018 年修正）第九十五条规定："未经许可经营旅行社业务的，由旅游主管部门或者工商行政管理部门责令改正，没收违法所得，并处 1 万元以上 10 万元以下罚款；违法所得 10 万元以上的，并处违法所得 1 倍以上 5 倍以下罚款；对有关责任人员，处 2 000 元以上 2 万元以下罚款……旅行社违反本法规定，未经许可经营出境、边境、入境旅游业务的，或者出租、出借旅行社业务经营许可证，或者以其他方式非法转让旅行社业务经营许可的，除依照前款规定处罚外，并责令停业整顿；情节严重的，吊销旅行社业务经营许可证；对直接负责的主管人员，处 2 000 元以上 2 万元以下罚款。"

（三）旅游接待

《旅游法》（2018 年修正）第五十五条规定："旅游经营者组织、接待出入境旅游，发现旅游者从事违法活动或者有违反本法第十六条规定情形的（出境旅游者不得在境外非法滞留，随团出境的旅游者不得擅自分团、脱团。入境旅游者不得在境内非法滞留，随团入境的旅游者不得擅自分团、脱团），应当及时向公安机关、旅游主管部门或者我国驻外机构报告。"

《旅游法》（2018 年修正）第九十六条规定，旅行社违反本法规定，有下列行为之一的，由旅游主管部门责令改正，没收违法所得，并处 5 000 元以上 5 万元以下罚款；情节严重的，责令停业整顿或者吊销旅行社业务经营许可证；对直接负责的主管人员和其他直接责任人员，处 2 000 元以上 2 万元以下罚款：

（1）未按照规定为出境或者入境团队旅游安排领队或者导游全程陪同的。

（2）安排未取得导游证或者领队证的人员提供导游或者领队服务的。

（3）未向临时聘用的导游支付导游服务费用的。

（4）要求导游垫付或者向导游收取费用的。

《旅游法》（2018 年修正）第一百条规定，旅行社违反本法规定，有下列行为之一的，由旅游主管部门责令改正，处 3 万元以上 30 万元以下罚款，并责令停业整顿；造成旅游者滞留等严重后果的，吊销旅行社业务经营许可证；对直接负责的主管人员和其他直接责任人员，处 2 000 元以上 2 万元以下罚款，并暂扣或者吊销导游证：

（1）在旅游行程中擅自变更旅游行程安排，严重损害旅游者权益的。

（2）拒绝履行合同的。

（3）未征得旅游者书面同意，委托其他旅行社履行包价旅游合同的。

《旅游法》（2018 年修正）第一百零一条规定："旅行社违反本法规定，安排旅游者参观或者参与违反我国法律、法规和社会公德的项目或者活动的，由旅游主管部门责令改正，没收违法所得，责令停业整顿，并处 2 万元以上 20 万元以下罚款；情节严重的，吊销旅行社业务经营许可证；对直接负责的主管人员和其他直接责任人员，处 2 000 元以上 2 万元以下罚款，并暂扣或者吊销导游证。"

课堂讨论

案例：疫情游客滞留发生食宿等费用承担问题

2021 年 10 月 28 日下午，内蒙古自治区召开新冠疫情防控工作新闻发布会。据发布会介绍，10 月 17 日，额济纳旗发生疫情以来，当地采取了封控管理措施，大量来额旅游人员滞留。目前，滞留在额济纳旗的游客主要来自四川省、安徽省、江苏省、上海市、甘肃省、广东省等地，主要出行方式为旅游专列、旅游包车、自驾游。其中，乘坐旅游专列游客 2 400 多人，乘坐旅游包车的 3 200 多人，自驾游游客 2 200 多人，散客 2 200 多人。截至发布会前，已经通过铁路旅游专列转运 4 列，共转运滞留游客 2 428 人，力争在 3～5 日内把大部分游客转运出额济纳旗，健康条件不符合转运要求的游客将暂留一段时间。

材料来源：央广网. 内蒙古：力争 3—5 日把大部分游客转运出额济纳旗［EB/OL］. (2021 - 10 - 08)［2023 - 08 - 26］. http://nm.cnr.cn/yaowen/20211028/t20211028_525645048.shtml.

思考：发生新冠疫情等不可抗力事件使游客发生滞留后的费用由谁承担？

第二节 导游人员与服务管理

一、导游人员管理

(一) 导游人员的界定

1. 导游人员的概念及含义

《导游人员管理条例》(2017 年修订)第二条规定："本条例所称导游人员，是指依照本条例的规定取得导游证，接受旅行社委派，为旅游者提供向导、讲解及相关旅游服务的人员。"可见，导游人员这一概念包含以下三层法律含义：

(1) 导游人员是指依照条例的规定取得导游证的人员。这是从事导游业务的资格要件。

(2) 导游人员是指接受旅行社委派，为旅游者提供向导、讲解及相关服务的人员。这是导游人员从事业务活动的方式要件。这一规定把导游人员是由旅行社委派，为旅游者提供向导、讲解及相关旅游服务这一特性揭示了出来。

(3) 导游人员是为旅游者提供向导、讲解服务及相关旅游服务的人员。这是导游业务活动的内容要件。所谓"向导"，一般是指为他人引路、带路，而"讲解"则是指为旅游者解说、指点风景名胜；至于"相关旅游服务"，一般是指为旅游者代办各种旅行证件，代购交通票据，安排旅游住宿、旅程就餐等与旅游游览有关的各种服务①。

2. 导游人员的分类

《旅游法》(2018 年修正)第三十七条规定："参加导游资格考试成绩合格，与旅行社订

---

① 王莉霞. 旅游法规：理论与实务［M］. 3 版. 大连：东北财经大学出版社，2014：76 - 77.

立劳动合同或者在相关旅游行业组织注册的人员,可以申请取得导游证。"按照导游人员的服务范围、技术等级、使用语言及隶属关系不同,可分别将导游人员进行分类。

(1) 按照服务范围不同,可将导游人员分为全程陪同导游、地方陪同导游、定点陪同导游和领队。其中,全程陪同导游是指受组团旅行社委派或聘用,为跨省、自治区、直辖市范围的旅游者提供全部旅程导游服务的人员,在旅游者(团)的整个行程中一直陪伴着他们,为其提供导游服务。地方陪同导游是指接受接待旅行社委派或聘用,在省、自治区、直辖市范围内,为旅游者提供导游服务的人员。在业务实践中,地方陪同只在旅游目的地帮助全程陪同导游,安排旅行和游览事项,提供讲解和旅途服务。定点陪同导游是指接受景点(区)管理机构委派或聘用,在景点或参观场所的一定范围内为旅游者进行导游讲解的人员。领队,即出境旅游领队人员,取得出境旅游业务经营许可的旅行社可为旅游者出境旅游委派领队。领队应当取得导游证,具有相应的学历、语言能力和旅游从业经历,并与委派其从事领队业务的旅行社订立劳动合同。旅行社应当将本单位领队名单报所在地设区的市级旅游行政管理部门备案。

(2) 按照技术等级不同,可将导游人员由低到高依次分为初级导游人员、中级导游人员、高级导游员和特级导游人员。

(3) 按使用语言不同,可将导游人员分为中文导游人员和外国语导游人员。

(4) 按隶属关系不同,可将导游人员分为专职导游人员和兼职导游人员。其中,专职导游人员是指持有导游证,与旅行社签有正式劳动合同,与旅行社存在正式劳资关系的工作人员。兼职导游人员是指持有导游证,挂靠某旅行社或导游服务公司而非旅行社正式员工,与旅行社没有正式的劳资关系,在有出团任务时临时受聘于旅行社,为该社带团的工作人员。

(二) 导游人员资格考试制度

导游人员资格考试制度最初由《导游人员管理暂行规定》(1987 年)确定,现行的《导游人员管理条例》(2017 年修订)第三条规定:"国家实行全国统一的导游人员资格考试制度。具有高级中学、中等专业学校或者以上学历,身体健康,具有适应导游需要的基本知识和语言表达能力的中华人民共和国公民,可以参加导游人员资格考试。"具体是要符合以下四项条件:

(1) 必须是中华人民共和国公民。

(2) 应具有高级中学、中等专业学校或者以上学历,这一要求是为了确保导游人员具备一定的文化素养。

(3) 身体健康。导游工作既是脑力劳动又是体力劳动,要求导游人员具有健康的身体是十分必要的。

(4) 具有适应导游工作需要的基本知识和语言表达能力,良好的讲解是品质旅游的重要保障,导游如果缺乏必要的基础知识和语言表达能力,将很难提供合格的旅游服务。

经考试合格的,由国务院旅游行政管理部门或者国务院旅游行政部门委托省、自治区、直辖市人民政府颁发导游人员资格证书。

（三）导游证管理制度

导游证,即导游证书,是国家准许从事导游工作的证件,也是导游从业人员从业行为能力的证明和表明导游人员身份的外在标识。根据《旅游法》(2018 年修正)和《导游人员管理条例》(2017 年修订)的规定,在中华人民共和国境内从事导游活动,必须取得导游证。

1. 申请导游证的条件

《旅游法》(2018 年修正)第三十七条规定:"参加导游资格考试成绩合格,与旅行社签订劳动合同或者在相关旅游行业组织注册的人员,可以申请取得导游证。"

根据此规定,今后申请导游证的人员,可以通过两个途径办理:一是与旅行社签订劳动合同,通过旅行社办理,由旅行社对导游进行执业管理(这类导游是旅行社导游);二是在相关旅游行业服务组织注册,通过该组织办理,由该组织对导游进行执业管理(这类导游也就是兼职导游)。另外,《旅游法》(2018 年修正)第三十九条还规定:"从事领队业务,应当取得导游证,具有相应的学历、语言能力和旅游从业经历,并与委派其从事领队业务的取得出境旅游业务经营许可的旅行社订立劳动合同。"

2. 颁发导游证的期限和相关规定

旅游行政部门颁发导游证是准予申请领取导游证人员从事导游活动的具体行政行为,这种具体行政行为直接决定着申请领取者能否从事导游活动,直接影响着他们的合法利益。依据《导游人员管理条例》(2017 年修订)的规定:"旅游行政部门对符合颁发导游证条件的申请领取者,必须在收到申请领取导游证之日起 15 日内颁发导游证。"这是一条强制性规定,旅游行政部门必须依此规定执行①。但根据《导游人员管理条例》(2017 年修订)规定,有下列情形之一的,不得颁发导游证:

（1）无民事行为能力或者限制民事行为能力的。

（2）患有传染性疾病的。

（3）受过刑事处罚的,过失犯罪的除外。

（4）被吊销导游证的。

二、导游人员职业管理

为了加强导游员队伍建设,提高导游员素质和接待服务水平,客观、公正地评价和选拔人才,调动导游员钻研业务和努力工作的积极性,为建立导游人才市场及为旅行社服务等级化创造人员条件,原国家旅游局下发了《关于对全国导游员实行等级评定的意见》(1994 年)、《导游员职业等级标准》(1994 年)和《关于试点单位导游员等级评定的实施细则》(1994 年)等政策文件,开始了导游人员等级考核评定工作,并在《导游人员管理条例》(1999 年发布,2017 年修订)中得以确认,从而成为一项法定制度。

（一）导游人员等级考核评定办法

导游人员等级分为两个系列、四个等级。其中,两个系列是指导游人员等级考核分为

---

① 王莉霞.旅游法规:理论与实务[M].3 版.大连:东北财经大学出版社,2014:80.

外语导游员系列和中文导游员系列;而四个级别则是指通过考核的方式,将导游员划分为特级导游员、高级导游员、中级导游员和初级导游员。

特级导游员的考核评定采取以评审考核为主、考试为辅的方式。评审采用论文答辩、跟团实查和专家审议三种形式;考核工作表现、导游技能、遵纪守法和游客反映;考试第二外语或一种方言;评定工作不定期进行,工作步骤为省(区、市)旅游局初评,原国家旅游局评定。

高级导游员的考核评定采取考试、考核和评审相结合的方式。考试科目为导游词创作和口译(中文导游员不考)两科。考核、评审方式和工作步骤与特级导游员相同;对高级导游员的评定每三年进行一次。

中级导游员的考核评定采取考试和考核相结合的方式。考试科目为导游专业知识(含政策与法规、导游基础知识、汉语言文学知识三部分内容)、现场导游两种,考核方式与高级导游员相同。中级导游员的评定每两年组织一次,考试以原国家旅游局为主组织实施,考核以省(区、市)旅游主管部门为主组织实施。

初级导游员的考核评定采取考核方式。凡取得导游人员资格证书后工作满一年的人,经考核合格即可成为初级导游员。

(二) 导游人员职业等级标准

导游人员职业等级标准由原国家旅游局制定、施行,是考核评定导游人员等级的依据。根据导游员职业等级标准的规定,各个等级的导游员必须符合的政治思想、职业道德和身体要求是:拥护中国共产党的领导,热爱祖国,遵纪守法,忠于职守,钻研业务,宾客至上,优质服务,遵守职业道德,身心健康。

专栏 10

部分导游员等级标准

各级导游需要具备以下六个方面的基本素质:① 应有良好的服务意识和职业道德。② 应熟悉并遵守国家政策方针及旅游相关的法律法规。③ 应有良好的身体和心理素质,满足《导游服务规范》(GB/T 15971—2010)的要求。④ 应掌握与导游工作相关的文化知识。⑤ 应有较好的语言表达能力,掌握导游讲解技巧。⑥ 应有良好的职业形象,举止文明,并引导旅游者文明旅游,满足《导游领队引导文明旅游规范》(LB/T 039—2015)的要求。而且,不同等级导游在知识、能力等方面也有对应的具体要求。例如,

初级导游的等级要求:

(1) 知识要求。① 应掌握旅游政策与旅游法规,熟悉相关的政策与法律法规;② 应掌握旅游和旅游业的基本知识;③ 应掌握重点旅游景区(点)和线路的相关知识;④ 应熟悉主要客源国(地区)的基本知识;⑤ 中文导游应掌握汉语语言文学基础知识,外语导游应掌握外国语语言文学基础知识。

（2）能力要求。① 应能够按照《导游服务规范》(GB/T 15971—2010)和《导游领队引导文明旅游规范》(LB/T 039—2015)提供规范服务;② 应有良好的沟通和协调能力;③ 应有运用相关知识提供导游讲解服务的能力;④ 应具有旅途常见疾病或事故的救生常识,熟悉救援程序,能按照应急预案的要求处理相关问题。

（3）应有高中及以上学历,并通过全国导游人员资格考试。

特技导游的等级要求:

（1）知识要求。① 应有深厚的旅游知识和广博的文化知识,对旅游领域某方面有深入的研究和独到的见解;② 中文导游应精通汉语语言文学知识,外语导游应精通跨文化交流、外语翻译等方面的知识。

（2）能力要求。① 应有超高的导游艺术、独特的导游风格;② 宜有创作富有思想性和艺术性导游词的能力;③ 应有一定的导游相关工作的研究能力。

（3）其他要求。① 应有大学本科及以上学历,通过全国特级导游考核评定;② 应取得高级导游等级满 3 年;③ 申请评定前 3 年内带团应不少于 90 天;④ 申请评定前 3 年内旅游者和社会反映良好,应无服务质量投诉;⑤ 宜有一定的导游相关工作的研究成果。

材料来源:

[1]《导游等级与划分评定》(GB/T 34313—2017)[S/OL]. [2023 - 08 - 26]. http://c.gb688.cn/bzgk/gb/showGb?type=online&hcno=5D2E72F7615803F1FBD29CE1045F4FB6.

[2]《导游服务规范》(GB/T 15971—2010)[S/OL]. [2023 - 08 - 26]. http://c.gb688.cn/bzgk/gb/showGb?type=online&hcno=753FC605DB19B41516CAEB348432B7F6.

[3]《导游领队引导文明旅游规范》(LB/T 039—2015)[S/OL]. [2023 - 08 - 26]. https://whly.gd.gov.cn/gd_zww/upload/file/file/201706/19145006xq6h.pdf.

三、导游人员的权利与义务

（一）导游人员的权利

1. 人身自由权

《导游人员管理条例》(2017 年修订)规定:"导游人员进行导游活动时,其人格尊严应当受到尊重,其人身安全不受侵犯。导游人员有权拒绝旅游者提出的侮辱其人格尊严或者违反其职业道德的不合理要求。"

人身权利和自由是与人身不可分离的,没有直接财产内容的权利。主要包括三个方面:① 生命权。这是最重要的权利,导游人员在执行职务的过程中生命安全要受到保障。② 人格尊严权。人格尊严是与人身密切联系的名誉、姓名、肖像等权利,导游人员享有人格尊严不受侵犯的权利,有权拒绝旅游者提出的侮辱其人格尊严或者违反其职业道德的不合理要求。③ 人身自由权。任何人,非经司法机关决定,不受逮捕。法律禁止非法拘禁或以其他方法非法剥夺或限制公民的人身自由。

2. 社会经济权利

社会经济权利是具有物质财富内容,直接与经济内容相联系的权利。主要包括四个方面:① 私人财产所有权。导游人员拥有对自己私有财产的占有、使用和处分的权利,不受任何人、任何单位的侵犯。② 劳动权。导游人员有权要求用人单位与自己签订劳动合同,公平分配工作,取得相应的劳动报酬,获得相应的劳动保障的权利。③ 休息权。导游人员可以要求获得法定的休息和休假权利,如国家法定的节假日、女同志的孕期产假等,如安排加班,必须按照法律规定支付加班工资报酬。④ 生活保障权。导游人员在身患疾病、因工负伤等丧失劳动能力的情况下,有从国家、所在单位获得社会物质帮助和生活保障的权利。

3. 调整或变更接待计划权

《导游人员管理条例》(2017 年修订)规定:"导游人员在引导旅游者旅行、游览过程中,遇有可能危及旅游者人身安全的紧急情形时,经征得多数旅游者的同意,可以调整或变更接待计划,但是应当立即报告旅行社"。但是,导游人员行使这一权利时,必须符合下列条件:

(1)必须是在引导旅游者旅行、游览过程中。在旅行、游览开始之前,导游人员不得行使这一权利。在旅游合同签订之后,旅游活动开始之前,如果出现不利于旅游活动的情形,应当由旅行社与旅游者进行协商,达成一致意见后,由旅行社调整或者变更旅游接待计划。

(2)必须是遇到可能危及旅游者人身安全的紧急情形时。为了避免可能危及旅游者人身安全情形的发生,导游人员就需要当机立断地调整或变更旅游行程计划。

(3)必须经多数旅游者同意。旅游合同一经双方确认建立后,就应当严格按照合同约定履行,如果需要调整或变更旅游计划,应当经过双方协商一致。但是,由于发生了可能危及旅游者人身安全的紧急情形,导游人员只要征得多数旅游者的同意,就可以调整或变更旅游接待计划,而不必得到全体旅游者的同意。

(4)必须立即报告旅行社。这是因为旅游接待计划是由旅行社确定的,是得到旅游者认可的,而导游人员是受旅行社的委派带团执行旅游接待计划,调整或变更旅游接待计划并不是导游人员的职责权限。导游人员在调整或者变更接待计划后,必须立即报告旅行社,以得到旅行社的认可。

4. 申请复议和行政诉讼权

复议和诉讼权是权利主体向国家机关请求依法保护自己合法权益的权利。导游人员对国家机关及其公职人员对自己的具体行政行为不服时,依法享有向上级行政机关申请复议的权利,也有向人民法院提起行政诉讼的权利。导游人员在劳动过程中,当用人单位有侵犯自己劳动权益的行为时,享有向劳动仲裁机构提起劳动仲裁的权利。对所有侵犯自己人身或财产权利的行为,享有向人民法院提起诉讼的权利。

5. 其他权利

导游人员的其他权利,还包括导游人员为更好地履行职务职责而应当享有的参加培训和获得晋级的权利。《旅游法》(2018 年修正)第三十八条规定:"旅行社应当与其聘用的导游依法订立劳动合同、支付劳动报酬、缴纳社会保险费用。旅行社临时聘用导游为旅游者提供服务的,应当全额向导游支付在包价旅游合同中载明的导游服务费用。旅行社安排导游为团队旅游提供服务的,不得要求导游垫付或者向导游收取任何费用。"

(二) 导游人员的义务

1. 取得导游证的义务

根据《导游人员管理条例》(2017 年修订)第四条规定,在中华人民共和国境内从事导游活动,必须取得导游证。

2. 佩戴导游证的义务

《旅游法》(2018 年修正)第四十一条规定,导游和领队从事业务活动,应当佩戴导游证。

《导游人员管理条例》(2017 年修订)第八条规定:"导游人员进行导游活动时,应当佩戴导游证。"导游证是导游人员合法从事导游工作的标志,导游人员佩戴导游证既便于旅游者识别也便于旅游行政管理部门的监督检查。

3. 提高自身业务素质和职业技能的义务

《导游人员管理条例》(2017 年修订)第七条规定:"导游人员应当不断提高自身业务素质和职业技能。"导游人员自身业务素质和职业技能的高低,不仅代表导游人员个人,而且直接关系到其带团的服务质量。一个自身素质很差的导游员,很难为旅游者提供优质服务;一个缺乏职业技能的导游,很难顺利完成旅游计划。

4. 必须经旅行社委派的义务

《旅游法》(2018 年修正)第四十条规定:"导游和领队为旅游者提供服务必须接受旅行社委派,不得私自承揽导游和领队业务。"《导游人员管理条例》(2017 年修订)第九条规定:"导游人员进行导游活动,必须经旅行社委派。导游人员不得私自承揽或者以其他任何方式直接承揽导游业务,进行导游活动。"导游服务并不是孤立的,而是从属于旅行社,必须经过旅行社委派方能执业。只有接受旅行社的委派,从事导游活动的导游,其合法从业权才能受到法律保护,私自承揽导游业务进行导游活动的行为将受到法律的追究。

5. 维护国家利益和民族尊严的义务

《导游人员管理条例》(2017 年修订)第十一条规定:"导游人员进行导游活动时,应当自觉维护国家利益和民族尊严,不得有损害国家利益和民族尊严的言行。"《旅游法》(2018 年修正)第三十三条规定:"旅行社及其从业人员组织、接待旅游者,不得安排参观或者参与违反我国法律、法规和社会公德的项目或者活动。"热爱祖国、拥护社会主义制度,用自己的言行来维护国家利益和民族尊严,是导游人员必须具备的政治条件和业务要求。尤其是在进行涉外旅游接待时,导游人员若有损害国家利益和民族尊严的言行,将产生极其恶劣的影响。

6. 遵守职业道德和尊重旅游者的义务

《导游人员管理条例》(2017 年修订)第十二条规定:"导游人员进行导游活动时,应当遵守职业道德,着装整洁,礼貌待人,尊重旅游者的宗教信仰、民族风俗和生活习惯。导游人员进行导游活动时,应当向旅游者讲解旅游地点的人文和自然情况,介绍风土人情和习俗;但不得迎合个别旅游者的低级趣味,在讲解、介绍中掺杂庸俗下流的内容。"《旅游法》(2018年修正)第四十一条规定:"导游和领队从事业务活动,应当尊重旅游者的风俗习惯和宗教信仰,应当向旅游者告知和解释旅游文明行为规范,引导旅游者健康、文明旅游,劝阻旅游者违反社会公德的行为。"

7. 严格遵守接待计划的义务

《导游人员管理条例》(2017年修订)第十三条规定:"导游人员应当严格按照旅行社确定的接待计划,安排旅游者的旅行、游览活动,不得擅自增加、减少旅游项目或者中止导游活动。"《旅游法》(2018年修正)第四十一条规定:"导游和领队应当严格执行旅游行程安排,不得擅自变更旅游行程或者中止服务活动。"

8. 保障旅游者安全的义务

《导游人员管理条例》(2017年修订)第十四条规定:"导游人员在引导旅游者旅行、游览过程中,应当就可能发生危及旅游者人身、财产安全的情况,向旅游者作出真实说明和明确警示,并按照旅行社的要求采取防止危害发生的措施。"游客在游览过程中,既可能获得非常美妙的体验,又可能遇到不可预测的危险情况,从而危及游客的人身、财产安全。遇到此类情况,导游人员应向游客作出真实情况说明和明确警示,同时,导游人员要按照旅行社的要求采取防止危害发生的必要措施,否则,导游人员和旅行社就要承担相应的法律责任。

9. 不向旅游者兜售物品或索要小费的义务

《导游人员管理条例》(2017年修订)第十五条规定:"导游人员进行导游活动,不得向旅游者兜售物品或者购买旅游者的物品,不能以明示或者暗示的方式向旅游者索要小费。"《旅游法》(2018年修正)第四十一条规定:"导游人员进行导游活动,不得诱导、欺骗、强迫或者变相强迫旅游者购买或者参加另行付费旅游项目。"导游人员在进行导游活动时,职责只是为旅游者提供向导、讲解及相关旅游服务,而向旅游者兜售物品或者购买旅游者的物品,均不属于其职责范围,同时,也极易造成交易上的不公平和不公正,从而侵害旅游者的合法权益,损害导游人员的职业形象。

10. 不得欺骗、胁迫旅游者消费的义务

《导游人员管理条例》(2017年修订)第十六条规定:"导游人员进行导游活动,不得欺骗、胁迫旅游者消费或者与经营者串通欺骗、胁迫旅游者消费。"《旅游法》(2018年修正)第四十一条规定:"导游人员进行导游活动时,不得诱导、欺骗、强迫或者变相强迫旅游者购物或者参加另行付费旅游项目。"

课堂讨论

宁师傅是贵阳某旅游公司的导游,前几天他带着旅游大巴去贵阳火车站接几个从河南来的游客,对方到达的时间比预定的时间迟到了15分钟。虽说这影响了大家的行程,但是游客晚点也是时有发生的事,所以宁师傅也没有说什么,可没想到对方一上车就提出了无理的要求。由于几个人上车比较晚,当他们上车的时候,前排已经坐满了,但是这几个游客坚持要求坐在第1排,宁师傅让他们往后面坐一些。一位大妈表示自己晕车晕得很厉害,身体不舒服,所以必须要坐在第1排。

面对这样的游客,宁师傅也非常生气,没控制好自己的情绪,对那位大妈说,司机的座位是第1排,你坐不坐? 没想到那大妈还真的就去驾驶位置上坐下了。一个人不配合,就会耽误全车人的行程,其他游客上前劝阻,最终,那位大妈从驾驶座位上离开了,可这个时候宁师傅又说了一句:你怎么不坐在那里了? 这句话让那位大妈怒不可遏,上前就给了宁师傅一耳光。当时,宁师傅觉得耳朵刺痛,脑子嗡嗡响,到医院检查才知道耳膜居然穿孔了。

材料来源: 搜狐网.游客大妈迟到反将导游打到耳膜穿孔,最终赔偿450元! [EB/OL]. [2023-08-26]. https://www.sohu.com/a/409728215_163019.

思考: 游客就"上帝"吗? 游客有哪些义务要履行? 事件中的导游是否存在履职问题?

四、导游人员的法律责任

(一) 民事责任

在我国,导游人员一般都是根据职务关系或者聘用合同关系来履行旅行社与旅游者之间签订的旅游合同约定的义务。因此,导游人员必须按照旅游合同的约定为旅游者提供相应的服务。如果导游人员随意改变旅游路线,减少或改变服务项目,使旅游者未能得到旅游合同约定的服务,而造成旅游者权利和利益的损害,就应承担相应的赔偿责任。同时,由于导游人员的侵权行为而使旅游者人身或财产遭受损害时,导游人员同样要承担相应的赔偿责任。例如,有的导游没有给旅游者把旅游过程中可能发生的危险讲清楚,结果发生了旅游者人身伤亡事故;有的导游为拿到回扣,而要旅游者购买质次价高的商品;等等。

但是,由于导游人员并不直接与旅游者签订旅游合同,而是接受旅行社的委派以旅行社的名义进行活动,对于上述导游人员的行为给旅游者造成的损害应由旅行社承担民事赔偿责任。在旅行社承担了民事赔偿责任以后,旅行社可根据聘用合同或者旅行社内部的规章制度对导游人员给予行政处分,并追偿经济损失。但对于与导游活动无关的导游人员行为给旅游者造成的损害,应由导游人员自己承担相应民事赔偿责任。

(二) 行政责任

导游人员违反《导游人员管理条例》(2017年修订)的有关规定,有下列行为的,应当由旅游行政管理部门给予行政处罚:

(1) 无导游证进行导游活动。无导游证进行导游活动的,由旅游行政部门责令予以改正,并处1 000元以上3万元以下的罚款;有违法所得的,并处没收违法所得。

（2）私自承揽或直接承揽导游业务。导游人员未经旅行社委派，私自承揽或者以其他任何方式直接承揽导游业务，进行导游活动的，由旅游行政部门责令改正，处 1 000 元以上 3 万元以下的罚款；有违法所得的，并处没收违法所得；情节严重的，由省、自治区、直辖市人民政府旅游行政部门吊销导游证并予以公告。

（3）损害国家利益和民族尊严。导游人员进行导游活动时，有损害国家利益和民族尊严的言行的，由旅游行政部门责令改正；情节严重的，由省、自治区、直辖市人民政府旅游行政部门吊销导游证并予以公告；对该导游人员所在的旅行社给予警告直至责令停业整顿。

（4）未佩戴导游证。导游人员进行导游活动时未佩戴导游证的，由旅游行政部门责令改正；拒不改正的，处 500 元以下的罚款。

（5）违反旅游服务规定。导游人员有下列情形之一的，由旅游行政部门责令改正，暂扣导游证 3～6 个月；情节严重的，由省、自治区、直辖市人民政府旅游行政部门吊销导游证并予以公告：擅自增加或者减少旅游项目的；擅自变更接待计划的；擅自中止导游活动的。

（6）向旅游者兜售物品或者购买旅游者物品和索要小费。导游人员进行导游活动，向旅游者兜售物品或者购买旅游者的物品的，或者以明示、暗示的方式向旅游者索要小费的，由旅游行政部门责令改正，处 1 000 元以上 3 万元以下的罚款；有违法所得的，并处没收违法所得；情节严重的，由省、自治区、直辖市人民政府旅游行政部门吊销导游证并予以公告；对委派该导游人员的旅行社给予警告直至责令停业整顿。

（7）欺骗、胁迫旅游者消费。导游人员进行导游活动，欺骗、胁迫旅游者消费或者与经营者串通欺骗、胁迫旅游者消费的，由旅游行政部门责令改正，处 1 000 元以上 3 万以下的罚款；有违法所得的，并处没收违法所得；情节严重的，由省、自治区、直辖市人民政府旅游行政部门吊销导游证并予以公告；对委派该导游人员的旅行社给予警告直至责令停业整顿。

(三) 刑事责任

导游人员在工作中，若违反我国有关法律法规的规定，情节严重，触犯刑律的，将由司法机关追究其刑事责任。例如，导游人员进行导游活动时，欺骗、胁迫旅游者消费或者与经营者串通欺骗、胁迫旅游者消费的，除了应承担上述行政责任外，构成犯罪的，将依法追究刑事责任[①]。

第三节　在线旅游服务经营管理

一、管理必要性与对象

(一) 管理必要性

近年来，随着我国在线旅游市场快速增长，在线旅游企业和平台的数量不断增多，不

---

① 王莉霞.旅游法规：理论与实务[M].3 版.大连：东北财经大学出版社，2014：85 - 86.

仅方便了广大人民群众出游,也促进了旅游消费和行业发展。与此同时,个别企业和平台违反相关法律法规规定,侵害游客的合法权益、扰乱旅游市场秩序的现象时有发生,其中个别性质恶劣的案件更引起了社会的广泛关注,给行业健康有序发展带来了较大负面影响。因此,广大人民群众对此反映强烈,要求加强市场监管、规范市场秩序已成为社会共识。

在线旅游企业和平台具有线下旅游行业的服务主体,以及在线电子商务平台的经营者的双重身份。因此,国家出台《中华人民共和国网络安全法》(2016年)、《中华人民共和国电子商务法》(2018年)等法律法规对在线旅游经营服务进行规范管理。在此基础上,为进一步保障旅游者合法权益、规范在线旅游市场秩序、促进在线旅游可持续发展,文化和旅游部发布、施行《在线旅游经营服务管理暂行规定》(2020年)。

（二）管理对象

在线旅游经营服务指通过互联网等信息网络为旅游者提供包价旅游服务或者交通、住宿、餐饮、游览、娱乐等单项旅游服务的经营活动。在我国境内提供的在线旅游经营服务,均受《在线旅游经营服务管理暂行规定》(2020年)的约束。

在线旅游经营者指从事在线旅游经营服务的自然人、法人和非法人组织,包括在线旅游平台经营者、平台内经营者以及通过自建网站、其他网络服务提供旅游服务的经营者。其中,平台经营者指为在线旅游经营服务交易双方或者多方提供网络经营场所、交易撮合、信息发布等服务的法人或者非法人组织。平台内经营者是指通过平台经营者提供旅游服务的在线旅游经营者。

二、运营相关制度要求

（一）进行资质审核

在线旅游经营者经营旅行社业务的,应当依法取得旅行社业务经营许可。在线旅游平台经营者应当对平台内经营者的身份、地址、联系方式、行政许可、质量标准等级、信用等级等信息进行真实性核验、登记,建立登记档案,并定期核验更新。平台经营者应当督促平台内经营者对其旅游辅助服务者的相关信息进行真实性核验、登记。同时,在线旅游平台经营者对其平台内经营者服务情况、旅游合同履行情况以及投诉处理情况等产品和服务信息、交易信息依法进行记录、保存,进行动态管理。

（二）依法签订合同和购买保险

在线旅游经营者为旅游者提供包价旅游服务的,应当依法与旅游者签订合同,并在全国旅游监管服务平台填报合同有关信息。

经营旅行社业务的在线旅游经营者应当投保旅行社责任险。在线旅游经营者应当提示旅游者投保人身意外伤害保险。销售出境旅游产品时,应当为有购买境外旅游目的地保险需求的旅游者提供必要协助。

（三）搭建平台内容审核

在线旅游平台经营者应当对上传至平台的文字、图片、音视频等信息内容加强审核,确保平台信息内容安全。发现法律、行政法规禁止发布或者传输的信息,应当立即停止传输该信息,采取消除等处置措施防止信息扩散,保存有关记录并向主管部门报告。

社交网络平台、移动应用商店等信息网络提供者知道或者应当知道他人利用其服务从事违法违规在线旅游经营服务,或者侵害旅游者合法权益的,应当采取删除、屏蔽、断开链接等必要措施。

(四)建立应急机制

在线旅游经营者应当依法建立旅游者安全保护制度,制定应急预案,结合有关政府部门发布的安全风险提示等信息进行风险监测和安全评估,及时排查安全隐患,做好旅游安全宣传与引导、风险提示与防范、应急救助与处置等工作。

同时,在线旅游经营者应当按照《中华人民共和国网络安全法》(2016年)等相关法律规定,贯彻网络安全等级保护制度,落实网络安全管理和技术措施,制定网络安全应急预案,并定期组织开展演练,确保在线旅游经营服务正常开展。

(五)维护旅游者正当评价权

在线旅游经营者应当保障旅游者的正当评价权,不得擅自屏蔽、删除旅游者对其产品和服务的评价,不得误导、引诱、替代或者强制旅游者作出评价,对旅游者作出的评价应当保存并向社会公开。在线旅游经营者删除法律、法规禁止发布或者传输的评价信息的,应当在后台记录和保存。

(六)不得进行虚假宣传和价格歧视

在线旅游经营者应当提供真实、准确的旅游服务信息,不得进行虚假宣传;未取得质量标准、信用等级的,不得使用相关称谓和标识。在线旅游平台经营者应当以显著方式区分标记自营业务和平台内经营者开展的业务。在线旅游经营者为旅游者提供交通、住宿、游览等预订服务的,应当建立公开、透明、可查询的预订渠道,促成相关预订服务依约履行。

在线旅游经营者应当保护旅游者个人信息等数据安全,在收集旅游者信息时事先明示收集旅游者个人信息的目的、方式和范围,并经旅游者同意。在线旅游经营者不得滥用大数据分析等技术手段,基于旅游者消费记录、旅游偏好等设置不公平的交易条件,侵犯旅游者合法权益。同时,应当协助文化和旅游主管部门对不合理低价游进行管理,不得为其提供交易机会。

(七)明确投诉渠道

在线旅游平台经营者应当在首页显著位置公示全国旅游投诉渠道。该平台内经营者与旅游者发生旅游纠纷的,在线旅游平台经营者应当积极协助旅游者维护合法权益。鼓励平台经营者先行赔付。

(八)依法上报

在线旅游平台经营者发现以下情况,应当立即采取必要的救助和处置措施,并依法及时向县级以上文化和旅游主管部门报告:提供的旅游产品或者服务存在缺陷,危及旅游者人身、财产安全的;经营服务过程中发生突发事件或者旅游安全事故的;平台内经营者未经许可经营旅行社业务的;出现法律、法规禁止交易的产品或者服务的;其他应当报告的事项。

三、监督检查与法律责任

（一）监督检查主体和内容

1. 文化和旅游部

文化和旅游部按照职责依法负责全国在线旅游经营服务的指导、协调、监管工作。各级文化和旅游主管部门应当建立日常检查、定期检查以及与相关部门联合检查的监督管理制度,依法对在线旅游经营服务实施监督检查,查处违法违规行为。

2. 县级及以上地方文化和旅游主管部门

县级及以上地方文化和旅游主管部门按照职责分工负责本辖区内在线旅游经营服务的监督管理工作,应采取必要措施保护数据信息的安全。县级以上文化和旅游主管部门对有不诚信经营、侵害旅游者评价权、滥用技术手段设置不公平交易条件等违法违规经营行为的在线旅游经营者,可以通过约谈等行政指导方式予以提醒、警示、制止,并责令其限期整改。

县级以上文化和旅游主管部门依法建立在线旅游行业信用档案,将在线旅游经营者市场主体登记、行政许可、抽查检查、列入经营异常名录或者严重违法失信企业名单、行政处罚等信息依法列入信用记录,适时通过全国旅游监管服务平台或者本部门官方网站公示,并与相关部门建立信用档案信息共享机制,依法对严重违法失信者实施联合惩戒措施。

（二）法律责任

在线旅游平台经营者知道或者应当知道其平台内经营者不符合保障旅游者人身、财产安全要求或者有其他侵害旅游者合法权益行为,未及时采取必要措施的,依法与该平台内经营者承担连带责任。在线旅游平台经营者未对其平台内经营者资质进行审核,或者未对旅游者尽到安全提示或保障义务,造成旅游者合法权益损害的,依法承担相应责任。相关侵害旅游者合法权益的行为如下。

1. 传播违法违规信息

在线旅游经营者违法相关规定,对法律、行政法规禁止发布或者传输的信息未停止传输、采取消除等处置措施、保存有关记录的,由县级以上文化和旅游主管部门依照《中华人民共和国网络安全法》(2016 年)第六十八条有关规定,给予"责令改正,给予警告,没收违法所得;拒不改正或者情节严重的,处 10 万元以上 50 万元以下罚款,并可以责令暂停相关业务、停业整顿、关闭网站、吊销相关业务许可证或者吊销营业执照,对直接负责的主管人员和其他直接责任人员处 1 万元以上 10 万元以下罚款"处理。

2. 未取得经营许可

在线旅游经营者未依法取得旅行社业务经营许可开展相关业务的,由县级以上文化和旅游主管部门或者市场监督管理部门依照《旅游法》(2018 年修订)第九十五条的规定,给予"责令改正,没收违法所得,并处1万元以上10万元以下罚款;违法所得10万元以上的,并处违法所得1倍以上5倍以下罚款;对有关责任人员,处2000元以上2万元以下罚款"处理。

3. 未依法投保旅行社责任保险

在线旅游经营者未依法投保旅行社责任保险的,由县级以上文化和旅游主管部门依照《旅游法》(2018年修订)第九十七条有关规定,给予"责令改正,没收违法所得,并处5000元以上5万元以下罚款;违法所得5万元以上的,并处违法所得1倍以上5倍以下罚款;情节严重的,责令停业整顿或者吊销旅行社业务经营许可证;对直接负责的主管人员和其他直接责任人员,处2000元以上2万元以下罚款"。

4. 虚假宣传和不合理低价游

在线旅游经营者未取得质量标准、信用等级使用相关称谓和标识的,由县级以上文化和旅游主管部门责令改正,给予警告,可并处3万元以下罚款。未在全国旅游监管服务平台填报包价旅游合同有关信息的,由县级以上文化和旅游主管部门责令改正,给予警告;拒不改正的,处1万元以下罚款。

在线旅游经营者为以不合理低价组织的旅游活动提供交易机会的,由县级以上文化和旅游主管部门责令改正,给予警告,可并处3万元以下罚款。

5. 其他

平台经营者有下列情形之一的,由县级以上文化和旅游主管部门依照《中华人民共和国电子商务法》(2018年)第八十条的规定,给予"责令限期改正;逾期不改正的,处2万元以上10万元以下的罚款;情节严重的,责令停业整顿,并处10万元以上50万元以下的罚款"处理:不依法履行核验、登记义务的;不依法对违法情形采取必要处置措施或者未报告的;不依法履行商品和服务信息、交易信息保存义务的。

课堂讨论

2021年,浙江省某中级人民法院立案受理了胡某与某在线旅游服务平台的侵权责任纠纷一案。在该案中,胡某认为该平台向自己提供的酒店预订服务价格明显高于普通客户预订价格及市场价格。因此,该平台构成欺诈,存在虚假宣传。

2020年7月18日,胡某在该在线旅游服务APP中预订了当天酒店豪华大床房一间,订单金额为2889元,并于当天上午8点42分付款完成。上午8点53分,酒店对外电话接到自称王先生的人来电,以胡某名义直接向酒店预订,房款1377.63元通过微信支付,且注明房价保密。在7月19日退房时,胡某要求酒店开具发票,发现酒店房价为1377.63元,胡某遂当即电话向该平台客服反映,但客服声称"需要核实后进行回电"。然而,该平台公司自行举出的、欲证明酒店房价实际为1621元的暗访录音显示,该平台客服以潜在顾客名义致电酒店。暗访录音中可听见一人询问订房价格,对方回复称"1073元",又询问昨日订房价格,对方较为诧异,随意说了"1621元"价格,对话即结束。随后(7月19日

13 点 31 分），该公司客服回复胡某称，已向酒店核实，诉争房间酒店向该平台提供的原价为 1 621 元，提前预订打八五折，因该平台为提前预订，故实际支付给酒店的房价为 1 377.63 元。该平台愿意按原价 1 621 元收取并退款 1 268 元，并于当日 13 点 50 分向胡某退款 1 268 元。胡某不满平台处理方式，遂提起诉讼要求赔偿，同时要求该平台在其开发的携程 APP 增加选项，让客户不同意其《服务协议》和《隐私条款》时，仍能使用该 APP。

材料来源：中国法院网.浙江一女子以携程采集非必要信息"杀熟"诉请退一赔三获支持[EB/OL]．[2023 - 10 - 21]．https://www.chinacourt.org/article/detail/2021/07/id/6146423.shtml.

思考：该在线旅游服务平台在案件中所存在的不合理经营行为有哪些？应如何对大数据"杀熟"进行有效管理？

 复习思考

（1）简述旅行社的法律特征。

（2）如何理解旅行社责任保险制度？

（3）导游人员有哪些责任和义务？

（4）导游人员要承担哪些法律责任？

（5）在互联网时代，应如何加强对在线旅游服务平台的管理？

第十章

旅游服务合同管理

学习要点
- 旅游服务合同的主客体与内容。
- 旅游服务合同的履行、转让、解除与终止。
- 旅游服务合同的违约责任。
- 包价旅游合同的相关义务。
- 住宿服务合同中饭店的权利与义务。

第一节　旅游服务合同相关法律界定

一、旅游服务合同概述

（一）旅游服务合同

旅游服务合同指旅游经营者提供旅游服务的合同，既包括旅游经营者与旅游者之间关于提供、享受旅游服务的合同，也包括旅游经营者之间关于提供、购买旅游服务的合同。旅游活动具有"吃、住、行、游、购、娱"六大要素的基本属性，使得旅游服务合同的类型多样，主体多元。

（二）旅游服务合同的主体、内容与客体

旅游服务合同的关系主体是具有平等资格的当事人，不允许一方当事人将自己的意志强加给对方当事人。旅游服务合同是当事人之间（如旅游者与旅游经营企业之间，旅行社、饭店、餐饮、交通、景点等旅游企业相互之间）意思表示一致的结果。

旅游服务合同的内容指双方当事人在旅游活动中所约定的旅游权利和义务。旅游活动接待方有按约定的标准收取旅游服务费，不受任何单位和个人的干预等权利；同时，按约定提供旅游服务，如安排旅游者的交通、食宿、游览、讲解及保护旅游者的人身和财物安全等。

旅游服务合同的关系客体是关系主体为实现一定旅游活动而约定的旅游权利和旅游

业务所指向的事物,即旅游者所消费的事物。旅游合同双方当事人因旅游权利和旅游义务而联结起来,通过双方共同指向的关系客体让权利、义务得以实现。

(三) 旅游服务合同的类型

旅游服务合同主要为包价旅游合同和旅游代办合同。

包价旅游合同是传统意义上的组团合同,指旅行社提供有关旅行的全部服务(包括吃、住、行、游、购、娱等旅游服务),游客支付费用的旅游合同。

旅游代办合同,被称为委托旅游合同或者中间人承办的旅行合同,是目前旅游者与旅行社签订的另一种常见的旅游合同。在实际的旅游活动中,旅游者既希望减少自助旅游的不便,又希望自由支配旅游空间,往往会借助旅行社的专业知识、业务经验和渠道,委托旅行社代办部分与旅游有关的服务,如代订机票、车票、客房,代办出境、入境和签证手续及代办旅游保险等。此时,旅游者与旅行社之间签订的合同就是旅游代办合同。

二、旅游服务合同的订立与效力

(一) 订立合同的主体资格

《中华人民共和国合同法》(1999 年)第九条规定:"当事人订立合同,应当具有相应的民事权利能力和民事行为能力。当事人依法可以委托代理人订立合同。"

对于自然人而言,具有完全行为能力的自然人可以订立一切法律允许自然人作为合同主体的合同;限制行为能力的自然人只能定一些与自己的年龄、智力、精神状态相适应的合同,其他合同只能由其法定代理人代为订立或经法定代理人同意后订立;无民事行为能力的自然人不能作为合同的主体,如果需要订立合同,只能由其法定代理人代为订立。

对于法人和其他组织而言,因为有经营、活动范围的法律限定,所以法人和其他组织的权利能力也是有所限制的。法人和其他组织超越经营、活动范围订立合同有可能导致合同无效。合同当事人订立合同,不一定要身体力行,可以委托他人代订。比如,法人的许多合同都是由法人的委托代理人订立的。代理人订立合同时,一般应向对方出具其委托人签发的授权委托书。

(二) 订立合同的要约与承诺

合同签订的程序指合同当事人就合同的内容进行协商,达成一致的过程,一般分为要约、承诺两个阶段。

1. 要约

要约指当事人一方向对方发出的希望和对方订立合同的意思表示。发出要约的当事人称为要约人,接受要约的当事人称为受要约人。

一项要约成立,以及产生法律效力必须同时具备下列条件:

(1) 要约必须具有订立合同的意图。要约具有订约意图,因此要约一经承诺,就可以产生合同,要约人要受到要约的约束。

(2) 要约必须向要约人希望与其缔结合同的受约人发出。要约原则上应向一个或数个特定人发出,即受约人原则上应当特定。

（3）要约的内容必须具体确定。"具体"指要约的内容必须具有足以使合同成立的主要条款；"确定"指要约的内容必须明确，不能含糊不清，使受要约人不能理解要约人的真实含义。

要约作为表达希望与他人订立合同的一种意思表示，包含了可以得到履行的合同成立所需要具备的基本条件。在此情况下，如果受要约人表示接受此要约，则双方达成订立合同的合意，合同也即告成立。例如，旅行社为招徕游客，向某公司发出一份线路宣传品，如果这份旅游线路宣传品中包含了旅游行程（包括乘坐的交通工具、游览的景点、住宿的标准、餐饮的标准等）安排、旅游价格、违约责任等，则应视为要约，即内容是具体确定的，如果某公司表示接受该要约，双方即可达成订立合同的合意，而旅行社就要受该要约的约束。

要约可以撤销，但撤销要约的通知应当在受要约人发出承诺通知之前到达受要约人。若有下列情形之一，则不得撤销要约：

（1）要约确定了承诺期限或者以其他形式明示要约不可撤销。

（2）要约人有理由认为要约是不可撤销的，并已经为履行合同作了准备工作。

要约邀请，又称要约引诱，即希望他人向自己发出要约的意思表示。旅游合同要约邀请本身不发生任何法律效力，也可称为缔结旅游合同的准备行为。要约邀请与要约是两个不同的概念，其区别主要体现在以下几个方面：

（1）要约邀请是希望他人向自己发出要约，要约是希望和他人订立合同。

（2）要约邀请是向不特定的多数人作出，要约是向特定的人作出。

（3）要约邀请往往只含有合同要素的某一方面，要约的内容是具体确定的。

（4）要约邀请并不表明一经承诺即受约束，要约一经承诺即具有法律效力。

2. 承诺

承诺指受要约人接受要约人发出的要约，与要约人订立合同的意思表示。有效的承诺必须具备以下条件：

（1）承诺必须由受要约人向要约人作出。

（2）承诺必须是对要约明确表示同意的意思表示。

（3）承诺的内容必须与要约的内容相一致。

（4）承诺必须在要约的有效期限内作出。

依据《中华人民共和国合同法》（1999 年），承诺应以通知的方式作出，也可根据交易习惯或者要约表明可以通过行为作出承诺。可见，承诺应以通知（明示）的方式作出，缄默或者不行为不视为承诺。在订立合同的过程中，合同双方当事人往往就合同的具体条款进行反复协商，最终达成一致的意见。例如，旅行社向旅游者发出要约，旅游者对行程满意，但表示价格过高，此时，旅游者的意思表示构成反要约；若旅行社接受，则旅行社的意思表示构成承诺。

(三) 订立合同的内容与形式

1. 内容

（1）当事人名称或者姓名和住所。旅游合同是旅游法律关系主体意思表示一致的产物,将主体的基本情况列明于合同中为合同内容所必需,亦为日后解决可能出现的纠纷指明了对象。

（2）标的。旅游合同的标的指订立旅游合同的双方（或多方）当事人权利和义务指向的事物,体现了当事人订立旅游合同的目的和要求。旅游合同标的的条款包括标的名称、规格、型号、商标等。例如,约定旅行游览的城市、旅游景点、参观项目、交通工具的种类和型号、住宿酒店的星级标准以及餐饮饮料的种类和档次等。

（3）数量和质量。旅游合同的数量和质量是确定合同标的特征的重要因素,也是旅游合同履行的尺度和标准。合同标的的数量和质量不明确,当事人所要实现的旅游目的也不能达到。因此,旅游合同标的的数量要准确,计量单位也要明确,凡是国家有统一计量标准规定的,应用国家统一度量衡为计量单位。标的的质量标准、技术要求和服务条件也应具体、详细地规定。

（4）价款和酬金。价款和酬金是接受旅游服务、取得旅游产品的一方向对方给付的货币。价款和酬金以货币的数量表示,是旅游商品、旅游服务货币交换关系的客观要求,也是遵循等价有偿原则进行旅游交往的体现。旅游合同应明确规定价款和酬金的数额,包括单价和总额以及计算标准、结算方式和结算程序等。

（5）履行的期限、地点和方式。旅游合同的履行期限、地点和方式是检验旅游合同是否全面正确履行的重要依据。任何旅游合同都应有明确的期限要求。旅游合同的履行期限是双方当事人履行旅游合同的时间界限,在此期限内,当事人应按合同约定履行义务、享有权利,到期不履行即为逾期,要承担由此产生的法律责任。凡需要提前或逾期履行的,双方应事先达成协议,并明确提前或逾期履行的时间幅度。

（6）违约责任。违约责任指旅游合同当事人不履行合同或不适当履行合同所应担负的法律责任,它是维护旅游合同的重要法律手段。旅游合同的违约责任一般应根据法律规定来确定,依据我国《中华人民共和国民法通则》（2009 年修正）和《中华人民共和国合同法》（1999 年）的规定,违约方要承担支付违约金和赔偿金的义务,在对方要求继续履行合同时还必须继续履行。当法律没有明文规定时,双方当事人才可协商确定,并在合同条款中注明。

（7）解决争议的方法。旅游合同当事人就合同内容的理解与合同履行等发生争议时,可通过和解或调解以解决纠纷。就外部有法律效力的解决纠纷的方式而言,有诉讼与仲裁两种方式,两者是平行的解决途径。旅游合同中解决争议的条款,其效力具有独立性,即使合同被撤销或被宣布为无效,解决争议的条款仍然有效。对于合同纠纷的解决方法,仍要采用当事人双方所约定的方式。

2. 形式

《中华人民共和国民法典》（2020 年）第四百六十九条规定:"当事人订立合同,可以采用书面形式、口头形式或者其他形式。"

（1）书面形式。《中华人民共和国民法典》（2020 年）第四百六十九条规定:"书面形式是合同书、信件、电报、电传、传真等可以有形地表现所载内容的形式。"书面形式指以文字的方式表现当事人之间所订立合同内容的形式。书面合同签订程序较为复杂,需要花费较多的时间和精力,但这种书面形式的合同在发生纠纷后易于举证,便于分清责任,有据可查。因此,对于那些重要的合同、关系复杂的合同、数额大的合同、不能立即履行的合同最好采用书面的形式。

(2) 口头形式。口头形式指当事人只用语言表示订立合同,包括当面交谈、电话联系等。口头形式的合同在我们日常生活中随处可见。它的优点就是简单易行,但缺点是无文字依据,一旦发生纠纷难以取证,不易分清责任。因此,在旅游实践中为避免发生不必要的纠纷,特别是针对那些权利和义务不能同时作为的旅游活动,不提倡使用口头形式订立合同。

(3) 其他形式。除书面形式、口头形式外,当事人还可通过推定形式、默示形式等其他形式订立合同。其中,推定形式指当事人未用语言、文字表达其意思表示,仅用行为向对方发出要约,对方接受该要约,做出一定或指定的行为作为承诺,合同成立。行为推定这种合同形式只适用于交易习惯许可时或要约表明时,而不能普遍适用。默示形式指当事人采用沉默的方式进行意思表示,也就是以默认的方式对合同表示认可。需要注意的是,要求采用书面形式签订旅游合同的规定,并没有否认口头形式和其他形式的旅游"事实合同"法律约束力。

(四) 订立合同的生效与无效

1. 合同的生效

《中华人民共和国民法典》(2020 年)第五百零二条规定:"依法成立的合同,自成立时生效,但是法律另有规定或者当事人另有约定的除外。"

合同生效,即合同发生法律效力。对多数合同而言,合同成立的同时即生效。但如果法律、行政法规规定应当办理批准、登记等手续生效的,应依照其规定。当事人对合同的效力可以约定附加条件或期限,合同的生效和失效根据约定的条件或期限确定。

《中华人民共和国合同法》(1999 年)规定,当事人订立合同的生效条件应包括以下几个方面:

(1) 主体合格,即订立合同的当事人具有相应的民事权利能力和民事行为能力。

(2) 当事人意思表示真实。

(3) 合同的内容不违反法律和社会公共利益。

(4) 合同的形式符合法律的规定。

2. 合同的无效

无效合同是相对有效合同而言的,指合同已经成立,但因欠缺合同生效要件而导致法律不予认可其效力的合同。合同无效并不一定是全部无效,部分无效的不影响其余部分时,其余部分仍然有效。

《中华人民共和国合同法》(1999 年)第五十二条规定,有下列情形之一的,合同无效:

(1) 一方以欺诈、胁迫的手段订立合同,损害国家利益。欺诈指一方当事人故意告知对方虚假情况或故意隐瞒真实情况,诱使对方当事人作出错误意思表示的行为;胁迫指以对方当事人及其亲友的生命健康、荣誉、名誉、财产等造成损害为要挟迫使对方作出违背真实的意思表示。采取"欺诈""胁迫"的手段设立的合同违反了自愿和诚实信用原则,属于《中华人民共和国合同法》(1999年)规定的无效合同,但此类合同只有在损害国家利益时才全部无效。

(2) 恶意串通,损害国家、集体或第三人利益。"恶意"指当事人明知其所订立的合同将造成对国家、集体或第三人利益的损害,而仍然故意为之;"串通"在行为上表现为当事人之间在订立和履行损害国家、集体或第三人利益的合同是互相配合。因此,法律确认当事人或其代理人恶意串通损害国家、集体或第三人利益的合同为无效合同。

(3) 以合法形式掩盖非法目的。以合法形式掩盖非法目的指合同当事人设立的合同内容、形式等是合法的,但实际是为了实现一些违法行为的目的。例如,假借订立自费出国旅游合同,以从事偷渡、走私等活动为目的。

(4) 损害社会公共利益。损害社会公共利益(也称违反公共秩序)指合同当事人的行为损害了法律所保护的社会成员的公共利益。例如,为招徕游客,与旅游者签订包括淫秽、赌博等内容的旅游接待合同。

(5) 违反法律、行政法规的强制性规定。违反法律、行政法规的强制性规定包含两方面的内容:一是违反的法律、行政法规和规定必须是法律禁止性规定;二是"强制性的规定"由法律、行政法规来作出,排除了地方性法规和行政规章对无效事由的规定。

(五) 合同的变更与撤销

《中华人民共和国合同法》(1999年)第五十四条规定,若存在下列情况之一,当事人一方有权请求人民法院或者仲裁机构变更或者撤销合同:

(1) 因重大误解订立的。

(2) 在订立合同时有失公平的。一方以欺诈、胁迫的手段或者乘人之危,使对方在违背真实意思的情况下订立的合同,受损害方有权请求人民法院或者仲裁机构变更或者撤销。

1. 可变更或者可撤销合同的概念和条件

可变更或者可撤销的合同,指合同成立以后,存在法定事由,根据一方当事人的申请,人民法院或者仲裁机构在审理后可根据具体情况准许变更或者撤销有关内容的合同。可变更或者可撤销的合同必须具备下列条件:

(1) 必须具有法定事由。法定事由是由法律规定的,即存在重大误解;订立合同时显失公平;一方以欺诈、胁迫的手段或者乘人之危,使对方在违背真实意思的情况下订立的合同的事由。

(2) 必须有一方当事人请求变更或者撤销。根据当事人意思自治原则,对于可以变更或者撤销的合同,必须要有一方当事人即受损害方请求,没有一方当事人的请求,就不会产生"变更或者撤销"的结果。

《中华人民共和国合同法》(1999年)第五十五条规定,具有撤销权的当事人自知道或者应当知道撤销事由之日起一年内没有行使撤销权的;具有撤销权的当事人知道撤销事由后明确表示或者以自己的行为放弃撤销权的,撤销权消灭。

(3) 必须是由人民法院或者仲裁机构来行使变更或者撤销权。《中华人民共和国合同法》(1999 年)规定,对于可变更或者可撤销的合同,必须是由人民法院或者仲裁机构来作出变更或者撤销的裁决,其他任何机关均无权作出此类裁决,当事人也无权作出此类决定。

2. 变更或者撤销的效力

经人民法院或者仲裁机构予以变更的合同具有法律效力,双方当事人必须履行,否则应承担违约责任;而被撤销的合同如同无效的合同,自始就没有法律约束力。合同部分无效,不影响其他部分的效力,其他部分仍然有效。

此外,合同无效、被撤销或者终止的,不影响合同中独立存在的有关解决争议方法的条款的效力,即如果该合同中有关于解决争议方法的条款,虽然该合同被确认无效,被撤销或者终止,但该解决争议条款仍然有效。

3. 合同无效或被撤销的法律后果

《中华人民共和国合同法》(1999 年)第五十八条规定:"合同无效或者被撤销后,因该合同取得的财产,应当予以返还;不能返还或者没有必要返还的,应当折价补偿。有过错的一方应当赔偿对方因此所受到的损失,双方都有过错的,应当各自承担相应的责任。"《中华人民共和国合同法》(1999 年)规定,无效合同、被撤销合同的法律后果可分为以下几种情况:

(1) 返还因该合同取得的财产。如果双方均从对方取得了财产,合同无效或被撤销后,双方应返还已得到的财产;如果仅仅一方取得了财产,则应当将取得的财产返还另一方。

(2) 折价补偿。合同无效或被撤销后,如果不能返还或者没有必要返还从另一方取得的财产,就应当折价补偿。这一规定对双方当事人都是适用的。

(3) 赔偿损失。合同无效或被撤销后,有过错并给对方造成损失的一方应当承担赔偿对方损失的责任。双方都有过错的应当各自承担相应责任。

三、旅游服务合同的履行与违约责任

(一) 合同的履行、转让、解除与终止

1. 合同的履行

合同的履行指债务人全面地、适当地完成其合同义务,债权人的合同债权得到完全实现。合同的订立是前提,合同的履行是关键。从合同效力来看,合同的履行是依法成立的合同所必然发生的法律效果,也是构成合同法律效力的主要内容。合同的履行须遵循以下原则:

(1) 全面履行原则。《中华人民共和国合同法》(1999 年)第六十条规定:"当事人应当按照约定全面履行自己的义务。"

(2) 诚实信用原则。《中华人民共和国合同法》(1999 年)第六十条规定:"当事人应当遵循诚实信用原则,根据合同的性质、目的和交易习惯履行通知、协助、保密等义务。"

（3）协作履行原则。协助履行是诚实信用原则在合同履行方面的体现。一般认为,协助履行原则包括以下内容:① 义务人履行义务,权利人主动受领;② 权利人要为义务人创造条件,提供方便;③ 在履行合同中,双方当事人应加强联系,及时沟通,发现影响合同履行的情况,应及时通知对方,采取必要的措施,排除影响合同履行的因素,避免或减少损失。

（4）经济合理原则。当事人订立合同一般以实现一定的经济目的,双方互惠互利为基础。在合同谈判时,双方是对手,但在合同履行时,双方是交易的伙伴,任何一方在谋求自己最大利益的同时应当尽量减少对方的支出,使双方付出最小的成本,取得最大的合同利益。这主要体现在变更合同时和发生纠纷时,双方都应遵守经济合理原则,将损失尽量减少到最小的程度。

2. 合同的转让

合同的转让,即合同主体的变更,指合同的一方当事人将合同的全部或者部分权利义务转让给第三人,而合同的内容并不发生变化。合同的转让包括合同权利（债权）的转让、合同义务（债务）的转移,合同权利义务的概括转让。

债权人转让权利的,应当通知债务人。未经通知,该转让对债务人不发生法律效力。债权人可以将合同的权利全部或者部分转让给第三人,但有下列情形之一的除外:

（1）根据合同性质不得转让。

（2）按照当事人约定不得转让。

（3）依照法律规定不得转让。

债务人将合同的义务全部或者部分转移给第三人的,应当经债权人同意。具体到旅游合同的实践中,旅游合同签订后,由于出现了某种特殊情况,旅行社无法按时成团,或者旅游者不能随团旅游,无论是旅行社,还是旅游者,假如无法按约履行旅游合同,就面临着承担违约责任的风险。考虑到已经签订旅游合同的既成事实,为了规避风险,旅行社、旅游者都会采取合同转让的方式,尽可能减少因违约造成的经济损失。旅行社通过将签约的旅游者转让给另一家旅行社;旅游者通过将自己的出游权转让给自己的亲朋好友的方式,将自己的权利、义务转让给第三人。所以,旅游合同的转让包括旅行社的转让和旅游者的转让。

3. 合同的解除

合同的解除指在合同成立后,当解除的条件具备时,因当事人一方或双方的意思表示,使基于合同发生的民事权利、义务关系归于消灭的行为。

《中华人民共和国合同法》（1999 年）第九十四条规定,有下列情形之一的,当事人可以解除合同:

（1）因不可抗力致使不能实现合同目的的,一方当事人可以解除合同。所谓不可抗力,是指不能预见、不能避免且不能克服的客观情况。

（2）在履行期限届满之前,当事人一方明确表示或者以自己的行为表明不履行主要债务,一方当事人可以解除合同。所谓明确表示不履行主要债务,指当事人以清楚的意思表示或者向对方当事人传达了不履行主要债务的信息。以自己的行为表明不履行主要债务,指一方当事人以明确的行为表明其不履行主要债务,而且这种情形是发生在履行期限届满之前。

(3) 当事人一方迟延履行主要债务,经催告后在合理期限内仍未履行的,另一方当事人可以解除合同。所谓延迟履行主要债务,即不按规定的时间履行主要债务,经债权人催告后在合理期限内仍未履行,债权人即可据此得出债务人不具备履约能力或者根本不愿意履行的结论,在此情形下,债权人可以解除合同。

(4) 当事人一方迟延履行债务或者有其他违约行为致使不能实现合同的目的,另一方当事人可以解除合同。即由于一方当事人迟延履行债务使合同目的不能实现,或者由于一方当事人的违约行为,使合同的实现已成为不可能,在这种情形下,另一方当事人可以解除合同。

(5) 法律规定的其他情形。

4. 合同的终止

合同的终止,即合同权利义务的终止,指当事人双方终止合同关系,合同确定的当事人之间的权利、义务关系消灭。

《中华人民共和国合同法》(1999 年)第九十一条规定,若有下列情形之一的,则合同的权利义务终止:

(1) 债务已经按照约定履行。

(2) 合同解除。

(3) 债务相互抵消。

(4) 债务人依法将标的物提存。

(5) 债权人免除债务。

(6) 债权债务同归于一人。

(7) 法律规定或者当事人约定终止的其他情形。

(二) 合同的违约责任与承担、免除

1. 违约责任的概念和特征

违约责任指合同当事人违反合同义务所承担的法律责任。《中华人民共和国合同法》(1999 年)中关于违约责任采取严格责任原则,当事人承担违约责任的客观条件是当事人有无履行合同约定的行为,而不论当事人在主观上是否有过错。《中华人民共和国合同法》(1999 年)规定,只要当事人一方不履行合同义务或者履行合同义务不符合约定的,当事人须承担违约责任,除法定免责事由(不可抗力)之外。违约责任具有以下几个特征。

(1) 违约责任以违反合同义务为前提。违约责任产生的基础是双方当事人之间存在合法有效的合同关系。若当事人之间不存在有效的合同关系,则无违约责任而言。违约责任是以违反合同义务为前提的,合同义务是发生合同责任的必要前提,合同责任则是违反合同义务的必然后果。没有违反合同义务的行为,便没有违约责任。

（2）违约责任的确定具有相对的任意性。违约责任的确定,除法律强制规定外,当事人可以在法律规范的指导下,通过合同加以确定,这是由合同自由原则和民事责任的"私人性"所决定的。法律允许合同当事人自主、自愿约定各自的权利义务,也允许当事人通过合同预先约定违约形态,约定违约金的数额幅度、损害赔偿的计算方法,甚至约定免责或限责事由。同时,为保障当事人设立违约责任条款的公正合理,法律也要对其约定予以干预。

（3）违约责任具有补偿性。追究违约责任的目的在于弥补或补偿因违约行为而给合同债权人所造成的财产损失,具体体现在《中华人民共和国合同法》（1999 年）规定的违约责任追究方式上。

（4）违约责任具有相对性。违约责任的相对性指违约责任只能在特定的当事人之间即合同关系的债权人和债务人之间发生,合同关系以外的第三人不负违约责任,合同当事人也不对第三人承担违约责任。

2. 违约责任的归责原则

归责原则是确定当事人违约责任的根据和准则,是贯穿整个违约责任制度的立法指导方针,决定着违约责任的构成要件。《中华人民共和国合同法》（1999 年）对违约责任实行的是严格责任原则,但《中华人民共和国合同法》（1999 年）又对某些违约行为规定了过错责任原则,如供电人责任、承租人的保管责任等。由此可见,《中华人民共和国合同法》（1999 年）在违约责任的归责原则方面实行严格责任,实行以严格责任原则为主导,以过错责任原则为补充的归责原则体系。

3. 违约责任的承担原则

（1）一方违约时违约责任的承担。

《中华人民共和国合同法》（1999 年）第一百零七条规定:"当事人一方不履行合同义务或者履行合同义务不符合约定的,应当承担继续履行、采取补救措施或者赔偿损失等违约责任。"这表明,在合同履行中,若一方未履行合同或者履行合同不符合约定,则应承担违约责任。

（2）双方违约时违约责任的承担。

《中华人民共和国合同法》（1999 年）第一百二十条规定:"当事人双方都违反合同的,应当各自承担相应的责任。"由此规定可见,若双方当事人在履行合同中都没有按照合同约定履行义务,则双方当事人都应当承担相应的违约责任。

（3）由于第三人的原因造成违约时违约责任的承担。

《中华人民共和国合同法》（1999 年）第一百二十一条规定:"当事人一方因第三人的原因造成违约的,应当向对方承担违约责任。当事人一方和第三人之间的纠纷,依照法律规定或者按照约定解决。"

《旅游法》（2018 年修正）第七十一条规定,由于地接社、履行辅助人的原因导致违约的,由组团社承担责任;组团社承担责任后可以向地接社、履行辅助人追偿。

一方面,由于地接社、履行辅助人的原因造成旅游者人身损害、财产损失的,旅游者可以要求地接社、履行辅助人承担赔偿责任,也可以要求组团社承担赔偿责任;组团社承担责任后可以向地接社、履行辅助人追偿。另一方面,由于公共交通经营者的原因造成旅游者人身损害、财产损失的,由公共交通经营者依法承担赔偿责任,旅行社应当协助旅游者向公共交通经营者索赔。

4. 违约责任的承担方式

《旅游法》(2018 年修正)第七十条规定,旅行社不履行包价旅游合同义务或者履行合同义务不符合约定的,应当依法承担继续履行、采取补救措施或者赔偿损失等违约责任;造成旅游者人身损害、财产损失的,应当依法承担赔偿责任。旅行社具备履行条件,经旅游者要求仍拒绝履行合同,造成旅游者人身损害、滞留等严重后果的,旅游者还可以要求旅行社支付旅游费用 1 倍以上 3 倍以下的赔偿金。

(1)继续履行。

《中华人民共和国合同法》(1999 年)第一百一十条规定,当事人一方不履行非金钱债务或者履行非金钱债务不符合约定的,对方可以要求履行,但有下列情形之一的除外:

① 法律上或者事实上不能履行。

② 债务的标的不适于强制履行或者履行费用过高。

③ 债权人在合理期限内未要求履行。

继续履行是指当事人一方不履行合同或者履行合同义务不符合规定时,该违约方根据对方当事人的请求继续履行合同义务的违约责任形式。例如,旅游者要求违约旅行社补齐约定的旅游项目,旅行社要求超额预订客房的饭店安排替代饭店并承担因此额外支出的费用等。继续履行不排除守约方获得违约金和损失赔偿金的权利。继续履行包括金钱债务的继续履行和非金钱债务的继续履行两类。金钱债务是以支付价款或者报酬的形式履行的债务。非金钱债务是指除了金钱债务以外的物、行为和智力成果。

(2)采取补救措施。

《中华人民共和国合同法》(1999 年)第一百一十一条规定:"质量不符合约定的,应当按照当事人的约定承担违约责任。对违约责任没有约定或者约定不明确,依照本法第六十一条的规定仍不能确定的,受损害方根据标的的性质以及损失的大小,可以合理选择要求对方承担修理、更换、重作、退货、减少价款或者报酬等违约责任。"

采取补救措施指为消除或者减轻违约损害后果而采取除继续履行、支付赔偿金、支付违约金、支付定金以外的其他特殊补救措施的行为。

(3)赔偿损失。

《中华人民共和国合同法》(1999 年)第一百一十三条规定:"当事人一方不履行合同义务或者履行合同义务不符合约定,给对方造成损失的,损失赔偿额应当相当于因违约所造成的损失,包括合同履行后可以获得的利益,但不得超过违反合同一方订立合同时预见到或者应当预见到的因违反合同可能造成的损失。"

赔偿损失是指违约方依照法律规定或者合同约定赔偿对方当事人所受损失的责任形式。赔偿损失是最重要的违约责任形式。

（4）支付违约金。

《中华人民共和国合同法》（1999 年）第一百一十四条规定，当事人可以约定一方违约时应当根据违约情况向对方支付一定数额的违约金，也可以约定因违约产生的损失赔偿额的计算方法。违约金是指当事人在合同中约定或者由法律所规定，一方违反合同时应向对方支付一定数量的货币。违约金具有补偿的性质，一般情况下以不高于标的物价款（团费）的 20％为宜。约定的违约金低于造成的损失的，当事人可以请求人民法院或者仲裁机构予以增加；约定的违约金过分高于造成的损失的，当事人可以请求人民法院或者仲裁机构予以适当减少。

（5）定金责任。

《中华人民共和国合同法》（1999 年）第一百一十五条规定："当事人可以依照《中华人民共和国担保法》约定一方向对方给付定金作为债权的担保。债务人履行债务后，定金应当抵作价款或者收回。给付定金的一方不履行约定的债务的，无权要求返还定金；收受定金的一方不履行约定的债务的，应当双倍返还定金。"

在旅游旺季期间，旅游者为了确保旅游企业履行诺言，在签订书面合同的同时，还向旅行社或饭店缴纳了一定数量的定金。定金应当以书面的形式约定，定金的数额由当事人约定，但不得超过主合同标的额的 20％。

5. 违约责任的免除

（1）不可抗力。

《中华人民共和国合同法》（1999 年）第一百二十七条规定："本法所称不可抗力，是指不能预见、不能避免并不能克服的客观情况。"不可抗力通常可分为自然现象和社会现象。自然现象有地震、水涝、洪灾等；社会现象有政治骚乱、罢工等。

根据《中华人民共和国合同法》（1999 年），不可抗力的构成条件如下：

① 不可预见性。所谓不可预见性，是指合同当事人在订立合同时不可抗力事件是否会发生是不可能预见的。

② 不可避免性。所谓不可避免性，是指合同当事人对于可能出现的意外情况尽管采取了及时合理的措施，但是在客观上并不能阻止这一意外情况的发生。

③ 不可克服性。所谓不可克服性，是指合同当事人对于意外事件所造成的损失是不能克服的。如果意外事件造成的结果可以通过当事人的努力而得到克服，则该事件即不属于不可抗力事件。

《中华人民共和国合同法》（1999 年）第一百一十七条规定："因不可抗力不能履行合同的，根据不可抗力的影响，部分或者全部免除责任，但法律另有规定的除外。当事人迟延履行后发生不可抗力的，不能免除责任。"尽管不可抗力可以成为违约方的免责理由，但违约方同时应承担以下法定义务：

① 通知义务。不可抗力发生以后，当事人一方不能履行合同的，应当及时通知对方当事人；未及时通知对方导致对方损失扩大的，对方仍然有权利要求违约方赔偿。

② 提供证明的义务。因不可抗力而不能履行合同的一方当事人，应当在合理期限内

向对方当事人提供不可抗力事件的证明。否则，将不能免责。

《旅游法》（2018 年修正）第六十七条规定，因不可抗力或者旅行社、履行辅助人已尽合理注意义务仍不能避免的事件，影响旅游行程的，按照下列情形处理：

① 合同不能继续履行的，旅行社和旅游者均可以解除合同。合同不能完全履行的，旅行社经向旅游者作出说明，可以在合理范围内变更合同；旅游者不同意变更的，可以解除合同。

② 合同解除的，组团社应在扣除已向地接社或者履行辅助人支付且不可退还的费用后，将余款退还旅游者；合同变更的，因此增加的费用由旅游者承担，减少的费用退还旅游者。

③ 危及旅游者人身、财产安全的，旅行社应当采取相应的安全措施，因此支出的费用，由旅行社与旅游者分担。

④ 造成旅游者滞留的，旅行社应当采取相应的安置措施。因此增加的食宿费用，由旅游者承担；增加的返程费用，由旅行社与旅游者分担。

（2）免责条款。免责条款指当事人在合同中约定的免除其未来责任的条款。免责条款是合同的组成部分，必须经当事人双方充分协商，并以明示的方式作出。

免责条款作为合同的组成部分，其内容必须符合法律的规定才具有法律效力。如果免责条款违反法律、行政法规的强制性规定，损害社会公共利益，该条款不具有法律效力。

第二节　包价旅游合同

一、包价旅游合同的概念、特征与内容

（一）包价旅游合同的概念

《布鲁塞尔旅行契约国际公约》（1970 年）将"包价旅游合同"称为"组织包价旅游合同"，突出旅游经营者组织旅游活动的行为特征。而且，各国的相关法律文件中关于"包价旅游合同"的名称不同。例如，德国、日本称之为"履行契约""旅游契约"；欧盟称之为"一揽子包价旅游合同"；英美国家多称之为"一揽子旅行、一揽子旅游、一揽子度假"等，以突出旅游由多项结合的特征；我国旅游界习惯上将这类合同称为"包价旅游合同"，侧重强调旅游支付的总价支付特征。《旅游法》（2018 年修正）第一百一十一条规定："包价旅游合同，是指旅行社预先安排行程，提供或者通过履行辅助人提供交通、住宿、餐饮、游览、导游或者领队等两项以上旅游服务，旅游者以总价支付旅游费用的合同。"

因此，本节主要讨论旅行社所用的包价旅游合同，其他类型的包价旅游合同暂不阐述。关于包价旅游合同还要注意以下几点内容。

（1）行程安排是包价旅游合同的必备要素。行程安排是包价旅游合同区别于委托、居间合同的根本点。旅行社一些单项或多项代订等经营活动，可以直接适用《中华人民共和国合同法》（1999 年）相关规定。

（2）旅游经营者根据旅游者所定计划来安排行程，虽不是"主动和预先组合旅游服务"，但应该属于包价旅游合同的范畴。

（3）包价旅游合同没有关于旅游时间的限制。"一日游"通常不会超过 24 小时，也不涉及过夜问题，但具备安排旅游行程、提供两项以上服务等特征。

（4）包价旅游合同中旅游服务可由旅行社自己提供，也可通过旅行辅助人提供。

（二）包价旅游合同的特征

（1）包价旅游合同内容中的旅游行程及相关服务由旅行社预先安排。不论是旅行社自主设计，还是根据旅游者具体要求安排的线路和日程，都需要旅行社预先确定行程和吃住安排，并通过向交通、食宿、游览等经营者订购相关服务，使旅游行程及完成行程所必需的相关服务共同组成一个完整的旅行社服务。

（2）包价旅游合同提供两项及以上的服务。交通、住宿、餐饮、游览、导游或者领队服务中任意两项或以上的服务的组合，是包价旅游合同提供服务的构成要件，不论其中的服务是由旅行社直接提供，还是旅行社向相关经营者订购后间接提供。

（3）包价旅游合同价款以总价支付。包价旅游合同价款包括旅行社向交通、住宿、餐饮、游览经营者订购等服务成本，旅行社自身的运营费用、人员工资等经营成本，以及其合理利润。由于旅行社向其他经营者采购批量大、能获得一定的折扣，加上其经营成本和利润，旅游者以总价支付并购买一个完整的服务产品较旅游者个人逐一支出的总额要低，这也是旅行社的市场优势所在。

（三）包价旅游合同的内容

1. 包价旅游合同的基本内容

《旅游法》（2018 年修正）第五十八条规定，包价旅游合同应当采用书面形式，包括下列内容：① 旅行社、旅游者的基本信息；② 旅游行程安排；③ 旅游团成团的最低人数；④ 交通、住宿、餐饮等旅游服务安排和标准；⑤ 游览、娱乐等项目的具体内容和时间；⑥ 自由活动时间安排；⑦ 旅游费用及其交纳的期限和方式；⑧ 违约责任和解决纠纷的方式；⑨ 法律、法规规定和双方约定的其他事项。

《旅游法》（2018 年修正）对包价旅游合同的内容作了详细规定，其中的安排行程是包价旅游合同的必备要素。行程安排是包价旅游合同区别于委托、居间等合同的根本点。同时，包价旅游合同中不再对"旅行社安排的购物次数、停留时间及购物场所的名称"和"需要旅游者另行付费的游览项目及价格"作出约定；另外，增加了关于旅游团成团的最低人数的内容要求。

2. 旅游行程单

《旅游法》（2018 年修正）第五十九条规定，旅行社应当在旅游行程开始前向旅游者提供旅游行程单。旅游行程单是包价旅游合同的组成部分。

旅行社通过提供旅游行程单说明具体旅游服务时间、地点、内容、顺序等具体事项，是对其履行包价旅游合同所作的承诺，以及对其所提供的旅游服务的具体化。因此，包价旅游合同与旅游行程单在内容、标准和权利义务上必须保持一致。旅游行程单是包价旅游合同的组成部分,旅行社应按照包价旅游合同及旅游行程单的规定履行合同。

二、包价旅游合同的订立、履行与相关义务

(一) 包价旅游合同的订立

合同的订立一般包括要约、承诺等过程。包价旅游合同大多采用格式合同的形式,由一方当事人为了反复使用而预先制定,不与对方当事人预先协商。因此,订立合同的双方省略了要约、承诺的过程。在实际的旅游活动中,旅游格式合同包括旅游合同示范文本以及旅行社自己制定的旅游合同。前者为相关政府部门(如旅游主管部门、工商主管部门等)通过公布包价旅游合同示范文本,对合同的基本内容、当事人之间的权利义务进行规范,而后者则是旅行社自己设置的合同格式。无论是采用哪种格式合同,都应遵守《中华人民共和国合同法》(1999 年)、《旅游法》(2018 年修正)、《中华人民共和国民法典》(2020 年)及其他法律、法规的规定。

(二) 包价旅游合同的履行

《旅游法》(2018 年修正)第六十九条规定,旅行社应当按照包价旅游合同的约定履行义务,不得擅自变更旅游行程安排。

经旅游者同意,旅行社将包价旅游合同中的接待业务委托给其他具有相应资质的地接社履行,应与地接社订立书面的委托合同,约定双方的权利和义务,向地接社提供与旅游者订立的包价旅游合同的副本,并向地接社支付不低于接待和服务成本的费用。地接社则应按照包价旅游合同和委托合同向旅游者提供相应的旅游服务。

旅游者一方通常在订立包价旅游合时完成了团费的缴纳,即适当履行了包价旅游合同。而旅行社一方,除旅游者个人的原因或不可抗力等客观因素可以解除、变更合同外,必须根据合同所约定的服务内容和标准,向旅游者提供其所承诺的相关服务,且不得降低档次、增减项。

《旅游法》(2018 年修正)第六十条规定,旅行社委托其他旅行社代理销售包价旅游产品并与旅游者订立包价旅游合同的,应当在包价旅游合同中载明委托社和代理社的基本信息。

旅行社依照本法规定将包价旅游合同中的接待业务委托给地接社履行的,应在包价旅游合同中载明地接社的基本信息。旅行社将接待业务委托给地接社,并不属于组团社将包价旅游合同转让给地接社。既然组团社在旅游目的地并非自行提供旅游接待服务,则应尊重旅游者的信息知情权,将旅游目的地地接社的相关信息告知旅游者,以便旅游者充分了解地接社将要提供的旅游服务。

(三) 包价旅游合同的相关义务

在包价旅游合同的签订过程中,旅游者往往没有商讨合同内容的余地,因此,法律对旅游经营者的相关义务作了详细规定。

1. 旅行社说明和解释旅游合同条款的义务

《旅游法》(2018 年修正)第五十八条规定,旅行社须说明和解释的报价旅游合同的内

容包括旅行社、旅游者的基本信息;旅游行程安排;旅游团成团的最低人数;交通、住宿、餐饮等旅游服务安排和标准;游览、娱乐等项目的具体内容和时间;自由活动时间安排;旅游费用及其交纳的期限和方式;违约责任和解决纠纷的方式;法律、法规规定和双方约定的其他事项。

2. 旅行社提示购买保险的义务

《旅游法》(2018 年修正)第六十一条规定:"旅行社应当提示参加团队旅游的旅游者按照规定投保人身意外伤害保险。"人身意外伤害保险指保险人于被保险人遭受意外伤害时,负有给付保险金义务的保险。其中,作为被保险人的旅游者可自愿选择购买人身意外伤害保险。需要强调的是,人身意外伤害险与旅行社责任险不同,当旅游者损害发生时,即便旅游者购买了该保险,也不能免除旅行社应当依法承担的责任。

3. 旅行社的告知义务

《旅游法》(2018 年修正)第六十二条规定,订立包价旅游合同时,旅行社应当向旅游者告知下列事项。

(1) 旅游者不适合参加旅游活动的情形。"不适合"的情形包括旅游者自身年龄、健康原因等;旅游活动既包括全部旅游行程,如心血管疾病患者不适宜报名参加赴高原地区的行程,也包括行程中某些旅游项目,如老年人、腰颈椎病患者不宜参加漂流活动等。

(2) 旅游活动中的安全注意事项。安全注意事项包括行程和项目两个方面,如组织北方地区的旅游者赴热带地区旅游的行程,就需要告知在当地饮食时需要注意的问题、预防蚊虫叮咬的措施等;在旅游项目中,重点则是《旅游法》(2018 年修正)第八十条关于正确使用相关设施设备的方法、必要的安全防范和应急措施等。

(3) 旅行社依法可以减免责任的信息。《旅游法》(2018 年修正)第六十三至七十二条规定的费用承担、分担或者退还、旅行社协助索赔、旅游者责任自负的规定,都属于减轻或免除旅行社责任的法律规定。

(4) 旅游者应注意旅游目的地的风俗习惯、宗教禁忌,以及相关法律、法规所规定的不宜参加的活动等,避免因对此一无所知而产生法律或道德风险。

(5) 法律、法规规定的其他应当告知的事项。旅游过程中需告知的安全注意性事项,应为旅游活动所构成的特殊风险。作为有行为能力的自然人应具备一般性的常识性风险认知及应对能力,不属于告知的范围。

对于严重危及旅游者人身、财产安全的旅游风险及多发的旅游风险,旅行社应采取书面形式予以告知,并在旅游者进入旅游风险多发地带给予明确的口头警示。若旅行社未履行可能危及旅游者人身、财产安全的旅游项目告知义务,造成旅游者人身损害、财产损失,则应承担相应的法律责任。

三、旅游包价合同中旅游者的权利

(一) 旅游者的转让权

《旅游法》(2018 年修正)第六十四条规定:"旅游行程开始前,旅游者可以将包价旅游合同中自身的权利义务转让给第三人,旅行社没有正当理由的不得拒绝,因此增加的费用由旅游者和第三人承担。"

旅游者转让自身合同权利义务的行为,实质上是包价旅游合同主体的变更。旅游者转让自身合同权利义务需要符合下列两个要求:一是应当向旅行社提出转让的请求;二是应当在"旅游行程开始前"提出,旅游行程开始之后,旅游者即不能提出转让。同时,旅游者行使包价旅游合同的转让权也不是绝对的,旅行社如有正当、合理的理由,有权拒绝旅游者的转让请求。

(二)旅游者的变更权

《旅游法》(2018年修正)第七十三条规定:"旅行社根据旅游者的具体要求安排旅游行程,与旅游者订立包价旅游合同的,旅游者请求变更旅游行程安排,因此增加的费用由旅游者承担,减少的费用退还旅游者。"

根据旅游者要求安排行程的包价旅游是一种新型的旅游方式。这种主要以旅游者自行安排旅游行程为核心,由旅行社为旅游者提供其所要求的交通、住宿、游览等基础旅游服务的旅游方式,能够使旅游者更加自由地安排自己的行程,赋予旅游者极高的自由度。采用此种旅游方式所订立的旅游服务合同,依然属于包价旅游合同,旅行社应根据包价旅游合同的相关规定承担相应的义务。

第三节　住宿服务合同

一、住宿服务合同的概念、形式与特征

(一)住宿服务合同的概念

住宿服务合同指住宿经营者(以下统称"饭店")与住宿人(以下统称"旅客")或者其他人订立的、为获取报酬而向旅客提供住宿服务及相关服务的合同。

(二)住宿服务合同的表现形式

在某些情况下旅客与缔约人可能并非同一人,旅客也不一定就是支付住宿费用的义务人。实践中,住宿服务合同可以是旅客和饭店之间签订,也可以是其他人(第三人)与饭店之间签订。

1. 旅客和饭店之间签订住宿服务合同

在通常情况下,需要旅客到饭店前台,办理住宿登记后,即与饭店订立了住宿服务合同。但是随着现代通信技术和网络技术的发展及广泛应用,越来越多的旅客通过电信和互联网系统与饭店订了住宿合同。

2. 第三人与饭店之间签订住宿服务合同

第三人指接待单位、与旅客之间有旅游合同关系的旅行社,或者家人、朋友。此种住宿服务合同可由第三人在饭店预订,也可通过电话或网络预订。

（三）住宿服务合同的法律特征

住宿服务合同多指旅行社根据包价旅游合同与住宿经营者签订的关于旅游团队住宿酒店、接受住宿服务的合同，具有以下法律特征：

（1）住宿服务合同是旅行社与住宿经营者之间的合同，具有商事合同的性质。无论是旅行社还是住宿经营者都属于经营者，包括法人或其他组织，是商事主体。二者之间的合同具有商事服务的特点。

（2）住宿服务合同的基础是包价旅游合同，二者紧密相关。没有旅行社与旅游者之间的包价旅游合同，住宿合同就失去了存在的基础，而没有旅行社与住宿经营者之间的住宿合同，包价旅游合同就无法适当、全面地履行。

（3）住宿合同的利益相关人是旅游者。从住宿合同的角度来看，旅行社签订住宿服务合同的目的是为团队旅游者提供住宿的服务，是其履行合同的一部分，受益人为旅游者。

《旅游法》（2018 年修正）第七十五条规定："住宿经营者应当按照旅游服务合同的约定为团队旅游者提供住宿服务。"

从住宿服务合同的角度来看，旅游者是旅行社与住宿经营者之间的利益第三人。在团队旅游中，旅游者与旅行社之间订立旅游服务合同，合同规定由住宿经营者向旅游者提供住宿服务，旅行社按照旅游服务合同，与住宿经营者之间订立由住宿经营者向旅游者提供住宿服务的合同。虽然旅游者与住宿经营者之间没有直接的合同关系，但按照民事活动诚实信用的基本原则，住宿经营者应当按照旅游服务合同的约定为团队旅游者提供住宿服务。

二、住宿服务合同的产生和终止

（一）住宿服务合同的产生

在实际的旅游活动中，饭店与旅客之间的住宿服务合同关系通常基于客房预订或住宿登记这两种行为而产生。

1. 客房预订

旅客直接或通过第三方向饭店提出了预订请求，而饭店也明确表示接受预订，则在旅客和饭店之间形成了预订合同关系，双方都应当按照预订合同的约定履行相应的义务，否则应承担违约责任。当然，如果双方对违约责任另有约定的，可以按约定来处理。

2. 住宿登记

《旅馆业治安管理办法》（2022 年修订）规定，旅馆必须按照规定为旅客办理住宿登记手续。可见，这是饭店必须遵守的治安管理制度。而从民事法律的角度来看，办理住宿登记手续是饭店与旅客之间住宿合同关系有效成立的重要标志。当旅客按照规定办理了住宿登记、拿到了客房钥匙时，饭店和旅客在住宿及相关服务方面的权利和义务关系正式成立。

（二）住宿服务合同的终止

1. 结账终止

旅客向饭店提出结账离店要求，由饭店提出账单，旅客予以支付，双方合同关系即告终止。事实上，旅客结账后离开旅馆通常有一段"合理的滞留时间"。例如，等车的时间，此时的旅游者具有"潜在客人的身份"，与旅游饭店之间的合同关系仍然存在，旅游饭店对旅游者仍负有"潜在的责任"。

2. 延期终止

关于饭店住宿合同的期限问题，一般的法律原则是：饭店住宿合同可以是定期的，也可以是不定期的，如果住宿合同为不确定期限者，则合同期限为一天，通常为旅客到达后的第二天中午12点即告终止；如果旅客在原住宿合同到期时，提出延期租房的要求，则原住房合同即告终止，在饭店方面同意其继续住宿的情况下，饭店与旅客之间形成了新的住宿合同。

3. 驱逐终止

旅客如果在饭店内实施各种违法犯罪行为，饭店有权将其驱逐，双方的住宿合同关系即告终止。我国法律规定，饭店内严禁卖淫、嫖娼、赌博、吸毒、传播淫秽物品等违法犯罪活动。另外，饭店如果发现住宿旅客患有传染病，饭店同样有权勒令其离店，终止合同关系。

4. 违约终止

如果饭店或旅客一方严重违反了住宿合同规定的义务，另一方有权终止合同关系。例如，饭店方提供的客房根本不适合居住，或者旅客违反合同擅自提前离去，在此情况下终止合同并不影响受损失的一方向另一方索赔的权利。

三、住宿服务合同中的权利和义务

(一) 饭店的权利

1. 在合法情况下，可以不接受或驱逐旅客

饭店是一种公共行业，为公共利益服务是其义务，因而饭店无权挑选旅客，只要顾客适于接待并能够支付费用，饭店就应向旅客提供完善的服务设施和周到的服务。这里虽然强调了旅游饭店的公共服务职能，但饭店在一定条件下可以拒绝接待顾客。一般来说，拒绝旅客的合法理由主要有以下六种情况：

(1) 旅客已满，可以拒绝旅客。

(2) 对卖淫活动的妓女或嫖客，从事盗窃、诈骗、流氓活动的犯罪分子，旅游饭店有权不接受或驱逐。

(3) 拒绝支付合法费用的旅客，旅馆有权不接待或驱逐。

(4) 旅游饭店可以要求患有精神病而又无人监护、或患有传染病的旅客离店，因为这些患者可能对其他旅客的健康和安全构成威胁。

(5) 旅游饭店可以驱逐擅自闯入的人离店。

(6) 旅游饭店可以拒绝携带危险品的人入店。

2. 有权按照有关规定收取费用

旅游饭店和其他饭店一样，提供的服务一般都是有偿的，这是由旅游饭店的商业性质

决定的。旅游饭店大都是独立核算、自负盈亏的经济实体,在其经营活动中必须讲究经济效益。因此,当旅游饭店向旅客提供相应的服务后,有权按照有关规定收取费用,但费用的收取必须遵守国家物价部门的有关规定,且其提供的服务必须质价相符。

饭店应将房价表置于总服务台显著位置,供旅客参考。若饭店给予旅客房价折扣,应以书面形式约定。饭店客房收费以"间/夜"为计算单位(钟点房除外)。按旅客住一"间/夜",计收一天房费;次日 12 时以后、18 时以前办理退房手续者,饭店可以加收半天房费;次日 18 时以后退房者,饭店可加收一天房费。

根据国家规定,饭店可对客房、餐饮、洗浴、电话等服务项目加收服务费,且须在房价表及有关服务价目单上注明。但旅客在饭店商场内购物,不应加收服务费。

3. 有权要求旅客遵守饭店的有关规章制度

为保护旅客的人身安财产全、维护自己的设备设施完全安好、维持正常的营业秩序,饭店拥有制定相应规章制度要求旅客遵守执行的权利。需要注意的是,饭店所制定的规章制度不得与国家的法律法规规章等相违背,同时也不能背离公平公正的基本原则,否则是无效的。

4. 有权要求旅客因过错赔偿饭店损失

例如,旅客损坏饭店设施,旅客预订了房间而不住宿又未及时通知饭店造成饭店损失等,旅游饭店有权要求旅客赔偿损失。

(二) 饭店的义务

1. 按标准提供客房和服务

旅游饭店与旅客的住宿合同一经成立,旅游饭店就有义务按照约定向旅客提供客房及相应服务,否则视为饭店违约,要承担违约责任。

(1) 对于提前预订房间的,饭店届时应为旅客准备好房间。为避免旅客预订后不来住宿而给饭店造成损失,在接到预订通知时应告知旅客饭店对房间的保留时间界限,逾期不来住宿则被视为预订合同终止。饭店因某种客观原因不能向旅客提供预订房间时,在征得旅客同意后可以在本饭店内另换标准相近的房间,并且就高不就低,还应免收第一天该房间高于原订房间的那部分费用。若饭店客房已满,则应该为旅客在当地就近找到相同等级的替代饭店并承担相应的交通费用。若替代饭店的房价高于预订饭店,高出部分的差价则应由预订饭店支付;低于预订饭店则将已经收取的余额部分退还旅客。

(2) 对于未经预订直接来饭店要求住宿的人,只要发现有条件接待并且旅客没有不宜接待的原因,饭店就应热情接待,不得无故拒绝,更不能因种族、民族、性别、国籍、宗教信仰的不同加以拒绝。

(3) 旅客住进饭店后,饭店就应为旅客提供相应的食宿、交通、商品销售、康乐活动等服务设施和项目,这些服务设施和项目应该符合合同约定或有关法律法规规定的质量和标准,如提供的食品、饮料要符合《中华人民共和国食品卫生法》的规定,以免造成旅客食物中毒。

(4) 旅游饭店按标准提供客房和服务后,可收取相应的费用,费用应明码标价,且须符合合同约定和物价管理的有关规定,而服务人员不得私自索要小费和回扣。

2. 保证旅客的人身安全

人身安全是人们最基本的生理需求之一。旅游饭店里有多种因素可能影响到旅客的人身安全,如设备故障、房屋倒塌、食物变质、他人的侵权等,这要求旅游饭店把旅客的人身安全放在十分重要的位置上,排除损害旅客人身安全的各类隐患,消除旅客的不安全感。

为使饭店尽到安全义务,《中国旅游饭店行业规范》(2009年修订)对饭店提出了如下要求:

(1) 饭店客房房门应当装置防盗链、门禁、应急疏散图,卫生间内应采取有效的防滑措施。客房内应当放置服务指南、住宿须知和防火指南。有条件的饭店应当安装客房电子门锁和公共区域安全监控系统。

(2) 饭店应当确保健身、娱乐等场所设施、设备的完好和安全。

(3) 对可能损害旅客人身和财产安全的场所,饭店应当采取防护、警示措施。警示牌应当中外文对照。

(4) 饭店应当采取措施,防止旅客放置在客房内的财物灭失、损毁。

(5) 饭店应当保护旅客的隐私权。饭店员工未经旅客允许不得随意进入旅客下榻的房间,日常清扫卫生、维护保养设施设备或者发生火灾等紧急情况除外。

我国对旅客在旅游饭店内遭受人身伤害的处理,适用《中华人民共和国民法通则》(2009年修正)的有关规定。如果是因为饭店的过错而使旅客遭受人身伤害,则由饭店承担侵权的民事责任;若为旅客自身的过错造成了损害,旅游饭店则不承担责任;若因第三人的过错造成了旅客的人身伤害,则由饭店先承担赔偿责任,然后再由饭店向第三人追偿。

3. 保障旅客的财物安全

旅游饭店对旅客带入饭店的财务有保障其安全的责任。在普通法中,旅游饭店是旅客财物的保管人,按严格责任制处理。也就是说旅游饭店不论有无过失,均对旅客的损失负责。如果旅客财物丢失出自本人过失或欺骗或出于不可抗力,则这一规则不适用。

适用严格责任制是有条件的,旅客在财物丢失时必须提供三个证明:具有旅游饭店登记旅客的身份;财物丢失是在旅游饭店内发生的;损失的财物及其价值。在保管旅客贵重物品方面,《中国旅游饭店行业规范》(2009年修订)规定:

(1) 饭店应当在前厅处设置有双锁的旅客贵重物品保险箱。贵重物品保险箱的位置应当安全、方便、隐蔽,能够保护旅客的隐私。饭店应当按照规定的时限免费提供住店旅客贵重物品的保管服务。

(2) 饭店应对住店旅客贵重物品的保管服务作出书面规定,并在旅客办理入住登记时予以提示。

(3) 旅客寄存贵重物品时,饭店应当要求旅客填写贵重物品寄存单,并办理有关手续。

（4）客房内设置的保险箱仅为旅客提供存放一般物品之用。对没有按规定存放在饭店前厅贵重物品保险箱内而在客房内灭失、损毁的旅客的贵重物品，如果责任在饭店一方，可视为一般物品予以赔偿。

（5）如无事先约定，在旅客结账退房离开饭店以后，饭店可以将旅客寄存在贵重物品保险箱内的物品取出，并按照有关规定处理。饭店应当将此条规定在旅客贵重物品寄存单上明示。

（6）旅客如果遗失饭店贵重物品保险箱的钥匙，除赔偿锁匙成本费用外，饭店还可以要求旅客承担维修保险箱的费用。

4. 依法处理旅客遗留物品

当旅客离店后，如在客房内发现旅客遗留下来的物品，应记录在登记册上，并写明旅客的姓名、房号、时间、物品名称及拾得者姓名，然后交领班送客房部保管，绝不能据为己有。旅客返回索取时，旅游饭店应无条件返还，但可收取一定数量的保管费。按照国际惯例，失物保管期为一年。

（三）旅客的权利

（1）旅客有权利占有合同约定的食宿，并在允许的期限内充分地使用和享受。英美普通法中规定饭店与旅游者之间有明示或默示的协议，即旅游者是专供他使用期间的这房间的唯一占有人，饭店管理人员仅在为了管理饭店的必要的合理目的下才保留其进入的权利，否则将构成对旅客权利的侵犯。

（2）旅客有权利使用并受益于饭店为旅客的普通利益而正常提供的服务，即客人有权享受到饭店提供的一切免费或收费的服务和设施。

（四）旅客的义务

（1）旅客有义务向饭店支付住房费及服务费。如果旅客接受饭店提供的住宿、餐饮或者其他设施而并没有询问这些服务的价格，那么一般情况下他要接受当时正在实施中的价格。

（2）旅客有义务对由他引起的给饭店造成的损失和损害承担责任。这包括旅客本人、他的客人或者任何他应为其负责的人所造成的侵害，一般指对饭店建筑物、各种设备、家具、地毯、亚麻制品、陶器等的损坏。

（3）旅客有义务遵守饭店的有关规章制度。例如，不得在他们的客房中烹调食品，非经允许不得带动物进入饭店的公共场所。而且，饭店有权要求停止或减小任何由旅客引起的各种过高的噪声。

课堂讨论

2023 年 8 月 5 日，云南省旅行社协会发布"2023 年旅行社云南旅游产品参考成本消费提示"。"参考成本"是指跟团游旅游产品销售价格的最低界限，旨在引导来滇游客正确选择旅行社云南旅游产品。通过云南省旅行社协会的市场调研,昆明-大理-丽江5晚6日游的最低价格为2 100元/人。昆明-大理-丽江-版纳7晚8日游的最低价格为2 700元/人。旅游团队人数为16人成团,根据实际人数成本会相应调整。

而"联联旅游"在2023年推出的"昆明大理丽江6天5晚休闲之旅"旅游产品售价为1 280元/人,远低于2 100元/人的标准。而且,游客只能在到达昆明后与当地的旅行社签订旅游合同。

材料来源(节选):

[1] 环球旅讯.全面取缔不合理低价游,云南能否转变成旅游目的地"优等生"?[EB/OL].[2023 - 05 - 26].https://www.traveldaily.cn/article/175673.

[2] 联联旅游.昆明大理丽江6天5晚休闲之旅[EB/OL].[2023 - 05 - 26].http://llqly.cn/hot-route.

思考: 昆明的低价旅游团现象为何屡禁不止?文中所提到的旅游合同有哪些地方不规范?游客该如何保障自己的合法权益?

 复习思考

(1) 旅游服务合同有哪些类型?

(2) 简述订立旅游服务合同的过程。

(3) 旅游服务合同的违约责任有哪些承担原则?

(4) 包价旅游合同中包含哪些内容?

(5) 简述住宿服务合同的法律特征。

第十一章

旅游安全管理与旅游保险

学习要点

- 旅游安全管理的概述和各级旅游安全管理机关的工作职责。
- 旅游安全事故的分类及其处理规定。
- 旅游目的地安全风险等级划分和应急求助制度。
- 旅游经营单位安全管理要求和旅游游览安全管理制度。
- 旅游保险、旅游责任保险制度和旅游保险合同的基础内容。

第一节　旅游安全管理

一、旅游安全管理概述

（一）旅游安全及旅游安全管理

旅游安全有广义、狭义之分，广义的旅游安全指旅游现象中一切安全现象和因素的总称，而狭义的旅游安全一般指《旅游法》（2018 年修正）规定的旅游经营者安全经营和旅游安全活动。《旅游法》（2018 年修正）对旅游安全的规定是对《中华人民共和国安全生产法》（2021 年修正）规定的安全生产的拓展，规范的对象既包括团体旅游者，也包括自助旅游者[①]。

旅游安全管理指旅游行政管理部门及旅游企事业单位为保障旅游者人身、财物等安全，对旅游安全工作进行计划、组织、协调、控制的活动。

（二）旅游安全管理方针与原则

1. 旅游安全管理的方针

《旅游安全管理办法》（2016 年）明确规定，为加强旅游安全管理工作，提高应对旅游突发事件的能力，保障旅游者人身、财物安全，应当贯彻"安全第一，预防为主"的旅游安全管理方针。

---

① 傅远柏.旅游政策与法规：理论与实务［M］.北京：清华大学出版社，2015：135.

"安全第一",即在旅游全过程中,无论是国家旅游行政管理部门,还是旅游经营单位或旅游从业人员,都必须始终把安全工作放在头等重要的地位。安全,不仅影响到旅游业的形象和信誉,还关系到旅游业的生存和发展,更关系到游客的生命、财产安全。没有安全就没有旅游业的存在和发展,也没有对外开放、经济繁荣和社会稳定。

"预防为主",即在旅游全过程中,国家旅游行政管理部门、旅游经营单位和旅游从业人员,要会同有关管理部门、旅游相关行业和旅游相关人员,采取积极的安全防范措施,彻底清除安全隐患。旅游安全要贯彻"预防为主"的方针,防患于未然。这既是旅游发展规律的要求和反应,也是国际、国内旅游发展的经验总结①。

2. 旅游安全管理的原则

(1) 统一领导、分级管理、以基层为主。加强旅游安全管理,必须坚持"统一领导、分级管理、以基层为主"的原则,实行在文化和旅游部统一领导下,各级旅游行政管理部门分级管理,旅游企事业单位为主的安全管理体制。在旅游安全管理上,文化和旅游部主要制定旅游安全的大政方针,并加强对旅游安全工作的宏观领导、组织协调和检查监督等;各级旅游行政管理部门按照属地原则,结合本地旅游安全管理实际,切实加强对旅游安全工作的组织指导、协调管理和检查监督;所有旅游企事业单位,包括旅行社、旅游饭店、旅游车船公司、旅游景区景点、旅游购物商店、旅游娱乐场所等,是落实旅游安全管理工作措施的基层单位,必须认真贯彻落实旅游安全管理的有关规定,使旅游安全工作落到实处,真正为旅游者提供安全、优质的旅游服务。

(2) 上下协作、部门协调。加强旅游安全管理,既是旅游全行业的工作目标和任务,也离不开相关行业的支持和配合,必须坚持"上下协作、部门协调"的原则。坚持"上下协作",要求文化和旅游部在制定旅游安全管理法规规章时认真总结各地旅游行政管理部门、旅游企业在实践中积累的丰富经验和成果;在颁布实施各种法律规章前,广泛征求各地方和旅游企业的意见,充分反映地方和旅游企业的合理要求;各级旅游行政管理部门在贯彻实施旅游安全管理法规规章时,要统一步骤,上下一致,并及时对贯彻落实中的问题、困难予以指导和服务。坚持"部门协调",要求旅游行政管理部门针对旅游业的服务性、综合性及涉及面广的特征,在进行旅游安全管理过程中主动加强与其他部门的协调和合作,积极争取其他部门的支持和配合,形成旅游安全管理的部门联动机制和协作机制,提高旅游安全管理的效率和效果。

(3) 有法必依、执法必严、违法必究。旅游安全管理必须逐步制度化和法制化。一方面,加强旅游安全管理的法规体系建设,使旅游安全管理做到有法可依;另一方面,加大旅游安全普法教育力度,加强对旅游法规制度的贯彻落实,严格按照旅游安全管理法规制度的要求,做到执法必严、违法必究②。

(三) 旅游安全管理制度建设

鉴于旅游安全的重要性,世界各国都十分重视旅游安全管理的立法工作。20 世纪

---

① 李海峰,师晓华,陈文娟,等.旅游政策与法规[M].北京:清华大学出版社,2015:89.
② 李文汇,朱华.旅游政策与法律法规[M].北京:北京大学出版社,2014:157-158.

末,于荷兰海牙举办的各国议会旅游大会上通过了《海牙旅游宣言》(1989年),该宣言明确指出旅游者的安全和保护及对他们人格的尊重是发展旅游的先决条件。此后,世界各国明显加大了旅游安全工作力度,颁发制定和健全了相关法律法规,以保证本国旅游业持续、稳定的发展。我国历来十分重视旅游安全工作,文化和旅游部、公安部等部门曾多次发出通知,要求各地、各企业采取有力措施,保障旅游者的安全。文化和旅游部还多次召开旅游安全管理工作会议,要求旅游安全工作人员齐心协力、忠于职守、认真做好旅游安全工作,并相继出台了一系列旅游安全管理办法和条例,有力地促进了我国旅游安全管理工作的规范化、制度化。

20世纪90年代起,国家先后出台了《关于进一步加强旅游安全保卫工作的通知》(1989年)、《旅游安全管理暂行办法》(1990年)、《重大旅游安全事故报告制度试行办法》(1993年)、《重大旅游安全事故处理程序试行办法》(1993年)、《关于加强旅游涉外饭店安全管理、严防恶性事件发生的通知》(1993年)、《旅游安全管理暂行办法实施细则》(1994年)、《漂流旅游安全管理暂行办法》(1998年)等一系列的旅游安全管理专项政策文件[①]。而且,《中华人民共和国突发事件应对法》(2007年)、《中华人民共和国安全生产法》(2021年修正)等安全管理方面的综合性法律,旅游行业也应遵守和执行。

此外,国家出台的《中华人民共和国食品卫生法》(1995年)、《中华人民共和国道路交通安全法》(2003年)、《中华人民共和国消费者权益保护法》(2013年修正)、《中华人民共和国产品质量法》(2018年修正)、《中华人民共和国消防法》(2021年修正)等法律的内容也涉及旅游安全管理[②]。

《旅游法》(2013年)的颁布确认了旅游安全的法律地位,并明确规定了各级人民政府、旅游经营者及旅游者在旅游安全管理工作中的职责及相关权利和义务[③]。《旅游安全管理办法》(2016年)从经营安全、风险提示、安全管理、处罚规则等方面深化了旅游安全管理的具体内容和要求。《旅游法》(2018年修正)进一步规范和明确政府及其部门、旅游经营者及其从业人员、社会有关机构和组织、旅游者四大主体的安全保障责任,推动"政府、企业、社会、个人"权责统一的旅游安全综合治理模式的形成。

二、旅游安全管理职责

(一) 我国旅游安全管理政府职责

1. 国家旅游行政管理部门

国家旅游行政管理部门(现为文化和旅游部)安全管理工作的主要职责如下:

(1) 制定国家旅游安全管理规章,并组织实施。

(2) 会同国家有关部门对旅游安全实行综合治理,协调处理旅游安全事故和其他安全问题。

---

① 卢世菊.旅游法教程[M].5版.武汉:武汉大学出版社,2014:148.
② 傅远柏.旅游政策与法规:理论与实务[M].北京:清华大学出版社,2015:134-135.
③ 卢世菊.旅游法教程[M].5版.武汉:武汉大学出版社,2014:148.

（3）指导、检查和监督各级旅游行政管理部门和旅游企事业单位的旅游安全管理工作。

（4）负责全国旅游安全管理的宣传、教育工作，组织旅游安全管理人员的培训工作。

（5）协调重大旅游安全事故的处理工作。

（6）负责全国旅游安全管理方面的其他有关事项。

2. 县级以上（含县级）地方旅游行政管理部门

《旅游法》（2018年修正）第七十六条和第七十七条规定："县级以上人民政府统一负责旅游安全工作。县级以上人民政府有关部门依照法律、法规履行旅游安全监管职责。县级以上人民政府及其有关部门应当将旅游安全作为突发事件监测和评估的重要内容。"

县级以上（含县级）地方旅游行政管理部门安全管理工作的主要职责如下：

（1）贯彻执行国家旅游安全法规。

（2）制定本地区旅游安全管理的规章制度，并组织实施。

（3）协同工商、公安、卫生等有关部门，对新开业的旅游企事业单位的安全管理机构、规定制度及其消防、卫生防疫等安全设施、设备进行检查，参加开业前的验收工作。

（4）协同公安、卫生、园林等有关部门，开展旅游安全环境的综合整治工作，防止向旅游者敲诈、勒索、围堵等不法行为的发生。

（5）组织和实施对旅游安全管理人员的宣传、教育和培训工作。

（6）参与旅游安全事故的处理工作。

（7）受理本地区涉及旅游安全问题的投诉。

（8）负责本地区旅游安全管理的其他事项。

（二）旅游安全管理企业职责

旅行社、旅游饭店、旅游车船公司、旅游景区景点、旅游购物商店、旅游娱乐场所及其他经营旅游业务的企事业单位是旅游安全管理工作的基层单位。《旅游法》（2018年修正）第七十九条规定："旅游经营者应当严格执行安全生产管理和消防安全管理的法律、法规和国家标准、行业标准，具备相应的安全生产条件，制定旅游者安全保护制度和应急预案。"

旅游企业安全管理工作的主要职责如下：

（1）设立安全管理机构，配备安全管理人员。

（2）建立安全规章制度，并组织实施。

（3）建立安全管理责任制，并将安全管理的责任落实到每个部门、每个岗位、每个职工。

（4）接受当地旅游行政管理部门对旅游安全管理工作的行业管理和检查、监督。

（5）将安全教育、职工培训制度化、经常化，培养职工的安全意识，普及安全常识，提高安全技能；对新招聘的员工，必须经过安全培训，合格后才能上岗。

（6）新开业的旅游企业单位，在开业前必须向当地旅游行政管理部门申请对安全设施设备、安全管理机构、安全规章制度的检查验收。不合格者，不得开业。

（7）坚持日常的安全检查工作，重点检查安全规章制度的落实情况和安全管理漏洞，及时消除安全隐患。

（8）对于接待旅游者的汽车、游船和其他设施，要定期进行维修和保养，使其始终处于良好的安全技术状况，在运营前进行全面的检查，严禁带故障运行。

（9）对旅游者的行李，要有完备的交接手续，明确责任，防止损坏或丢失。

（10）在安排旅游团队的游览活动时，要认真考虑可能影响安全的诸项因素，制订周密的行程计划，并注意避免司机处于过度疲劳状态。

（11）负责为旅游者投保。

（12）直接参与处理涉及单位的旅游安全事故，包括事故处理、善后处理及赔偿事项等。

（13）开展登山、汽车、狩猎、探险等特殊旅游项目时，要事先制订周密的安全保护预案和急救措施，重要团队须按规定报有关部门审批[①]。

三、旅游安全事故等级与处理程序

（一）旅游安全事故等级

《旅游安全管理暂行办法实施细则》（2019 年）规定，凡涉及旅游者人身、财物安全的事故均为旅游安全事故。按照旅游者人身伤害和经济损失情况，旅游安全事故分为轻微、一般、重大和特大四个等级。

（1）轻微事故指一次事故造成旅游者轻伤，或经济损失在 1 万元人民币以下者。

（2）一般事故指一次事故造成旅游者重伤，或经济损失在 1 万元至 10 万元（含 1 万元）人民币者。

（3）重大事故指一次事故造成旅游者死亡或旅游者重伤致残，或经济损失在 10 万元至 100 万元（含 10 万元）人民币者。

（4）特大事故指一次事故造成旅游者死亡多名，或经济损失在 100 万元人民币以上，或者性质特别严重，产生重大影响者。

（二）旅游安全事故处理程序

1. 旅游安全事故处理的一般程序

应依照《旅游安全管理办法》（2016 年）、《旅游法》（2018 年修正）及其实施细则规定的程序处理旅游安全事故。具体程序如下：

（1）陪同人员应当立即上报主管部门，主管部门应当及时报告归口管理部门。

（2）会同事故发生地的有关单位严格保护现场，以便公安部门能迅速地寻找破案线索，准确地确定事故性质，使旅游安全事故能得到及时妥善的处理。

（3）协同有关部门进行抢救、侦查，并妥善处理善后事宜。

---

① 李海峰,师晓华,陈文娟,等.旅游政策与法规[M].北京：清华大学出版社,2015：89－91.

（4）有关单位负责人应及时赶赴现场处理，便于现场组织指挥，及时采取处理措施[①]。

（5）对于特别重大事故，应当严格按照国务院颁布的《特别重大事故调查程序暂行规定》进行处理[②]。

（6）事故处理完毕，事故发生单位应立即写出事故调查报告。其内容应包括事故经过及处理办法，事故原因及责任，事故教训，今后的防范措施[③]。

2. 重大旅游安全事故处理程序

应依据《重大旅游安全事故处理程序试行办法》（1993年）规定的程序处理重大旅游安全事故。具体程序如下：

（1）由事故发生地区政府协调有关部门以及事故责任方及其主管部门负责，必要时可成立事故处理领导小组。

（2）报告单位应立即派人赶赴现场，组织抢救工作，保护事故现场，并及时报告当地公安部门。报告单位如不属于事故责任方或责任方的主管部门，应当按照事故处理领导小组的部署做好有关工作。

（3）书写书面报告。书面报告的内容包括事故经过及处理，事故原因及责任，事故教训及今后防范措施，善后处理过程及赔偿情况，有关方面及事主家庭的反映，事故遗留问题及其他。

如有伤亡情况的，应按照以下程序进行处理：

（1）立即组织医务人员进行抢救，并及时报告相关部门。有海外游客的，应及时报告当地外事部门及原国家旅游局。

（2）协助保护遇难者的遗体、遗骸，协助清理和保护现场的行李物品，并逐项登记造册，核查伤亡人员的团队名称、国籍、姓名、性别、年龄、护照号码以及在国内外的保险情况，并进行登记。

（3）通知相关方面。伤亡人员中有海外游客的，责任方和报告单位核查清楚后，要及时报告当地外事部门和中国旅游紧急救援协调机构；由后者负责通知有关方面。有关组团旅行社应及时通知有关海外旅行社，并向伤亡者家属发慰问函电。

（4）协助提供相关证明。在伤亡事故的处理过程中，责任方及其主管部门要认真做好伤亡家属的接待、遇难者的遗体和遗物的处理以及其他善后工作，并负责联系有关部门为伤残者或伤亡者家属提供有关证明[④]。

3. 特大旅游安全事故处理程序

根据《旅游安全管理办法》（2016年）规定，对特别重大的旅游安全事故应当严格按照国务院发布的《特别重大事故调查程序暂行规定》（1989年）进行处理。具体处理程序如下：

---

① 卢世菊.旅游法教程[M].5版.武汉：武汉大学出版社，2014：150-151.
② 李海峰，师晓华，陈文娟，等.旅游政策与法规[M].北京：清华大学出版社，2015：92.
③ 卢世菊.旅游法教程[M].5版.武汉：武汉大学出版社，2014：151.
④ 傅远柏.旅游政策与法规：理论与实务[M].北京：清华大学出版社，2015：141.

（1）做好特大事故的现场保护和报告工作。

① 事故发生后，事故发生地的有关单位必须严格保护事故现场。

② 事故发生单位在事故发生后，必须做到立即将所发生特大事故的情况，报告上级归口管理部门和所在地地方人民政府，并报告所在地的省、自治区、直辖市人民政府和国务院归口管理部门；在 24 小时内写出事故报告，报上述部门。

③ 涉及军民两个方面的特大事故，事故发生单位在事故发生后，必须立即将所发生特大事故的情况报告当地警备司令部或最高军事机关，并应当在 24 小时内写出事故报告，报上述单位。

④ 省、自治区、直辖市人民政府和国务院归口管理部门，接到特大事故报告后，应当立即向国务院作出报告。特大事故报告应当包括事故发生的时间、地点、单位；事故的简要经过、伤亡人数，直接经济损失的初步估计；事故发生原因的初步判断；事故发生后采取的措施及事故控制情况；事故报告单位。

⑤ 事故发生单位所在地人民政府接到特大事故报告后，应当立即通知公安部门、人民检察机关和工会。

⑥ 事故发生地公安部门得知发生特大事故后，应当立即派人赶赴事故现场，负责事故现场的保护和收集证据的工作。

⑦ 事故发生单位所在地人民政府负责组织由有关部门参加的特大事故现场勘查工作。

⑧ 因抢救人员、防止事故扩大以及疏通交通等原因，需要移动现场物件的，应当作出标志、绘制现场简图，并写出书面记录，妥善保存现场重要痕迹、物证。

⑨ 特大事故发生后，事故发生单位所在地人民政府可以根据实际需要，将事故的有关情况通报当地驻军，请驻军参加事故的抢救或者给予必要的支援。

（2）做好特大事故的调查工作。

① 特大事故发生后，按照事故发生单位的隶属关系，由省、自治区、直辖市人民政府或者国务院归口管理部门组织成立特大事故调查组，负责特大事故的调查工作。涉及军民两方面的特大事故，组织事故调查的单位应当邀请军队派员参加事故的调查工作。国务院认为应当由国务院调查的特大事故，由国务院或者国务院授权的部门组织成立特大事故调查组。

② 特大事故调查组应当根据所发生事故的具体情况，由事故发生单位的归口管理部门、公安部门、检查部门、计划综合部门、劳动部门等单位派员组成，并应当邀请人民检察机关和工会派员参加。特大事故调查组根据调查工作的需要，可以选聘其他部门或者单位的人员参加，也可以聘请有关专家进行技术鉴定和财产损失评估。

③ 特大事故调查组具有以下职责：查明事故发生的原因、人员伤亡及财产损失情况；查明事故的性质和责任；提出事故处理及防止类似事故再次发生所应当采取措施的建议；提出对事故责任者的处理建议；检查控制事故的应急措施是否落实；写出事故调查报告。

④ 特大事故调查组有权向事故发生单位、有关部门及有关人员了解事故的有关情况

并索取有关资料,任何单位和个人不得拒绝。任何单位和个人不得阻碍、干涉事故调查组的正常工作。

⑤ 特大事故调查组写出事故调查报告后,应当报送组织调查的部门。经组织调查的部门同意,调查工作即告结束①。

4. 国外旅游者重大伤亡事故处理

处理外国旅游者重大伤亡事故应当注意以下事项:立即通过外事管理部门通知有关国家驻华领事馆和组团单位;为前来了解、处理事故的外国领事馆人员的组团单位及伤亡家属提供方便;与有关部门协调,为国际急救组织前来参与对在国外投保的旅游者(团)的伤亡处理提供方便;对在华死亡的外国旅游者严格按照外交部《外国人在华死亡后的处理程序》(1995 年)进行处理;对于外国旅游者的赔偿,按照国家有关保险规定妥善处理。

根据《外国人在华死亡后的处理程序》(1995 年)规定,国外旅游者重大伤亡事故的具体处理程序如下:

(1)死亡的确定。死亡分正常死亡和非正常死亡。因健康原因自然死亡的,称为正常死亡;因意外事故或突发事件死亡的,称为非正常死亡。

(2)通知外国驻华领事馆及死者家属。外国人在华死亡后应尽快通知死者家属及其所属国家驻华领事馆。

(3)尸体解剖。正常死亡者或死因明确的非正常死亡者,一般不需做尸体解剖,死因不明的非正常死亡者,为查明死因,需进行解剖时由公安、司法机关按照有关规定办理。

(4)出具证明。正常死亡,由县级或县级以上医院出具"死亡证明书"。如死者生前留住医院治疗或抢救、应其家属要求,医院可提供"诊断书"或"病历摘要"。非正常死亡,由公安机关的法医出具"死亡鉴定书"。

(5)对尸体的处理。在华死亡的外国人尸体,可在当地火化,亦可运回其国内。处理时,应尊重死者家属或所属国家驻华领事馆的意愿。一般来说,外国旅游者不得葬在我国境内。

(6)骨灰和尸体运输出境。有关部门和接待单位为死者家属提供必要的证明文件,在可能的情况下提供帮助。

(7)遗物的清点和处理。清点死者遗物应有死者家属或其所属国家驻华领事馆官员和我方人员在场。在家属或者驻华领事馆官员明确表示不能到场时,可请公证处人员到场,并由公证员将上述人员不能到场的事实和原因注明。遗物清点必须造册,列出清单,清点人均应签字。

(8)写出《死亡善后处理情况报告》。死者善后事宜处理结束后,由接待或聘用单位写出《死亡善后处理情况报告》。无接待或聘用单位的,由处理死者善后事宜的公安机关或司法机关写出②。

---

① 李海峰,师晓华,陈文娟,等.旅游政策与法规[M].北京:清华大学出版社,2015:93-94.
② 傅远柏.旅游政策与法规:理论与实务[M].北京:清华大学出版社,2015:142-143.

第二节　旅游安全防范与应急求助

一、旅游目的地安全风险提示制度

旅游目的地安全风险提示制度指预先发现境内外旅游目的地对旅游者的人身、财产可能造成损害的自然灾害、事故灾难、公共卫生事件和社会安全事件等潜在的或者已经存在的安全风险,运用定性和定量分析相结合的方法,识别旅游安全风险的类别、等级,提出旅游出行的建议,并按规定的权限和程序,向社会发布相关提示信息的制度。建立旅游目的地安全风险提示制度是我国旅游业发展过程中的重要安全管理手段。

（一）旅游目的地安全风险等级划分及处理措施

各行各业都有相关的安全风险级别划分方法,如《地质灾害防治条例》(2003 年)、《突发气象灾害预警信号发布试行办法》(2004 年)、《国家突发公共卫生事件应急预案》(2006年)、《风暴潮、海浪、海啸和海冰灾害应急预案》(2012 年)等政策文件都有相关规定。其中,《中华人民共和国突发事件应对法》(2007 年)第四十二条规定:"国家建立健全突发事件预警制度。可以预警的自然灾害、事故灾难和公共卫生事件的预警级别,按照突发事件发生的紧急程度、发展势态和可能造成的危害程度分为一级、二级、三级和四级,分别用红色、橙色、黄色和蓝色标示,一级为最高级别"。在旅游领域,根据《旅游安全管理办法》(2016 年),对于不同等级的风险,旅行社应采取不同的行动。

（1）四级风险的,加强对旅游者的提示。

（2）三级风险的,采取必要的安全防范措施。

（3）二级风险的,停止组团或者带团前往风险区域;已在风险区域的,调整或者中止行程。

（4）一级风险的,停止组团或者带团前往风险区域,组织已在风险区域的旅游者撤离。

其他旅游经营者应当根据风险提示的级别,加强对旅游者的风险提示,采取相应的安全防范措施,妥善安置旅游者,并根据政府或者有关部门的要求,暂停或者关闭易受风险危害的旅游项目或者场所。

（二）旅游目的地安全风险发布机制

旅游目的地安全风险提示信息应由旅游主管部门负责发布,其中,文化和旅游部负责发布境外旅游目的地国家(地区),以及风险区域范围覆盖全国或者跨省级行政区域的安全风险提示,但发布一级安全风险提示信息,需经国务院批准;发布境外旅游目的地国家(地区)安全风险提示,需经外交部门同意。而地方各级旅游主管部门应及时转发上级旅游主管部门发布的安全风险提示,并负责发布前款规定之外涉及本辖区的安全风险提示。

旅游目的地安全风险提示信息包括安全风险类别、提示级别、可能影响的区域、起始时间、注意事项、应采取的措施和发布机关等内容。安全风险提示信息应通过官方网站、手机短信及公众易查阅的媒体渠道对外发布。按照安全风险等级不同,要求应尽可能同时发布一级、二级安全风险提示信息的结束时间能够与安全风险提示信息内容,并同时通报有关媒体;若无法做到同时发布,应在安全风险解除后通过原渠道补充发布。而三级、四级安全风险提示信息可以不发布安全风险结束时间,随安全风险的解除而自然结束。

二、旅游应急管理制度

《旅游法》(2018 年修正)第七十八条规定:"县级以上人民政府应当依法将旅游应急管理纳入政府应急管理体系,制定应急预案,建立旅游突发事件应对机制。突发事件发生后,当地人民政府及其有关部门和机构应当采取措施开展救援,并协助旅游者返回出发地或者旅游者指定的合理地点。"

(一)预警行动

预警发布分为一般预警发布和紧急预警发布两种。一般预警由当地(旅游目的地)政府发布,主要为天气灾害预警,通知所有人并提醒各业务流程注意防范。紧急预警主要发布可能会对游客造成重大人身伤害或社会造成负面影响等恶劣突发事件,需要通知所有人员并随时做好应对防范准备。

(二)旅游企业的应急指挥系统

为确保做好旅游安全工作,防止各种事故、事件的发生,以及快速、有效、及时地进行处理各类突发状况,保护旅游者的生命财产安全,最大限度地避免和减少人员伤亡,减轻财产损失,旅游企业应根据企业自身情况建立旅游企业的应急指挥系统,即旅游企业应急指挥领导小组。旅游企业发生的各类事故、事件往往涉及众多的政府部门及社会行业,旅游企业应在平时将这些部门及行业的应急联络方式用书面形式写下来,以便发生情况时能够及时联系,将损失和后果降至最低。如当地派出所、电力抢修、燃气抢修、自来水抢修、交通事故、卫生防疫(食品中毒)等,以便更好地提高工作效率,减少损失。

(三)中国公民出境旅游突发事件的应急预案

1. 组团社的职责保证

组团社应维护旅游者的合法权益,遵守规定的经营规则,按照合同约定的服务质量要求为旅游者提供服务,为旅游团队安排专职领队,保证提供的服务符合人身、财产安全的要求,履行相应的告知义务;要求境外接待社按照约定的团队活动计划安排旅游活动,旅游团队在境外遇到特殊困难和安全困难后,及时向旅游行政部门和公安机关报告;有责任防止参游人员在境外滞留不归,接到旅游者滞留不归的报告后,应及时向旅游行政部门和公安机关报告,有关部门处理时,有义务予以协助;有责任要求境外接待社不得组织旅游者参与涉及色情、赌博、毒品内容的活动或者危险性活动,对境外涉违反要求的,应予以制止。

2. 对旅游者的权益保护

包括对旅游者知情权的保护,对旅游者经济利益的保护,对旅游者在旅游活动中安全的保护,对旅游者在境外遇到特殊困难时的外交保护,对旅游者的其他权利保护。

3. 突发事件的应急预案

包括旅游紧急救援、医疗救援、安排和办理相关事宜、旅行及个人行政救援、咨询服务、旅游保险销售代理，在境外遇到特殊困难和安全问题后，及时向旅游行政部门和公安机关报告，如遇旅游者境外滞留不归的报告后，应及时向旅游行政部门和公安机关报告，有关部门处理时，有义务予以协助[①]。

三、旅游救助管理

《旅游法》(2018 年修正)第八十二条规定："旅游者在人身、财产安全遇有危险时，有权请求旅游经营者、当地政府和相关机构进行及时救助。中国出境旅游者在境外陷于困境时，有权请求我国驻当地机构在其职责范围内给予协助和保护。旅游者接受相关组织或者机构的救助后，应当支付应由个人承担的费用。"

（一）旅游救助的基本要求

1. 采取措施开展救援

旅游突发事件发生后，采取措施开展救援，是《中华人民共和国突发事件应对法》(2007 年)和《旅游法》(2018 年修正)等法律、法规对当地人民政府及其有关部门和机构的最基本要求。旅游突发事件发生后，履行统一领导职责或者组织处置突发事件的当地人民政府应当针对其性质、特点和危害程度，立即组织有关部门，调动应急救援队伍和社会力量，依法采取各类控制性、救助性、保护性、恢复性的应急处置措施。

中国公民在境外旅游遇到突发事件的，国务院有关部门和旅游者出发地或者居住地的地方人民政府也要采取指导和协调现场救助、收集和发布有关信息、履行报告制度、组织和协调善后处理等应急措施，控制事态发展。

2. 协助旅游者返回

旅游者在异地旅游遇到突发事件后，孤立无援，如果不尽快协助其离开突发事件发生地，既可能因为形势不稳定造成旅游者的恐惧和二次伤害，也可能因突发事件发生地生活物资的短缺而无法继续救助旅游者。在旅行社和旅游者自救的基础上，需要政府的力量妥善解决旅游者面临的实际困难，促进旅游突发事件后的快速善后[②]。

（二）旅游救助的基本步骤

《旅游安全事故应急救援预案》中指出了面对旅游突发事件时旅游救助的基本步骤。

（1）事发第一时间处置旅游事件。事发后，应迅速组织开展自救、互救，充分利用社会救援力量开展抢险救援工作。事发地旅游事件应急救援力量不足以有效救援时，可向上级主管部门请求增加救援力量。

（2）现场救助应急处置内容：封锁事发现场，建立现场工作区域，抢救受害人员，设立人员疏散区，对突发事件危害情况进行初始评估，探测危险物资及控制危险源，清理突发

① 王世瑛.旅游政策与法规[M].2 版.北京：旅游教育出版社,2014：195.
② 《〈中华人民共和国旅游法〉解读》编写组.中华人民共和国旅游法解读[M].北京：中国旅游出版社,2013：228-229.

事件现场。

（3）当自然灾害、旅游交通事故、重大传染病疫情、重大食物中毒事件、消防安全事故等造成旅游事件时，及时上报上级主管部门。

（4）社会安全事件造成的旅游事件的应急救援处置程序：当发生港澳台和外国旅游者伤亡事件时，除积极采取措施救援外，应注意核查伤亡人员的团队名称、国籍、性别、护照号码及在国内外的保险情况，并向上级部门报告。

（三）旅游救助后期处置

当事件已经得到了有效控制，受伤人员基本得到救治时，根据上级的指示，由救援指挥部适时宣布应急结束。应急工作和救助工作结束的工作内容包括：应急结束后的旅游咨询，查找丢失行李、证件，紧急信息传递，信息卡挂失，代订机车票，代聘律师、诉讼等。

第三节　旅游经营单位安全生产管理制度

一、旅游经营单位安全管理要求

《旅游安全管理暂行办法实施细则》（2019 年）要求旅游经营单位应遵守如下要求：

1. 服务场所、服务项目和设施设备符合有关安全法律、法规和强制性标准的要求

旅游经营者应定期检查本单位安全措施的落实情况，及时排除安全隐患，对可能发生的旅游突发事件即采取安全防范措施的情况，并按照规定及时向所在地人民政府或者人民政府有关部门报告。旅游经营者还应对其提供的产品和服务进行风险监测和安全评估，依法履行安全风险提示义务，必要时采取暂停服务，调整活动内容等措施，经营高风险旅游项目或者向老年人、未成年人、残疾人提供旅游服务的，应根据需要采取相应的安全保护措施。旅行社组织和接待旅游者应合理安排旅游行程，向合格的供应商订购产品和服务，旅行社及其从业人员发现履行辅助人提供的服务不符合法律、法规规定和存在安全隐患的，应予以制止或者更换。

2. 相关安全和救援人员的配备与培训

旅游经营者应对从业人员进行安全生产教育和培训，保证从业人员掌握必要的安全生产知识、规章制度、操作规程、岗位技能和应急处理措施、知悉自身在安全生产方面的权利和义务。旅游经营者还应建立安全生产教育和培训档案，如实记录安全生产教育和培训的时间、参加人员以及考核结果等情况，未经安全生产教育和培训合格的旅游从业人员，不得上岗作业。此外，特种作业人员必须按照国家有关规定经专门的安全作业培训，取得相应资格。

3. 建立安全管理制度和责任体系

旅游经营者应依法制定安全管理制度，要求与所在地县级以上人民政府及其相关部门的安全管理制度相结合，并保证贯彻实施。旅游经营者还应主动询问与旅游活动相关的个人健康信息，要求旅游者按照明示的安全规程，使用旅游设施和接受服务，并要求旅

游者对旅游经营者采取的安全防范措施予以配合。旅行社在组织出境旅游时,应制作安全信息卡。

4. 保证安全工作的资金投入

旅游经营者应建立资金运营的透明化管理制度,加强企业内部的控制和监督制度。

二、旅游游览安全管理制度

为保障旅游者在旅游游览活动中的人身安全,规范旅游游览设施设备的设计与生产,加强旅游游览安全的监督与管理,国家先后出台了《游艺机和游乐设施安全监督管理规定》(1994 年)、《游乐园管理规定》(2000 年)、《特种设备安全监察条例》(2003 年)等政策文件,以及《游艺机和游乐设施安全》(GB 8408—2000)、《游乐设施安全规范》(GB 8408—2008)、《滑道安全规范》(GB 18879—2008)、《水上游乐设施通用技术条件》(GB/T 18168—2008)、《蹦极通用技术条件》(GB/T 31257—2014)等国家标准。

(一) 游艺机和游乐设施安全管理

游艺机和游乐设施的设计、生产必须符合《游艺机和游乐设施安全》(GB 8408—2000)标准及有关安全要求。生产游艺机和游乐设施的企业必须经市场监督管理部门核准登记注册,领取营业执照,并在核定的经营范围内开展生产经营活动。生产企业必须有保证产品质量的生产设备、工艺设备、计量检测手段和专业技术人员、熟练工人及计量、检测人员。生产企业采购的原材料、外购件、外协件必须符合质量要求,有合格证明和技术资料标准中规定的关键零部件要经过复检,不得以次充好。未取得生产许可证的企业、事业单位和个人,严禁生产销售游艺机。销售产品时,必须向用户提供产品使用说明书,检查维修说明及图样,产品合格证,规定的备品备件和专用工具等。在设备安装、调试期间,应为用户代培操作、维修人员,做好售后服务。

游乐园(场)等运营单位,添置游艺机和游乐设施,应当执行进货检查验收制度。游艺机和游乐设施的运营单位负责提供工程地质资料和气象资料;生产企业负责提供基础施工图纸;施工单位必须按照基础施工图纸施工;生产企业或安装单位对工程基础验收合格后方可安装游艺机和游乐设施安装完毕后,经调试、负荷试验,运转正常,由运营单位的主管部门会同当地公安、劳动、技术监督部门对各项准备工作检查验收后,方可投入运营。游乐园(场)等运营单位,必须有健全的安全管理制度和紧急救护措施。对各项游艺机、游乐设施要分别制定操作规程、运行管理人员守则,定期检查维修保养制度。

(二) 水上漂流安全管理

漂流旅游指漂流经营企业组织旅游者在特定的水域,乘坐船只、木筏、竹排、橡皮艇等漂流工具进行的各种旅游活动。我国的漂流旅游开始于湖南省张家界在 1986 年 5 月的首创景区观光性质的漂流专项旅游活动。为加强对漂流旅游的管理,保障漂流旅游者的安全,促进漂流旅游有序发展,《漂流旅游安全管理暂行办法》(1998 年)作出如下规定:

国家旅游行政管理部门负责全国范围内漂流旅游活动的安全监督管理工作。县级以上地方人民政府、旅游行政管理部门负责本地区内漂流旅游活动的安全监督管理工作。

地方旅游行政管理部门应根据当地漂流水域状况和使用漂流工具的情况,制定本地区漂流旅游安全和服务标准,并根据安全和服务标准对经营企业和漂流工具进行检查。对符合标准的企业,发给旅游部门认可的证书,并会同有关部门对其使用的漂流工具进行登记管理。

经营漂流旅游的企业应根据旅游安全管理的有关规定及有关部门的规章制度建立健全安全管理规章制度;应设置专门的安全管理机构或确定专人负责安全管理工作;应对从业人员特别是漂流工具操作人员进行旅游服务和旅游安全培训;应在码头、漂流工具上应放置足够的救生衣或使用其他救生装备;应保证漂流工具安全可靠,严格遵守核定的载客量,严禁违章操作;应对不宜参加漂流的人群进行明确告示。

漂流工具的操作人员必须经当地水运管理部门考试合格后方可上岗,上岗前必须由旅游管理部门或经营企业进行旅游服务和旅游安全培训;须向旅游者宣讲漂流旅游安全知识,介绍漂流工具上的安全设施及使用方法,说明漂流旅游中的安全注意事项和发生意外事故后的应急办法。由旅游者自行操作漂流工具进行漂流的,经营企业的工作人员应事先将有关注意事项详细告知旅游者,并在易发生事故的危险地段安排专人负责安全监护。

凡在漂流过程中发生旅游者伤亡事故或危及旅游者安全的其他事故,均为漂流旅游安全事故。经营漂流旅游的企业应根据有关规定和当地具体情况制订意外事故处理预案。一旦发生安全事故,企业应立即采取措施组织救助,并向当地旅游行政管理部门及其他有关部门报告。地方旅游行政管理部门在接到事故报告后,应立即将情况向上级旅游行政管理部门报告,并积极配合公安、交通、卫生等部门组织事故调查、伤员的救治和其他善后工作。事故处理结束后,当地旅游行政管理部门责成漂流旅游的经营者整理出事故处理报告,内容包括事故发生的时间和地点、事故原因、伤亡情况及财产损失、经验教训、处理结果等。当地旅游行政管理部门在将事故处理报告核定后,报上级旅游行政管理部门备案。

(三) 客运架空索道安全管理

为保证游客及工作人员的安全,促进客运索道事业的健康发展,《客运架空索道安全运营和监察规定》(2020 年修订)规定,在安全管理方面,索道站(公司)站长(经理)必须持有人力资源和社会保障部职业安全卫生监察局颁发的索道安全管理资格证书,具备该单位客运索道的专业知识和一定的工作经验,对保证索道的安全运营全面负责。索道站(公司)必须具有根据安全规范所制定的设备操作规程、各种保障安全运行的有关规定,以及各类人员的岗位责任制度。索道站(公司)站长(经理)、技术人员、司机、钳工、电工等应接受业务培训和安全知识教育,每两年考核一次。索道站(公司)必须建立专职或兼职的急救队伍,负责在客运索道发生事故时对乘客进行紧急营救。《客运架空索道安全运营和监察规定》(2020 年修订)所规定的检查、调整、救护演习、运行参数、运行持续时间、输送人员数,以及所发生的特殊事件都应记入作业日记。由索道站站长(经理)和负责该项工作人员认可,并建档保存。索道站(公司)每年要向上级主管部门、省、市(地)劳动部门和索道安全中心提交运行报表或报告,遇特殊事故发生时,要及时提出报告。

在安全监察方面,新建与改建的客运索道的设计应符合《客运架空索道安全运营和监察规定》(2020 年修订)的要求,且须经索道安全中心组织审查同意后才能制造与施工。索道工程竣工后,由索道站(公司)向省级劳动部门提出《安全使用许可证》申请,经省级劳动部门预审同意后,索道站(公司)再向索道安全中心提出验收申请,由索道安全中心进行检测验收,检测验收合格报劳动部发给《安全使用许可证》后,方可正式运营。运营《安全使用许可证》有效期为二年,有效期从《安全使用许可证》批准生效之日算起,《安全使用许可证》期满后,索道仍需继续运营的,应在期满前一个月进行复查,复查合格后,更换新证书。索道设备大修后,索道站(公司)应报告主管部门及省级劳动部门派人前往进行检查。

三、旅游接待服务点安全管理工作要点

(1) 建立安全信息发布制度。旅游景区应当建立安全信息发布制度,及时向游客提供准确规范的安全信息。通过有线广播、安全须知、宣传手册等形式,及时发布地质灾害、天气变化、洪涝汛情、交通路况、治安形势、流行疫情预防等安全警示信息及游览安全提示信息。

(2) 完善安全标识、警示与提示及其相应的配套设施。根据消防、用电及道路交通等有关法律、法规的规定,在景区内设置明显的警示标志,并采取安全措施;景区内的施工现场应当设置易于识别的安全提示标志;非游泳区、非滑冰区、防火区、禁烟区等区域应当设置明显的禁止标志。完善景区的解说系统,在有条件的区域建设无障碍游览通道。

(3) 加强交通管理。旅游景区应建立交通安全管理制度。游览线路的规划应当符合国家规定的道路交通条件;运营中的游览工具必须符合国家相关质量标准,游览工具的驾驶员应当经过专业技能培训;景区内夜间游览区域应当配备数量充足、功能有效的照明设备。

(4) 加强治安管理。严厉打击违法犯罪活动。景区护园队等安保人员要加强景区内巡视,禁止游商尾随游客兜售商品,维持良好的游览秩序。

(5) 加强游览安全管理。建立游览安全制度,指导工作人员规范操作;在景区重点部位和危险地域加强安全防护措施;在节假日、"黄金周"等重点时期设立景区游客安全疏导缓冲区;禁止游客在未开发或无安全保障的地域开展旅游活动。

(6) 建立特种设备安全管理制度。旅游景区应当建立特种设备安全管理制度,严格执行《特种设备质量监督与安全监察规定》(2000 年)及相关法律、法规的规定,保障特种设备的安全运行和游览活动的有序进行,防止不安全事件发生。

(7) 加强消防管理。旅游景区应当建立消防安全管理制度,保障景区的消防安全。旅游景区应当建立安全用电管理制度,严禁违章用电。

(8) 加强食品安全监管管理。旅游景区应当建立食品安全监管制度。景区内生产和销售食品,应当严格执行《中华人民共和国食品安全法》(1995 年)的相关规定。

(9) 按照有关规定和景区规划容量的测算,将游客数量控制在最佳接待容量之内。

风景名胜区要健全制度,定时检查游览道路、安全设施和危险地段,及时维护,排除隐患。

(10)旅游景区应建立大型活动风险管理制度。坚持"谁主办、谁负责"的原则,制定大型活动的安全工作方案和应急预案,防止安全事故发生。

(11)旅游景区应建立应急预案制度,根据各类预案配备必要的应急救援物资。意外事件突发后,救援人员能够按照景区应急预案在第一时间启动救援机制,有效开展救援行动,充分利用人力、财力,使区域内的安全得到体制上的保障。

(12)成立安全小组,培训安全人员。旅游景区应成立安全小组,设立专门的机构,专人领导、专人负责,并组织人员定期进行安全训练的实际操作,培养人员的应变能力和危机处理能力,让景区在处理危机事故时,各安全人员能够各司其职、沉着应对,将安全事故的伤害降到最低。

课堂讨论

2015年6月1日21时32分,由南京开往重庆的"东方之星"号客轮(属"重庆东方轮船公司"所有),在航行至湖北省荆州市监利县长江大马洲水道时翻沉,造成442人死亡。

次日0时10分,翻沉客轮的船长张顺文逃生成功后向客船的管理方"重庆东方轮船公司"报告了事故,该公司接到消息后立即向重庆市万州区人民政府报告。次日01时15分,中国海上搜救中心将该事件报告交通运输部和国务院,引起了党中央、国务院的高度重视,国务院紧急派出工作组前往事发地指导搜救工作。次日凌晨,李克强总理率有关负责同志紧急赶赴现场指挥救援和应急处置工作。经各方全力搜救,事发时船上的454人全部找到,仅12人生还,其余442人不幸遇难。6月4日,在召开了中央政治局常务委员会会议和国务院常务会议之后,经国务院批准,成立了"东方之星"号客轮翻沉事件调查组。

调查组通过调阅大量原始资料,收集汇总各类证据资料,并经过反复的探讨、论证,最终认定"东方之星"号客轮翻沉是由突发罕见的强对流天气——飑线伴有下击暴流带来的强风暴雨袭击导致的一起特别重大灾难性事件。除恶劣的天气因素外,调查显示:① 相关企业及政府部门在日常管理中的疏忽与问题为该事件的发生埋下了诸多隐患。"东方之星"的抗风压倾覆能力虽符合规范要求,但已不能抵抗极端的恶劣天气。而且,"重庆东方轮船公司"、重庆市有关管理部门及地方党委政府、交通运输部长江航务管理局和长江海事局及下属海事机构在日常管理和监督检查中存在问题。② 相关人员的安全风险认知与应对能力不足。事件发生时,船长及当班大副对极端恶劣天气及其风险存在认知不足和在紧急状态下应对不力的问题。

依据有关法律法规和规定,调查组建议对船长张顺文给予吊销船长适任证书、解除劳动合同处分,由司法机关对其是否涉嫌犯罪进一步调查;鉴于当班大副刘先禄在事件中死亡,建议免于处理。调查组还建议对检查出的在日常管理和监督检查中存在问题负有责任的有关人员给予党纪、政纪处分,责令重庆市政府按照有关规定对"重庆东方轮船公司"

进行停业整顿。

材料来源： 中央政府门户网站."东方之星"号客轮翻沉事件调查报告公布［EB/OL］.（2015 - 12 - 30）［2023 - 08 - 23］. https://www.gov.cn/xinwen/2015-12/30/content_5029622.htm.

思考： "东方之星"客轮的事故使你产生了什么样的思考？

第四节　旅游保险制度

一、旅游保险

（一）旅游保险的概念

旅游保险指旅游者或旅游经营者(各类旅游企业)根据旅游保险合同的约定向保险人支付保险费,保险人根据旅游保险合同约定的、对在旅游活动过程中发生的旅游事故所造成的旅游者或旅游经营者财产损失承担赔偿责任,或者当事故造成旅游者死亡、伤残时承担赔偿责任的商业保险行为。旅游保险是随着旅游事业的发展而产生的一个新的保险项目[①]。

（二）旅游保险的特点

1. 短期性

旅游保险的短期性指相对于其他保险而言,旅游保险的期限一般比较短。有的旅游保险以旅行的旅程来计算保险期限,近距离的旅行少则几个小时,远距离的旅行多为十几天。有的旅游保险以游览景点或游览次数来计算保险期限[②]。

2. 保证性

旅游保险的保证性指保险人对被保险人在旅游过程中的安全负责,即对被保险人在旅游过程中的人身和财产安全负责。但这种保证性与安全保卫部门提供的保证性不同,安全保卫部门是采取预防和保护措施,以防止危险的发生和保护旅游者的安全;而旅游保险的保证性是保险人向旅游者保证在其遭受自然灾害或意外事故时,给予经济补偿,使其损失和伤害降到最低。

3. 补偿性

旅游保险的补偿性指被保险人所得到的赔偿费,具有补助救济的性质,具体包含三层含义：① 被保险人的财产或人身在旅游中完好无损时,就得不到赔偿;② 人身或财产虽有损伤,但不是自然灾害或意外事故造成的,也得不到赔偿;③ 补偿是有一定限度,且补偿金额通过约定的保险金额来确定。若损失在保险金额范围内则按损失的实际情况给补偿;所损失超过保险金额的范围,其最高的补偿金额只能以保险金额为限度,超过部分保

---

① 袁正新,等.旅游政策与法规［M］.北京：北京大学出版社,2008：221.
② 袁正新,等.旅游政策与法规［M］.北京：北京大学出版社,2008：221.

险人不承担赔偿责任。因此,旅游保险并非是保证旅游者的全部损失都能得到补偿①。

4. 财产保险与人身保险相结合

在其他保险中,投保人会根据个人的具体情况和需要选择投保财产险或人身险。但在旅游保险中,财产险和人身险是紧密联系在一起的,旅游投保人可以在一份合同中同时选择财产险和人身险。

5. 强制保险与自愿保险相结合

为了保护旅游者的合法权益,我国法律规定必须投保的旅游保险有旅行社责任险、铁路旅客意外伤害强制保险、轮船旅客意外伤害强制保险。其他险种旅游者或旅行社可以根据自己的意愿自行选择投保,任何单位不得强制他人订立保险合同②。

(三) 旅游保险的类型

1. 以保险范围为标准

旅游保险的范围有广义、狭义之分。在广义上,旅游保险的范围包括旅游者的游览观光保险、旅客铁路旅行保险、旅客航空旅行保险、旅客公路旅行保险、旅客水上旅行保险等;而在狭义上,旅游保险的范围仅包括旅游者在游览活动中的保险。

2. 以保险标的为依据

按照保险标的不同,可将旅游保险分为以旅游者人身作为保险标的的旅游人身保险和以旅游者携带的财产为保险标的的旅游财产保险。

3. 以保险责任为标准

按照保险责任不同,可将旅游保险分为旅游意外保险与旅游责任保险。旅游意外保险指保险人承担自然灾害和意外事故的保险,通常由旅游者个人投保,但也可由旅游者所在单位投保或由旅游团体投保。旅游责任保险指保险人承担旅游经营者服务责任的保险,通常由旅游经营者投保。

4. 以旅游保险的成立方式为标准

按照旅游保险的成立方式不同,可将旅游保险分为强制保险和自愿保险。强制保险为国家法律法规规定的、关系到公共利益和安全责任的保险,对投保人、保险人均具有强制要求。除强制保险之外的其他保险皆为自愿保险,是否参加保险由投保人自行确定,是否接受投保由保险人确定③。

(四) 当前旅游保险的险种介绍

自 2001 年 9 月 1 日起,原国家旅游局不再强制旅行社为游客购买旅游意外保险。为了获得更为完善的保障,旅行社可建议游客自行联系保险公司或通过旅行社与保险公司联系,按各自需要投保旅游保险。最早进入国内的美国友邦保险公司在我国推出了"商务旅行保险计划"险种,该保险业务把旅游人身意外的保障分为人身意外、医疗转运、遗体遣返、个人行李及现金丢失、旅行延误、第三者责任等方面。这反映了外资保险很早就注重

① 辛树雄.旅游法教程[M].北京:清华大学出版社,2014:241.
② 袁正新,等.旅游政策与法规[M].北京:北京大学出版社,2008:221.
③ 袁正新,等.旅游政策与法规[M].北京:北京大学出版社,2008:222.

针对不同的市场需求设计多样化的、具有特色的旅游保险产品。现在一般的"旅游保险"的保障范围可以分为四个部分：人身意外伤害保障、医疗费用保障、个人财务保障与个人法律责任保障。

目前我国境内的大部分保险公司开办的旅游险种主要有以下几种。

1. 旅游救助保险

旅游救助保险是由中国人寿、中国太平洋保险公司与国际 SOS 救援中心联手推出的，扩大了原先的旅游人身意外保险的服务范围，将传统保险公司的一般事后理赔向前延伸，变为事故发生时提供及时有效的救助[①]。旅游救助保险是国内各保险公司普遍开办的险种，游客无论是在国内外任何地方遭遇险情，都可拨打电话获得无偿救助[②]，不仅可以保障旅客在旅行途中遭遇的人身意外伤害，还可以保障旅游中发生意外事故后的医疗费用垫付、紧急搜救、安排就医、医疗转运等内容产生的费用。

2. 旅游意外伤害保险

旅游意外伤害保险指在合同期内，在旅行社安排的旅游活动中，遭遇外来的、突发的、非疾病导致的意外保险。从保险对象来看，旅游意外保险是由游客自愿购买的短期补偿性险种，保障的是游客不是旅行社。从保险期限来看，旅游意外保险是一种短期保险，一般从旅游者踏上旅行社提供的交通工具开始，到行程结束后离开旅行社安排的交通工具止。从保险范围来看，旅游意外伤害保险的范围一般包括医疗费用、人身意外、意外双倍赔偿、紧急医疗运送、运返费用、个人行李、行李延误、取消旅程、旅程延误、缩短旅程、个人钱财及证件等[③]。

目前，旅游意外保险主要有游客意外伤害保险和旅游景点人身意外伤害保险两种。其中，旅客意外伤害保险主要为游客在乘坐交通工具出行时提供风险防范服务。其保险费用一般为游客所购买的车票或船票金额的 5%；保险金额为 2 万元（其中意外医疗事故金 1 万元）；保险期限从检票进站或中途上车上船开始，一直到游客检票出站或中途下车下船。旅游景点人身意外伤害保险的保险费用极低，对游客投保的份额有限制，即每位游客最多只能投保 10 份；其保险期限从游客购买保险进入旅游景点和景区时起，至游客离开景点或景区时为止。

3. 旅游求援保险

旅游求援指在旅游活动中，当办理了旅游保险的旅游企业或旅游者遇到了规定范围内的各种不便时，有特定的组织（企业）为其提供旅游保障服务。旅游求援主要通过协调各方面关系来帮助需要帮助的旅游企业或者旅游者，十分合适出国旅游。若办理了旅游救援保险的旅游者发生意外事故，或者由于不谙当地习俗法规引起的法律纠纷，只要拨打电话，就会获得无偿的救助。

---

① 卢世菊.旅游法教程[M].5 版.武汉：武汉大学出版社,2014：158.
② 袁正新,等.旅游政策与法规[M].北京：北京大学出版社,2008：222.
③ 卢世菊.旅游法教程[M].5 版.武汉：武汉大学出版社,2014：158-159.

4. 住宿旅客人身保险

住宿旅客人身保险属于商业保险,由游客自愿选择购买,主要提供住宿旅客人身保险金(共 5 000 元)、住宿旅客见义勇为保险金(共 1 万元)、旅客随身物品遭意外损坏或被盗、被抢、丢失的补偿金(共 200 元)等保障[①]。住宿旅客人身保险从旅客入住之日零时起生效,在保险期内,旅客应遭遇意外事故、外来袭击、谋杀或为保护自身或他人生命财产安全而致自身死亡、残疾或身体机能丧失,或随身携带物品遭盗窃、抢劫等而丢失的,保险公司按不同标准支付保险金[②];其保险期限为 15 天,期满后可以续保。

此外,我国部分保险公司针对游客开发了一些保障高、消费低的旅游保险产品[③]。例如,中国人寿保险公司推出的"一日游保险""国内游保险""出境游保险""入境游保险""住宿旅客平安保险""旅游意外保险",中国平安保险公司推出的"平安短期意外险""平安意外卡""平安如意卡""航空自助保险卡",太平洋人寿保险公司推出的"世纪行",民生保险公司推出的"阳光旅程",等等。

二、旅游责任保险制度

(一) 旅游责任保险的概念

旅游责任保险,又称旅行社责任保险,指以旅行社因其组织的旅游活动对旅游者和受其委派并为旅游者提供服务的导游或者领队人员依法应当承担的赔偿责任为保险标的的保险。在中华人民共和国境内依法设立的旅行社,应当依照《旅行社条例》(2009 年)和《旅行社责任保险管理办法》(2011 年)的规定,投保旅行社责任保险。

(二) 旅游责任保险的范围

旅游责任保险的保险范围包括旅行社在组织旅游活动中依法对旅游者的人身伤亡、财产损失承担的赔偿责任和依法对受旅行社委派并为旅游者提供服务的导游或者领队人员的人身伤亡承担的赔偿责任。旅游责任保险的具体赔偿责任情形如下:

(1) 因旅行社疏忽或过失应当承担赔偿责任的。

(2) 因发生意外事故旅行社应当承担赔偿责任的。

(3) 原国家旅游局会同中国保险监督管理委员会(即中国保监会)规定的其他情形。

(三) 旅游责任保险的实施

若旅行社在组织旅游活动中发生旅游责任保险范围中所列情形的,保险公司依法应根据保险合同约定,在旅行社责任保险责任限额内予以赔偿。旅游责任保险的具体实施内容如下:

(1) 责任限额可以根据旅行社业务经营范围、经营规模、风险管控能力、当地经济社会发展水平和旅行社自身需要,由旅行社与保险公司协商确定,但每人人身伤亡责任限额不得低于 20 万元人民币。

---

① 袁正新,等.旅游政策与法规[M].北京:北京大学出版社,2008:222.
② 卢世菊.旅游法教程[M].5 版.武汉:武汉大学出版社,2014:159.
③ 袁正新,等.旅游政策与法规[M].北京:北京大学出版社,2008:222-223.

（2）若旅行社组织的旅游活动中发生保险事故，由旅行社或者受害的旅游者、导游、领队人员通知保险公司，保险公司应及时告知具体的赔偿程序等有关事项。

（3）保险事故发生后，旅行社按照保险合同请求保险公司赔偿保险金时，应向保险公司提供其所能提供的与确认保险事故的性质、原因、损失程度等有关的证明和资料。保险公司按照保险合同约定，认为有关的证明和资料不完整的，应当及时一次性通知旅行社补充提供。旅行社对旅游者、导游或者领队人员应负的赔偿责任确定的，根据旅行社的请求，保险公司应当直接向受害的旅游者、导游或者领队人员赔偿保险金。旅行社怠于请求的，受害的旅游者、导游或者领队人员有权就其应获赔偿部分直接向保险公司请求赔偿保险金。

（4）保险公司收到赔偿保险金的请求和相关证明、资料后，应及时核定；情形复杂的，应在 30 日内作出核定，合同另有约定的除外。保险公司应将核定结果通知旅行社以及受害的旅游者、导游、领队人员；对属于保险责任的，在与旅行社达成赔偿保险金的协议后 10 日内履行赔偿保险金义务。

（5）因抢救受伤人员需要保险公司先行赔偿保险金用于支付抢救费用的，保险公司在接到旅行社或者受害的旅游者、导游、领队人员通知后，经核对属于保险责任的，可以在责任限额内先向医疗机构支付必要的费用。

（6）因第三者损害而造成保险事故的，保险公司自直接赔偿保险金或者先行支付抢救费用之日起，在赔偿、支付金额范围内代位行使对第三者请求赔偿的权利。旅行社及受害的旅游者、导游或者领队人员应当向保险公司提供必要的文件和所知道的有关情况。

（7）旅行社与保险公司对赔偿有争议的，可以按照双方的约定申请仲裁，或者依法向人民法院提起诉讼。

（8）保险公司的工作人员对当事人的个人隐私应当保密。

（9）县级以上旅游行政管理部门依法对旅行社投保旅行社责任保险情况实施监督检查。

（10）中国保监会及其派出机构依法对保险公司开展旅行社责任保险业务实施监督、管理。

三、旅游保险合同

（一）旅游保险合同的概念

旅游保险合同指平等主体的旅游者或旅游经营者等投保人和保险人之间订立的、明确相互权利义务关系的协议。根据旅游保险合同，投保人向保险人交纳保险费，保险人对保险合同范围内约定的事故造成的损失承担赔偿责任[①]。

（二）旅游保险合同的主要形式

合同一般分为口头和书面两种形式，旅游保险合同应采用书面的形式。而在旅游保

---

① 袁正新，等.旅游政策与法规[M].北京：北京大学出版社，2008：223.

险业务实践中,旅游保险书面合同主要有保险协议、保险单和保险凭证三种形式。

其中,保险协议指由双方共同签订旅游保险协议形成旅游保险合同,但须在保险协议上签名盖章,保险协议才能生效。

保险单指由投保人提交旅游保险申请书,保险人(保险公司)签发保险单,形成旅游保险合同,但协议须在同一张保险合同单上签名盖章后才生效。保险单上的条款一般由三部分组成:第一部分为事先印制的既定条款,也是基础条款;第二部分为附贴的条款,即在原保险单上用粘贴的方式附加的条款;第三部分为书写的条款,即在原保险单上用书写或打字的方法附加的条款。保险单上三个部分的条款具有同等效力,当这些条款出现矛盾时,首先要依据书写的附加条款(第三部分),其次依据附贴的附加条款(第二部分),最后依据基本条款(第一部分)。

保险凭证实质上是一种简化的保险单,现主要应用于火车站出售的火车票、民航局出售的飞机票及航运公司出售的轮船票等旅游交通运输保险和其他旅行游览保险。这些保险凭证既是旅客乘车乘船乘机的凭证,也是旅客参加旅行保险的凭证。此外,旅游景点的游览票也可以兼做旅游保险凭证①。

(三) 旅游保险合同的条款

1. 保险标的

保险标的指旅游保险合同的保险对象,其保险对象既可以是人,也可以是物。例如,在旅游人身保险中,保险标的指被保险人的生命、健康;在旅游财产保险中,保险标的指旅游者随身携带的行李物品。

2. 保险费和保险金额

保险费指投保人按照保险金额的一定比例,向保险人缴纳的费用。缴纳保险费是投保人的义务之一。根据旅游保险合同的特点,旅游保险费一般需要一次交清且费用较低。保险金额指旅游保险事故发生时,保险人根据投保人缴纳的保险费而支付的最高赔偿金额。在旅游财产保险中,保险金额不得高于投保财产的实际价值。

3. 保险期限

保险期限指旅游保险合同中明确约定的保险人承担赔偿责任的起止期限。需要注意的是,保险人与投保人之间签订旅游保险合同的生效时间并不等于保险责任期限的开始。

4. 旅游保险责任范围和除外责任范围

旅游保险责任范围指导致保险人承担责任的事故和风险范围。在我国,旅游保险责任范围一般指旅游者在旅行游览过程中遇到的自然灾害或者意外事故或者旅行社在从事旅游业务经营活动中,致使旅游者人身、财产遭受的损害。根据法律规定或者合同的约定,保险人在其责任范围内按照旅游保险事故的情节轻重承担相应的赔偿责任或者给付保险金。除外责任范围指由旅游保险合同约定保险人在什么样的情况下,不承担保险赔偿责任。依据我国相关法律法规的规定,在下列情况出现时保险人可不承担赔偿责任:

---

① 李文汇,朱华.旅游政策与法律法规[M].北京:北京大学出版社,2014:253.

战争或军事行动；分娩、疾病、精神病；自杀、自伤、斗殴、犯罪行为、冒险行为；酗酒、药物中毒或麻醉；擅自改变或离开投保时规定的旅游线路，或不乘坐指定的交通工具；行李、物品的自然消耗等。

5. 违约责任

违约责任是促使旅游保险合同双方当事人更好地履行合同规定义务的重要条款。若有一方违约，他方可依此条款要求违约方承担相应的违约责任①。

(四) 旅游保险的理赔

旅游保险的理赔指保险人审核处理旅游保险事故的法律行为，是旅游保险合同实际履行的重要内容和双方当事人权利义务的具体体现。换言之，当旅游者在旅游过程中发生了旅游保险范围内的旅游事故后，经享有请求赔偿权的人在有效期限内索赔，由保险人进行调查核实和作出是否赔偿决定的活动。但享有请求赔偿权的人（申请理赔人）在索赔时应注意以下问题。

(1) 申请理赔人须将旅游保险事故发生的情况尽快通知保险人，并在法定或约定的理赔时效内提出索赔请求。申请理赔的时效指在旅游保险合同中约定的、享有请求赔偿权的人向保险人追索赔偿金的时间期限。申请赔偿人必须在法律规定或合同约定的时效内提出理赔请求，逾期提出申请的，视为自动放弃权益。

(2) 申请赔偿人在索赔时，除了必须填报理赔申请单外，还必须提供法定或约定的有关证件，如参加旅游保险的保险单或者其他保险凭证，受益人的身份证件及其基层组织出具的证明，这是保险人受理理赔、给予赔款的主要依据。旅游事故不同，申请理赔人所提供的相关证件也有所不同。若为旅游财产保险事故，申请理赔人还应提供受损失清单，保护、抢救等费用的清单，以及其他必要的单据、证明等；若为人身保险事故，申请理赔人应提供医院出具的人身伤亡情况证明、有关旅游行政管理部门和公安机关出具的旅游保险事故的证明，以及被保险人伤亡的医疗诊断书、医药费、住院费等单据。

(3) 保险人在接到理赔申请书后，应根据保险合同的约定及时审查，以及派人到事故现场实地调查或者邀请专家对事故进行分析。在保险责任范围内的旅游事故，保险人在与申请理赔人协商解决赔偿金后，应立即偿付；否则，应承担违约责任。

(4) 保险人在确认具体赔偿数额时，应以保险标的实际损失为限。在不同旅游保险合同中，理赔的标准不同。例如，在旅游人身保险合同中，保险数额的确定，应以医院诊断证明确定的伤害程度为限。在旅游财产保险中，应以发生旅游保险事故造成被保险人行李物品的灭失或者损坏当天的实际价值为限，超出部分保险人不承担保险赔偿责任。

(5) 申请理赔人为抢救保险标的或者为减少损失而进行救护所支付的费用赔偿数额，应以保险金额为限。也就是说，在保险金额以内支付的必要救护费用，支付多少就赔多少，其超过保险金额时，保险人只赔偿相当于保险金额的数额，超过部分保险人不负责赔偿。

---

① 王莉霞.旅游法规：理论与实务［M］.3 版.大连：东北财经大学出版社，2014：200－201.

（6）申请理赔人在旅游保险事故发生后，必须先向保险人申请，要求作出理赔处理。若对处理结果没有异议，可以在接到通知后从保险人处领取保险赔偿金；若对处理结果有异议，双方可以协商解决，协商不成时，申请理赔人可以在法定的期限内，向仲裁机关申请仲裁，也可以直接向人民法院起诉[①]。

课堂讨论

现阶段的旅游保险主要是商业性的围绕旅游消费者游览行程提供的保险，在传统的业务统计规则下，旅游保险主要包括针对供应商的旅行社责任保险、景区责任保险及相关附加险等，以及针对旅游消费者的团体旅游意外伤害保险和个人旅游意外伤害保险及相关附加险。旅游供应商的财产保险及相关附加险未计入旅游保险范围。原国家旅游局和中国银行保险监督管理委员会重视旅游保险的发展，为解决旅行社组织团队旅游过程中可能发生的人身意外伤害风险及相关赔偿及时支付问题，在2010年共同颁布《旅行社责任保险管理办法》，并由江泰保险经纪股份有限公司协助实施旅行社统保示范项目，采取由人保财险、太平洋财险、平安财险、太平财险、大地财险和国寿财险6家共保的形式。

2020年新冠疫情后，绝大多数旅游者被迫取消、中断或更改行程，造成了巨大的经济损失，但这种损失并不属于旅游意外险范围，同时旅行社等服务机构也因退改费等原因，损失难以估量，除了少数旅游供应商获得了财产保险责任范围内的经营损失补偿外，大多数企业面临全球范围的疫情影响，只能艰难自救，一场疫情让人们认识了保险的重要性，但也不得不面对保险在旅游经济中覆盖率低、保障范围窄的现状。

资料来源(节选)： 孙雷蕾，王国军.旅游保险：发展潜力、市场需求与制度设计[J].暨南学报(哲学社会科学版)，2021，43(12)：107－119.

思考： 新冠疫情后，我国旅游保险产品及相关企业应当采取什么措施？相关政府部门应建立什么样的旅游保险制度？

复习思考

（1）如何处理各类旅游安全事故？

（2）旅游风险等级是如何划分的？

（3）旅游游览安全管理包括哪些方面？

（4）试述旅游保险合同的主要内容。

（5）旅游责任保险的实施情形包括哪些？

---

① 王莉霞.旅游法规：理论与实务[M].3版.大连：东北财经大学出版社，2014：203－204.

第十二章

旅游监督管理、自律管理与行政处罚

学习要点

- 旅游监督管理部门及其职责要求。
- 旅游监督管理行为规范。
- 旅游行业组织的职能与运行。
- 旅游行政处罚的概念及主要内容。

第一节　旅游监督管理

一、旅游监督管理部门

（一）管理机构

旅游活动涉及面广、综合性强，仅靠旅游行政管理部门无法对其实施有效的监督管理，必须与其他相关部门的密切合作。旅游监督检查的对象是旅游经营者和旅游从业人员，其中，《旅游法》（2018 年修正）第一百一十一条规定，旅游经营者指旅行社、景区以及为旅游者提供交通、住宿、餐饮、购物、娱乐等服务的经营者，而旅游从业人员，则包括导游、领队、司机等面对旅游者提供直接或间接服务的所有人员。从管理权限上看，由于旅游经营者和旅游从业人员分属不同部门管理，所以实施旅游监督检查的主体不能仅为旅游主管部门。因此，《旅游法》（2018 年修正）第七条的规定，加强对各部门执法工作组织协调和领导，各有关部门应当依照法律、法规规定，在各自职责范围内对旅游市场实施监督管理。同时，旅游、工商、质检、交通等与旅游市场监管关系密切的部门应当在人民政府组织下开展经常性的联合监督检查工作；第八十三条规定，县级以上人民政府旅游主管部门和有关部门依照本法和有关法律、法规的规定，在各自职责范围内对旅游市场实施监督管理。县级以上人民政府应当组织旅游主管部门、有关主管部门和市场监督管理、交通等执法部门对相关旅游经营行为实施监督检查。

目前，政府采取"多头管理"的方式对旅游市场实施监管，即各部门各负其责，在监管中难免出现监管真空和交叉监管的问题,所以必须采取联合监管的方式,形成监管合力。同时,为适应旅游业发展的客观要求,各地正在建设和形成统一的旅游大市场,跨行业、跨部门、跨区域的旅游监管成为趋势。因此,政府必须承担起对旅游市场实施综合监管的组织和领导职责,主要是建立和完善综合监管方式、工作机制和程序,加强旅游投诉统一受理、统一处理等制度建设,监督各部门依法履行职责和配合相关部门履行职责,落实责任追究等。

各地政府组织相关部门对旅游市场进行联合监管的形式主要有:一是日常性的联合执法,即由旅游主管部门和相关部门抽调工作人员共同组成的、固定的联合执法机构,有利于促进联合执法的制度化和效率,但由于操作中人员的流动性过大,经常出现形式大于内容、执法效果不确定等问题。二是临时性联合执法,即在重要时间段,如公共节假日、重大旅游活动期间,或针对一些重点问题,如针对"一日游"问题,相关部门成立临时性的联合执法机构,或由政府出面组织各相关部门进行定期或不定期的联合执法[①]。

(二) 职责范围

对旅行社经营业务的监管,主要涉及经营旅行社业务是否取得旅行社业务许可,以及从事出境游和边境游经营是否还取得了相应的许可。实践中又有两种情况:一种情况是未取得任何许可即从事旅行社业务,即业界俗称的"黑社"非法经营;另一种情况是取得了旅行社业务经营许可,但未取得出境游或边境游许可而从事出境游、边境游业务,即通常所说的超范围营业。这两种情况,旅游主管部门都有监督检查权。对导游和领队,主要是是否依法取得了导游证和领队证,未取得而从事相应业务的,即业界俗称的"黑导",《旅游法》(2018 年修正)严格禁止,旅游部门对其也有监督检查权。

对旅行社、导游、领队的从业行为进行监管,是国务院赋予旅游行政主管部门的职责,目的是防止违反《出境旅游领队人员管理办法》(2002 年)、《旅行社条例》(2009 年)、《导游人员管理办法》(2017 年)、《中国公民出国旅游管理办法》(2017 年)和《旅游法》(2018 年修正)有关禁止性规定等问题的发生。监督检查包括日常检查、抽查、根据投诉和举报进行调查等方式。

(三) 监管权力与要求

1. 监管权力

在监督检查中,出于证据保全的需要,旅游主管部门具有查阅权和复制权,但为防止旅游监督检查部门及其人员滥用职权,侵犯企业和个人的合法权益,《旅游法》(2018 年修正)对旅游主管部门这两项权力作了必要的限定,强调"对涉嫌违法"的"合同、票据、账簿及其他资料"才能查阅、复制[②]。

2. 监管要求

《旅游法》(2018 年修正)第八十四条规定,旅游主管部门履行监督管理职责,不得违

---

① 《〈中华人民共和国旅游法〉解读》编写组.中华人民共和国旅游法解读[M].北京:中国旅游出版社,2013:241-242.
② 《〈中华人民共和国旅游法〉解读》编写组.中华人民共和国旅游法解读[M].北京:中国旅游出版社,2013:244-245.

反法律、行政法规的规定向监督管理对象收取费用。而且,旅游主管部门及其工作人员不得参与任何形式的旅游经营活动。

禁止向监督管理对象乱收费、行政部门及其人员不得参与经营活动等,在相关法律法规、规范性文件和党纪政纪规定中都有明确的规定,有些还附有严格的法律责任。例如,《关于坚决制止乱收费、乱罚款和各种摊派的决定》(1990 年)、《关于治理乱收费的规定》(1993 年)、《国务院关于加强预算外资金管理的决定》(1996 年)、《中华人民共和国公务员法》(2018 年修订)等政策文件和法规明令禁止对监管对象乱收费;《行政机关公务员处分条例》(2007 年)、《中国共产党党员领导干部廉洁从政若干准则》(2010 年)和《中华人民共和国公务员法》(2018 年修订)的有关规定中,明确将参与企业经营活动定性为违法违规行为。

《中华人民共和国价格法》(1997 年)第四十七条规定:"国家行政机关的收费,应当依法进行,严格控制收费项目,限定收费范围、标准。收费的具体管理办法由国务院另行决定。"目前,价格部门行使对行政事业性收费的监督管理权,未经价格部门核定的行政事业性收费,均属于本法规定的"乱收费"。行政事业性收费之外,我国与旅游相关的法律法规中,除部分规定可以收取工本费外,还没有其他关于收费的规定。综上,除以上两种情形的收费外,其余收费现象都在"乱收费"之列,应当严格禁止[①]。

二、旅游监督管理行为规范

旅游主管部门和有关部门依法实施监督检查,其监督检查人员不得少于两人,并应当出示合法证件。《中华人民共和国行政处罚法》(2021 年修订)第三十七条规定:"行政机关在调查或者进行检查时,执法人员不得少于两人,并应当向当事人或者有关人员出示证件。"目的是防止监督检查人员独立执法可能出现的滥用权力,以保证监督检查行为及其获取证据的合法性。《旅游法》(2018 年修正)对此进行了重申。需要说明的是,不是行政机关所有人员都有监督检查权,此处的合法证件为地方政府法制部门或国务院有关主管部门颁发的行政执法证件,行政机关工作人员的工作证不在此列。

监督检查人员少于两人或者未出示合法证件的,被检查单位和个人有权拒绝。监督检察机关及其工作人员的身份、工作程序、检查内容等的合法性,是监督检查对象接受监督检查的基本前提。监督检查人员应根据《旅游法》(2018 年修正)第八十五条、《中华人民共和国行政处罚法》(2021 年修订)等法律法规进行的监督检查,若其不具备上述政策文件所规定的合法性,监督检查对象有权拒绝。

监督检查人员对在监督检查中知悉的被检查单位的商业秘密和个人信息应当依法保密。商业秘密指不为公众所熟知、能为权利人带来经济利益,具有实用性并经权利人采取保密措施的技术信息和经营信息;个人信息指个人的、与公共利益无关的、不危害社会的信息,包括个人隐私。行政机关及其工作人员在进行旅游监督检查时,可能需要查阅经营

---

① 《〈中华人民共和国旅游法〉解读》编写组.中华人民共和国旅游法解读[M].北京:中国旅游出版社,2013:242-243.

者的合同、票据、账簿等资料,这些资料有的可能是企业的商业秘密,一旦泄露,将有可能给经营者的经营造成损失。而旅游经营者直接面对广大旅游者,按照有关法律法规的规定或按照交易习惯,通常会要求旅游者向其提供必要的个人信息。这些信息数量较大,往往会在旅游经营者那里保存一段时间,在检查中,难免会被监督检查人员接触到,若不经当事人同意泄露,可能给当事人的生产、生活带来麻烦和损失。因此,《旅游法》(2018 年修正)严格禁止以上行为[①]。

三、旅游违法行为的查处

（一）旅游违法行为的处理及移交处理

《旅游法》(2018 年修正)第八十八条规定,县级以上人民政府旅游主管部门和有关部门,在履行监督检查职责中或者在处理举报、投诉时,发现违反本法规定行为的,应当依法及时作出处理;对不属于本部门职责范围的事项,应及时书面通知并移交有关部门查处。而且,旅游主管部门和有关部门在处理旅游违法行为时,应严格遵守这些规定,尽量避免行政相对人对行政主体行政不作为或不当提起申诉的现象发生。

同时,《旅游法》(2018 年修正)将部门间相互转办作为一种义务进行了规定,并提出"及时""书面通知"和"移交"的要求,实际上是明确了发生违法行为的首个部门即是"第一责任部门",需要承担起比"告知"更重的责任和事实上的督促、监督权,这是政府实现内部追责,或旅游者投诉有关部门不作为提供了法律依据,从而可以更有效地维护市场秩序,更好地保障旅游者权利[②]。

（二）旅游违法行为查处信息的共享机制

《旅游法》(2018 年修正)第八十九条规定,县级以上地方人民政府建立旅游违法行为查处信息的共享机制。《国务院关于加强法治政府建设的意见》(2010 年)规定:"县级以上人民政府要建立相关机制,促进行政执法部门信息交流和资源共享。"

旅游违法行为跨部门的、综合性的特点决定了只有政府能够承担起统筹各部门,解决前述信息不畅通的问题的责任。但共享机制在法律上属于一种结果性规定,具体的实现方式可根据各地实际自由选择。换言之,各地方政府无论采取什么样的方式,只要达到共享效果即可。

（三）旅游违法行为查处的全程督办

《旅游法》(2018 年修正)第八十九条规定,县级以上地方人民政府对需要跨部门、跨地区联合查处的违法行为,应当进行督办。

督办是一种全程督办,即贯穿启动督办到处理结果检查的全过程。具体内容包括需要督办事项的提起部门和方式;政府接到督办建议后或主动督办时划分部门责任的原则;督办的形式及流程;对督办结果,即案件处理结果的跟踪和责任落实,包括落实在部门和

---

① 《〈中华人民共和国旅游法〉解读》编写组.中华人民共和国旅游法解读[M].北京:中国旅游出版社,2013:245-247.
② 《〈中华人民共和国旅游法〉解读》编写组.中华人民共和国旅游法解读[M].北京:中国旅游出版社,2013:250.

216

主要责任人员方面的责任,以及责任追究方式等。

(四)旅游违法行为查处的信息公告

《旅游法》第八十九条规定,旅游主管部门和有关部门应按照各自职责,及时向社会公布监督检查的情况。公告的责任主体是旅游主管部门和有关部门,原则是"部门各负其责",分别负责公告本部门职权范围内的监督检查情况信息。公告的内容是监督检查的情况,包括投诉、举报的受理与否及其原因,案件的详细情况,作出处罚或不予处罚决定的依据等,以及重大监督检查行动和检查结果等情况。

《中华人民共和国政府信息公开条例》(2019年修订)第十五条规定:"行政机关应当将主动公开的政府信息,通过政府公报、政府网站、新闻发布会,以及报刊、广播、电视等便于公众知晓的方式公开。"第十八条规定:"属于主动公开范围的政府信息,应当自该政府信息形成或者变更之日起20个工作日内予以公开。法律、法规对政府信息公开的期限另有规定的,从其规定。"

此外,《旅行社条例》(2009年)第四十二条就信息公开作出了较为具体的规定,即"旅游、工商、价格等行政管理部门应当及时向社会公告监督检查情况。公告的内容包括旅行社业务经营许可证的颁发、变更、吊销、注销等情况,旅行社违法经营行为,以及旅行社的诚信记录、旅游者投诉信息等"。

第二节　旅游行业组织的自律管理

一、旅游行业组织的成立

旅游行业组织一般指为加强行业间及旅游行业内部的沟通与协作,实现行业自律,保护旅游者权益,同时促进旅游行业及行业内部各单位的发展而形成的各类组织。因此,旅游行业组织通常为一种非官方组织,采取各成员自愿加入的原则,行业组织所制定的规章、制度和章程对于非会员单位不具有约束力。依照《旅游法》(2018年修正),我国的旅游行业组织必须依法成立,主要包括中国旅游协会及根据工作需要设立的分会和专业委员会,且成立后的旅游行业组织实行自律管理。

为了强化行业自律,《旅游法》(2018年修正)要求依法成立的旅游行业组织依照法律、行政法规和章程的规定,制定行业经营规范和服务标准,对其会员的经营行为和服务质量进行自律管理,组织开展职业道德教育和业务培训,提高从业人员素质。

二、旅游行业组织的职能

旅游行业组织主要具有服务和管理两大职能,但其职能的有效性取决于旅游行业组织本身的权威性和凝聚力,不具有任何行政指令性和法规性。具体而言,旅游行业组织具有以下基本职能:

(1)作为行业代表,与政府机构或其他行业组织商谈有关事宜。

（2）加强成员间的信息沟通，通过出版刊物等手段，定期发布行业发展的有关统计分析资料。

（3）开展联合推销和市场开拓活动。

（4）组织专业研讨会，为行业成员开展培训班和专业咨询业务。

（5）制定成员共同遵循的经营标准、行规会约，并据此进行仲裁与调解。

（6）对行业经营管理和发展问题进行调查研究，并采取相应措施加以解决。

（7）阻止行业内部的不合理竞争。

三、我国旅游行业协会的组成与运行

在我国，旅游行业协会一般分为行业协会和准行业协会。其中，准行业协会是行业协会的初级阶段，经过一段时间的发展，准行业协会中的行业联合体有可能演化为功能专门化的行业协会。此外，行业联盟也有可能演变为行业协会。

中国旅游协会于 1986 年 1 月 30 日经国务院批准成立，是我国第一个全行业旅游协会。此后，中国旅游饭店协会、中国旅行社协会、中国旅游车船协会、中国旅游报刊协会、中国乡村旅游协会、中国旅游文化学会、中国旅游文学研究会等国家级旅游协会和上海市旅游行业协会、云南旅游饭店协会、浙江省饭店业协会、深圳市饭店业协会等地方旅游协会等各种类型的旅游协会相继成立（见表 12-1）。这些旅游协会多为本行业中的企业，也有与本行业密切相关的部门单位、旅游科研及教育机构等组织机构；既有团体会员，也有个人会员。

表 12-1　中国旅游行业协会的发展历程

成立时间	协会名称	主管部门	主要职能
1986.1	中国旅游协会	原国家旅游局（文化和旅游部）	代表和维护全行业的共同利益，下设 5 个分会和 4 个专业委员会
1986.2	中国旅游饭店协会	原国家旅游局（文化和旅游部）	代表中国旅游饭店业的共同利益
1988.1	中国旅游车船协会	原国家旅游局（文化和旅游部）	代表和维护旅游车船会员的共同利益和合法权益
1990.3	上海市旅游行业协会	原上海市旅游局（上海市文化和旅游局）	代表和维护旅游行业的共同利益和会员的合法权益
1993.8	中国旅游报刊协会	原国家旅游局（文化和旅游部）	代表和维护各类传播旅游信息的报刊和大众媒体的共同利益
1997.1	中国旅行社协会	原国家旅游局（文化和旅游部）	代表和维护旅行社行业的公共利益
1998.2	云南旅游饭店协会	原云南省旅游局（云南省文化和旅游厅）	致力于云南省饭店行业发展

成立时间	协会名称	主管部门	主要职能
2002.1	浙江省饭店业协会	原浙江省旅游局（浙江省文化和旅游厅）	为会员提供专业服务,现有饭店文化、维权自律、市场影响、绿色饭店、饭店发展专业委员会等专业委员会
2004.11	深圳市饭店业协会	原深圳市旅游局（浙江省文化和旅游局）	加强与国内外同行的交流合作,组织本行业的培训,规范本行业行为,维护本行业利益
2010.10	中国旅游景区协会	原国家旅游局（文化和旅游部）	竭诚为会员、为行业、为政府服务,在政府、会员和市场之间发挥纽带和桥梁作用,为促进我国旅游业持续、健康发展作出贡献
2013.1	中国农业产业化龙头企业协会	原国家农业部（农业农村部）	发挥协会的桥梁和纽带作用,坚持为会员企业服务、为行业服务、为产业化服务,做好政府的助手,为政府服务,维护会员合法权益,倡导行业自律,推动农业产业化健康、有序、稳定发展
2017.9	广东省旅游规划与营销协会	广东省文化和旅游厅	有效加快旅游规划与营销推广行业的交流互鉴,促进前端旅游产品规划设计与末端旅游产品营销推广之间的跨界融合,促进行业健康有序发展
2021.12	青海省黄南藏族自治州文化旅游协会	原黄南藏族自治州旅游局（黄南藏族自治州文体旅游广电局）	促进黄南州文化旅游产业深度融合发展,加大对文旅行业指导,规范行业管理
……	……	……	……

（一）中国旅游协会

中国旅游协会作为我国第一个旅游全行业组织,其主管单位现为中华人民共和国文化和旅游部,其理事由各省、自治区、直辖市和计划单列市、重点旅游城市的旅游管理部门、全国性旅游专业协会、大型旅游企业集团、旅游景区（点）、旅游院校、旅游科研与新闻出版单位以及与旅游业紧密相关的行业社团组成。经过数十年的发展,截至2022年,中国旅游行业协会下设16个分支机构(见表12-2),并以国内著名的大型综合性旅游集团、省级旅游协会和重要旅游城市旅游协会等机构为会员骨干,共吸纳会员超过3 000家。其中,中国旅游协会自有会员单位超过200家[1]。

---

[1] 中国旅游协会.中国旅游协会简介[EB/OL]. http://www.chinata.com.cn/h-col-108.html.

表 12 - 2　中国旅游协会分支机构简介

序号	分支机构名称	成立时间	主　要　目　标
1	妇女旅游委员会	1994 年	发挥桥梁、纽带和平台作用,为提高旅游及相关行业女性从业者的素质,增进中国旅游业与国际(地区)旅游业女性的联谊合作,促进我国旅游业高质量发展做出贡献
2	旅游教育分会	2008 年	以提升旅游教学科研和人才培养水平为中心,积极发挥桥梁和纽带作用,搭建交流台,促进旅游教育的高质量发展
3	民航旅游专业委员会	2004 年	全心全意为民航旅游业和会员单位服务,在政府与会员单位之间发挥桥梁和纽带作用,在会员单位之间加强联系与合作,探讨和交流经验,为建立有民航旅游业特色的模式和品牌作不懈努力。同时,进一步做好航空运输的延伸服务,为促进民航旅游业的发展做积极贡献
4	温泉旅游分会	2009 年	为全国的温泉旅游行业创造一个信息交流、经验借鉴、共谋发展的服务平台,广泛团结和凝聚温泉企业的力量,促进我国温泉旅游的可持续发展和服务管理质量的提升
5	休闲农业与乡村旅游分会	2009 年	对休闲农业和乡村旅游发展的研究,促进可持续发展,为推进新时代社会主义新农村建设、促进城乡一体化进程作出贡献;广泛团结和凝聚休闲农业、乡村旅游等各方面的力量,代表会员的共同利益,维护会员的合法权益;为会员搭建行业交流与共享平台
6	旅游商品与装备分会	2012 年	努力为会员服务,为行业服务,为政府服务,充分发挥桥梁和纽带作用。与政府相关部门、其他社会团体以及会员单位协作,为促进我国旅游商品和旅游装备市场的繁荣、稳定,旅游业持续、快速、健康发展作出积极贡献
7	休闲度假分会	2009 年	坚持中国特色与面向国际相结合,根据国家的宪法、法律、法规和有关政策,在平等互利、优势互补、资源共享、合作共赢的原则下,推广积极向上的休闲文化,树立健康休闲观念,提高大众休闲度假生活质量,促进业界沟通,推进休闲度假理论研究,制订和推广规范,提高休闲度假服务水平,拓展休闲度假消费领域,促进中国休闲度假业的可持续发展
8	民宿客栈与精品酒店分会	2016 年	服务会员、服务行业、服务政府、服务社会、服务消费者
9	亲子游与青少年营地分会	2018 年	打造全国性亲子文旅行业互动交流平台,构建资源整合、共建共享的亲子游与青少年营地生态圈,促进中国亲子文旅行业、特别是亲子游与青少年营地产业多元主体交流合作,推进中国亲子文旅行业健康、有序、稳健发展

序号	分支机构名称	成立时间	主　要　目　标
10	健康旅游协会	2018 年	开拓健康旅游市场,创新健康旅游业态,先后推出多条健康旅游品牌产品;开展调查研究,已连续四年发布年度专题报告;发挥行业协会作用,搭建产业链对接桥梁,加快大健康产业与文旅产业深度融合发展;开展健康旅游标准化工作,建立诚信服务制度;培训健康旅游从业人员,提升健康旅游的服务品质和管理水平
11	旅游营销分会	2018 年	努力为会员服务,为行业服务,为政府服务,充分发挥桥梁和纽带作用,进一步提升国家旅游业总体形象、旅游目的地品牌认知度和经济与社会效益。与政府相关部门、其他社会团体以及会员单位协作,为促进行业的繁荣、稳定,旅游业持续、快速、健康发展作出积极贡献
12	文化体育旅游分会	2019 年	促进文化、体育、旅游深度融合可持续科学发展,服务全面建成小康社会宏伟目标
13	智慧旅游分会	2019 年	旨在促进提高旅游行业信息化发展水平,将元宇宙、5G 应用、AI、区块链、AR、VR、云计算、大数据等技术及投资人引入和对接到旅游业,是成为中国旅游业的企业与国际先进旅游科技企业的交流渠道和平台
14	地学旅游分会	2019 年	凝聚地质、地理、生态、文化、旅游等相关领域的国内精英,促进自然资源保护基础上的合理利用,提升中国旅游产品的科学与文化内涵,引领行业发展
15	最美小镇分会	2019 年	致力推广遗产保护、文化传承的最美小镇发展理念,通过质量标准化的引导效应,有针对性地培育一批历史遗迹厚重、文化资源独特、人居环境优美、旅游设施完善的最美小镇,推出更多品质优秀、内含丰富的文化旅游体验产品
16	长城分会	2021 年	长城分会以弘扬长城文化、传承长城精神,宣传和保护长城为己任,积极发挥"桥梁""纽带"和"平台"作用,以行业引导、行业自律、行业交流、行业促进为职责,通过"旅游＋"促进"1 点 6 带"融合发展,以长城旅游为载体,从文化研究、遗产保护、经济发展、教育研学、品牌传播、数字科技等多方面、多元素推动长城文化和旅游事业的发展

数据来源:中国旅游协会·分支机构.http://www.chinata.com.cn/h-col-109.html.

(二)中国旅游饭店业协会

中国旅游饭店业协会成立于 1986 年 2 月,其主管单位现为文化和旅游部;是由中国境内的饭店和地方饭店协会、饭店管理公司、饭店用品供应厂商等相关单位,按照平等自愿的原则结成的全国性行业协会;属于饭店业的专业协会,具有很强的专业针对性。

中国旅游饭店业协会会员中聚集了全国饭店业中知名度高、影响力大、服务规范、信誉良好的星级饭店,同样几乎包括了国际著名饭店集团在内地管理的饭店。截至 2018

年,中国旅游饭店业协会共有会员 1 400 余家,现有会长、副会长、秘书长 24 名,常务理事 25 名,理事单位 386 家①。中国旅游饭店业协会下设有多个专业委员会(如饭店金钥匙专业委员会)。中国旅游饭店业协会于 1994 年正式加入国际饭店与餐馆协会,成为其国家级协会会员。

(三)上海市旅游行业协会

原上海市旅游协会(现为上海市旅游行业协会)成立于 1990 年 3 月,后于 2000 年 1 月进行重组,原上海饭店业协会、上海国际旅行社协会、上海国内旅行社协会、上海旅游教育协会均归属上海市旅游协会,成为其不具法人资格的分会。2004 年 3 月,根据沪府办发〔2002〕1 号文件精神,原上海市旅游协会更名为上海市旅游行业协会,下辖饭店业分会、旅行社分会、旅游教育分会、旅游景点分会、水上旅游分会、旅游纪念品分会、在线旅游分会,现有会员 1 700 余家。该协会的宗旨是为会员提供服务,代表和维护行业的共同利益和会员的合法权益,推动行业诚信建设,保障行业公平竞争,沟通会员与政府、社会的联系,发挥纽带和桥梁作用,促进上海旅游业的发展和繁荣。

上海市旅游行业协会的主要任务如下:① 宣传、贯彻国家关于旅游行业的法律、法规、方针、政策,促进上海旅游业的发展;② 根据会员需要组织行业人才、技术、管理、法规等培训,开展信息交流,提供法律、政策、技术、管理、市场等咨询服务,举办会展招商以及产品推介等活动;③ 制订本行业行规、行约,建立行业自律机制,推动行业诚信建设,维护行业公平竞争和良好的市场环境;④ 参与制订修订并组织实施本市旅游行业相关技术标准、质量标准、服务规范和职业道德准则,参与行业资质认证;⑤ 协调会员与会员,会员与行业内非会员,会员与其他行业经营者、消费者及社会组织的有关经营关系,代表本行业参与行业性集体谈判;⑥ 参与政府有关本行业改革、发展及旅游市场发展态势的课题调研和成果推广活动,参与政府举办的有关听证会以及与本行业利益相关的决策论证,向有关部门提出有关发展旅游业政策的意见和立法的建议;⑦ 根据法律、法规授权或受行业主管部门委托,开展行业统计、行业调查、行业检查和评比、发布行业信息、公信证明、价格协调以及本行业市场准入的规范和管理工作;⑧ 组织会员开展国内外旅游业务交流和合作;⑨ 搜集、发布国内外旅游行业信息,依照有关规定创办刊物、网站,编制行业信息资料;⑩ 承办行业主管部门委托和转移的工作,接受政府购买服务。

第三节 旅游行政处罚

一、旅游行政处罚的法律界定

行政处罚指享有行政处罚权的机关或其他行政主体,对违反行政法规尚未构成犯罪

---

① 中国旅游饭店业协会.中国旅游饭店业协会简介[EB/OL]. http://www.ctha.com.cn/detail-4-61-162.html.

的行政相对人实施行政制裁的具体行政行为[①]。为规范旅游行政处罚行为,维护旅游市场秩序,保护旅游者、旅游经营者和旅游从业人员的合法权益[②],原国家旅游局根据《中华人民共和国行政处罚法》(1996 年发布,2021 年修订)、《中华人民共和国行政强制法》(2011 年)、《旅游法》(2013 年发布,2018 年修订)及有关法律、法规规定,颁布实施《旅游行政处罚办法》(2013 年)。

二、旅游行政处罚的内容

(一) 旅游行政处罚的实施主体

县级以上旅游主管部门应当在法定职权范围内实施行政处罚。法律、法规授权从事旅游执法的机构,应当在法定授权范围内以自己的名义实施行政处罚,并对该行为的后果独立承担法律责任。

旅游主管部门可以在其法定职权范围内委托符合法定条件的旅游质监执法机构实施行政处罚,并对该行为的后果承担法律责任。受委托机构在委托范围内,以作出委托的旅游主管部门的名义实施行政处罚。

旅游主管部门委托实施行政处罚的,应当与受委托机构签订书面委托书,载明受委托机构名称,委托的依据、事项、权限和责任等内容,报上一级旅游主管部门备案,并将受委托机构名称、委托权限和事项向社会公示。委托实施行政处罚,可以设定委托期限。

县级以上旅游主管部门应当加强行政执法队伍建设,强化对执法人员的教育和培训,全面提高执法人员素质。原国家旅游局执法人员应当取得本局颁发的行政执法证件;县级以上地方旅游主管部门的执法人员应当取得县级以上地方人民政府颁发的行政执法证件[③]。

(二) 旅游行政处罚的管辖

1. 地域管辖

旅游行政处罚由违法行为发生地的县级以上地方旅游主管部门管辖。旅行社组织出境旅游违法行为的处罚,由组团社所在地县级以上地方旅游主管部门管辖。

2. 级别管辖

原国家旅游局负责查处在全国范围内有重大影响的案件;地方各级旅游主管部门负责查处本地区内重大、复杂的案件。其中,设区的市级和县级旅游主管部门的管辖权限,由省、自治区、直辖市旅游主管部门确定,但吊销旅行社业务经营许可证、导游证、领队证或者取消出国(境)旅游业务经营资格的行政处罚,只能由设区的市级以上旅游主管部门作出。

上级旅游主管部门有权查处下级旅游主管部门管辖的案件,也可把自己管辖的案件移交下级旅游主管部门查处。

---

① 赵利民.旅游法规教程[M].4 版.北京:科学出版社,2015:247.
② 傅远柏.旅游政策与法规:理论与实务[M].北京:清华大学出版社,2015:180.
③ 傅远柏.旅游政策与法规:理论与实务[M].北京:清华大学出版社,2015:181.

3. 移送管辖

旅游主管部门发现已立案的案件不属于自己管辖的,应在 10 日内移送有管辖权的旅游主管部门或者其他部门处理。违法行为构成犯罪的,应将案件移送司法机关。

4. 指定管辖

两个以上旅游主管部门都有管辖权的行政处罚案件,由最先立案的旅游主管部门管辖,也可由相关旅游主管部门协商管辖。协商不成的,报共同的上级旅游主管部门指定管辖①。

(三) 旅游行政处罚的适用

(1) 原国家旅游局逐步建立、完善旅游行政裁量权的指导标准。地方各级旅游主管部门行使旅游行政处罚裁量权应当综合考虑以下情节:违法行为的具体方式、手段、程度或者次数;违法行为危害的对象或者所造成的危害后果;当事人改正违法行为的态度、措施和效果;当事人的主观过错程度。旅游主管部门实施处罚时,对性质相同、情节相近、危害后果基本相当、违法主体类同的违法行为,处罚种类及处罚幅度应当基本一致。

(2) 当事人的同一违法行为同时违反两个以上法律、法规或者规章规定的,效力高的优先适用。法律、法规、规章规定两种以上处罚可以单处或者并处的,可以选择适用;规定应当并处的,不得选择适用。对当事人的同一违法行为,不得给予两次以上罚款的行政处罚。

(3) 违法行为轻微并及时纠正,且没有造成危害后果的,不予处罚。违法行为在两年内未被发现的,不再给予行政处罚,但法律另有规定的除外。

(4) 有下列情形之一的,应当从轻或者减轻处罚:主动消除或者减轻违法行为危害后果的;受他人胁迫实施违法行为的;配合行政机关查处违法行为有立功表现的;其他依法应当从轻或者减轻处罚的情形。

(5) 执法人员在现场检查中发现违法行为或者实施行政处罚时,应当责令当事人立即改正违法行为。不能立即改正的,应当责令期限改正,改正期限一般不得超过 15 日,改正期间当事人应当停止相关违法行为。责令改正应当以书面形式作出,可以一并列入行政处罚决定书。单独出具责令改正通知书的,应当说明违法行为的事实,以及责令改正的依据、期限、要求②。

二、旅游行政处罚的一般程序

(一) 立案和调查

1. 立案

旅游主管部门在监督检查、接到举报、处理投诉或者接受移送、交办案件,发现当事人的行为涉嫌违反旅游法律、法规、规章时,对符合下列条件的,应当在 7 个工作日内立案:

---

① 赵利民.旅游法规教程[M].第四版.北京:科学出版社,2015:247-248.
② 傅远柏.旅游政策与法规:理论与实务[M].北京:清华大学出版社,2015:182-183.

对该行为可能作出行政处罚的;属于本部门管辖的;违法行为未过追责时效的。

立案应当经案件承办机构或者旅游主管部门负责人批准。案件情况复杂的,经承办机构负责人批准,立案时间可以延长至 14 个工作日内。

旅游主管部门对不符合立案条件的,不予立案;立案后发现不符合立案条件的,应当撤销立案。对实名投诉、举报不予立案或者撤销立案的,应当告知投诉人、举报人,并说明理由。现场检查中发现旅游违法行为时,认为证据以后难以取得的,可以先行调查取证,并在 10 日内决定是否立案和补办立案手续。

2. 调查

对已经立案的案件,案件承办机构应当指定两名以上的执法人员承办,及时组织调查取证。执法人员有下列情形之一的,应当自行回避,当事人及其代理人也有权申请其回避:是本案当事人或者其近亲属的;本人或者其近亲属与本案有直接利害关系的;与当事人有其他关系,可能影响公正执法的。

需要委托其他旅游主管部门协助调查取证的,应当出具书面委托调查函。受委托的旅游主管部门应当予以协助;有正当理由确实无法协助的,应当及时函告。

执法人员在调查、检查时,有权采取下列措施:进入有关场所进行检查、勘验、先行登记保存证据、录音、拍照、录像;询问当事人及有关人员,要求其说明相关事项和提供有关材料;查阅、复制经营记录和其他有关材料。

执法人员在调查、检查时,应当遵守下列规定:不得少于两人;佩戴执法标志,并向当事人或者有关人员出示执法证件;全面、客观、及时、公正地调查违法事实、违法情节和危害后果等情况;询问当事人时,应当告知其依法享有的权利;依法收集与案件有关的证据,不得以诱导、欺骗等违法手段获取证据;如实记录当事人、证人或者其他有关人员的陈述;除必要情况外,应当避免延误团队旅游行程。

(二) 告知和听证

1. 告知

旅游主管部门在作出行政处罚决定前,应当以书面形式告知当事人作出行政处罚决定的事实、理由、依据和当事人依法享有的陈述申辩权利。旅游主管部门可以就违法行为的性质、情节、危害后果、主观过错等因素,以及选择的处罚种类、幅度等情况,向当事人作出说明。

旅游主管部门应当充分听取当事人的陈述和申辩并制作笔录,对当事人提出的事实、理由和证据,应当进行复核。当事人提出的事实、理由或者证据成立的,应当予以采纳;不能成立而不予采纳的,应当向当事人说明理由。旅游主管部门不得因当事人申辩而加重处罚。

2. 听证

旅游主管部门作出较大数额罚款、没收较大数额违法所得、取消出国(境)旅游业务经营资格、责令停业整顿、吊销旅行社业务经营许可证、导游证或者领队证等行政处罚决定前,应当以书面形式告知当事人有申请听证的权利。听证告知的内容应当包括:提出听证申请的期限,未如期提出申请的法律后果,以及受理听证申请的旅游主管部门名称、地址等内容。听证应当遵循公开、公正和效率的原则,保障当事人的合法权益。除涉及国家秘密、商业秘密或者个人隐私的外,应当公开听证。

（三）审查和决定

1. 审查

案件调查终结并依法告知、听证后,需要作出行政处罚的,执法人员应当填写行政处罚审批表,经案件承办机构负责人同意后,报旅游主管部门负责人批准。旅游主管部门应当对调查结果进行审查,根据下列情况,分别作出处理。

确有应受行政处罚的违法行为的,根据情节轻重及具体情况,作出行政处罚决定;违法行为轻微,依法可以不予行政处罚的,不予行政处罚;违法事实不能成立的,不得给予行政处罚;违法行为已构成犯罪的,移送司法机关。

对情节复杂的案件或者因重大违法行为给予公民 3 万元以上罚款、法人或者其他组织 20 万元以上罚款,取消出国（境）旅游业务经营资格,责令停业整顿,吊销旅行社业务经营许可证导游证、领队证等行政处罚的,旅游主管部门负责人应当集体讨论决定。地方人民代表大会及其常务委员会或者地方人民政府对集体讨论的情形另有规定的,从其规定。

2. 决定

决定给予行政处罚的,应当制作行政处罚决定书。旅游行政处罚决定书应当载明下列内容：当事人的姓名或者名称、证照号码、地址、联系方式等基本情况;违反法律、法规或者规章的事实和证据;行政处罚的种类和依据;行政处罚的履行方式和期限;逾期不缴纳罚款的后果;不服行政处罚决定,申请行政复议或者提起行政诉讼的途径和期限;作出行政处罚决定的旅游主管部门名称和作出决定的日期并加盖部门印章。

旅游行政处罚案件应当自立案之日起的三个月内作出决定;案情复杂或者重大的,经旅游主管部门负责人批准可以延长,但不得超过三个月。案件办理过程中组织听证、鉴定证据、送达文书,以及请示法律适用或者解释的时间,不计入期限。

（四）送达

旅游行政处罚文书应当送达当事人,并符合下列要求：

（1）有送达回证并直接送交受送达人,由受送达人在送达回证上载明收到的日期,并签名或者盖章。

（2）受送达人是个人的,本人不在交他的同住成年家属签收,并在送达回证上载明与受送达人的关系。

（3）受送达人或者他的同住成年家属拒绝接收的,送达人可以邀请有关基层组织的代表或者有关人员到场,说明情况,在送达回证上载明拒收的事由和日期,由送达人、见证人签名或者盖章,把文书留置受送达人的住所或者收发部门,也可以把文书留在受送达人的住所,并采用拍照、录像等方式记录送达过程。

（4）受送达人是法人或者其他组织的,应当由法人代表、其他组织的主要负责人或者该法人、组织办公室、收发室等负责收件的人签收或者盖章,拒绝签收或者盖章的,适用第

(3)项留置送达的规定。

（5）经受送达人同意,可以采用传真、电子邮件等能够确认其收悉的方式送达行政处罚决定书以外的文书。

（6）受送达人有代理人或者指定代收入的,可以送交代理人或者代收入签收并载明受当事人委托的情况。

（7）直接送达确有困难的,可以用挂号信邮寄送达,也可以委托当地旅游主管部门代为送达,代收机关收到文书后,应当立即送交受送达人签收。

受送达人下落不明,或者以前款规定的方式无法送达的,可以在受送达人原住所地张贴公告,或者通过报刊、旅游部门网站公告送达,执法人员应当在送达文书上注明原因和经过。自公告发布之日起经过 60 日,即视为送达。

旅游行政处罚决定书应当在宣告后当场交付当事人;当事人不在场的,旅游行政主管部门应当在 7 日之内送达当事人,并根据需要抄送与案件有关的单位和个人[①]。

四、旅游行政处罚的执行

当事人应当在行政处罚决定书确定的期限内,履行处罚决定;被处以罚款的,应当自收到行政处罚决定书之日起 15 日内,向指定的银行缴纳罚款。申请行政复议或者提起行政诉讼的,不停止行政处罚决定的执行,但有下列情形的除外:处罚机关认为需要停止执行的;行政复议机关认为需要停止执行的;申请人申请停止执行,行政复议机关认为其要求合理决定停止执行,或者人民法院认为执行会造成难以弥补的损失,并且停止执行不损害社会性公共利益,裁定停止执行的;法律、法规规定的其他情形。

当事人逾期不履行处罚决定的,作出处罚决定的旅游主管部门可以采取下列措施:到期不缴纳罚款的,每日按罚款数额的 3% 加处罚款,但加处罚款的数额不得超出罚款额;向旅游主管部门所在地有管辖权的人民法院申请强制执行。

申请人民法院强制执行应当在下列期限内提出:行政处罚决定书送达后,当事人未申请行政复议或者提起行政诉讼的,在处罚决定书送达之日起 3 个月后起算的 3 个月内;复议决定书送达后当事人未提起行政诉讼的,在复议决定书送达之日起 15 日后起算的 3 个月内;人民法院对当事人提起行政诉讼作出的判决、裁定生效之日起 3 个月内。

旅游主管部门申请人民法院强制执行前,应当催告当事人履行义务。催告应当以书面形式作出,并载明下列事项:履行义务的期限;履行义务的方式;涉及金钱给付的,应当有明确的金额和给付方式;当事人依法享有的陈述权和申辩权。旅游主管部门应当充分听取当事人的意见,对当事人提出的事实、理由和证据,应当进行记录、复核。当事人提出的事实、理由或者证据成立的,应当采纳。催告书送达 10 日后当事人仍未履行义务的,可以申请强制执行。

当事人确有经济困难,需要延期或者分期缴纳罚款的,应当在行政处罚决定书确定的

---

① 傅远柏.旅游政策与法规:理论与实务[M].北京:清华大学出版社,2015:183－186.

缴纳期限届满前,向作出行政处罚决定的旅游主管部门提出延期或者分期缴纳的书面申请。批准当事人延期或者分期缴纳罚款的,应当制作同意延期(分期)缴纳罚款通知书,送达当事人,并告知当事人缴纳罚款时,应当向收缴机构出示。延期、分期缴纳罚款的,最长不得超过6个月,或者最后一期缴纳时间不得晚于申请人们法院强制执行的最后期限。

旅游主管部门和执法人员应当严格执行罚款分离的规定,不得非法自行收缴罚款。罚没款及没收物品的变价款,应当全部上缴国库,任何单位和个人不得截留、私分或者变相私分[①]。

课堂讨论

2014年12月底,在原四川省旅游局官方网站上,陆续挂出了省旅游协会关于注销旅行社分会、旅游饭店分会、旅游景区分会、导游分会、自驾游分会的多则公告。公告也明确指出,在五个分会注销的同时,五个旅游"专业协会"正式单列成为独立的协会。

四川省经过民政厅正式批准单列的五个旅游专业协会分别为四川省旅行社协会、营地与自驾游协会、旅游景区管理协会、导游协会和旅游饭店行业协会。"跟以前不一样,现在我们是独立的组织,"省营地与自驾游协会副会长尹海生说,"单列以后避免了行政色彩。"省旅游景区管理协会秘书长华颖认为,顺应机构改革,专业协会单列是政策的趋势和方向,协会将有更多的自主权、财务权和活动权。"这样可以加强对导游的管理,提升导游服务水平。"省导游协会秘书长孙倩谈到她所在的导游协会单列时如此解释。

这几家协会的负责人在接受采访时不约而同提到一点,专业协会单列出来,开展自主活动,可以提升协会的活力和创造性,保障会员单位的权益。

资料来源: 中国经济网.脱钩行政管理部门四川旅游"专业协会"何去何从?［EB/OL］.(2015-01-14)［2023-05-26］. http://district.ce.cn/newarea/roll/201501/14/t20150114_4341031.shtml.

思考: 脱钩行政管理部门,四川旅游"专业协会"何去何从?

复习思考

(1)简述旅游监督管理部门的职责范围。

(2)对旅游违法行为进行查处时要经历哪些程序?

(3)旅游行业组织主要发挥哪些作用?

(4)旅游行业组织主要有哪些类型?在职能上有什么区别?

(5)简述旅游行政处罚的一般程序。

---

① 傅远柏.旅游政策与法规:理论与实务［M］.北京:清华大学出版社,2015:187-188.

第十三章

旅游纠纷处理

学习要点
- 旅游纠纷的概念、种类及其解决途径。
- 旅游投诉的概念及其特征。
- 旅游投诉的管辖及受理。
- 旅游纠纷的解决途径。

第一节　旅游纠纷与投诉

一、旅游纠纷

（一）旅游纠纷的概念

旅游纠纷有广义、狭义之分，主要区别在于主体范围的界定。广义的旅游纠纷指在旅游活动及其管理过程中，旅游主体之间因权利、义务的矛盾而引发的争议，其主体包括旅游者、旅游经营者、旅游行政管理部门、旅游相关部门、海外旅游组织等。狭义的旅游纠纷指发生在旅游者和旅游经营者之间的各种矛盾和争议。由于旅行社在旅游行业中处于核心和纽带地位，更多旅游纠纷又发生于旅游者与旅行社之间[①]。因此，旅游纠纷指在旅游活动中旅游者与旅游经营者之间发生的权利义务争议，主要表现为旅游者权益受损的案件。

（二）旅游纠纷的种类

1. 旅游民事纠纷

旅游民事纠纷指根据调整旅游法律关系的民事法律、法规的规定或旅游合同的约定，旅游者的民事权利，以及合同权利受到其他旅游法律关系主体违法行为的侵害或违反，而在旅游者与侵权者或违约者之间所产生的民事纠纷主要包括旅游者与旅行社之间的纠纷、旅游者与旅游饭店之间的纠纷、旅游者与旅游景点之间的纠纷等形式；具有纠纷的主体之间法律地位平等、纠纷的内容是对民事权利义务的争议、纠纷的可处分性（如旅游民

---

① 辛树雄.旅游法教程［M］.北京：清华大学出版社，2014：249-250.

事纠纷的主体享有独立处分其民事权利、义务的权利)等特点。

2. 旅游行政纠纷

旅游行政纠纷指根据调整旅游法律关系的行政法律、法规的规定,旅游者的合法权利受到相关主管部门违法行政行为的侵犯,在旅游者与行政机关之间所产生的纠纷;主要包括旅游者与旅游行政管理机关的纠纷、旅游者与出入境管理机关的纠纷等形式;具有纠纷的主体之间存在服从和隶属关系、纠纷的内容是对行政行为合法性的争议,以及纠纷的不可处分(如行政机关均不得随意处分行政权力)等特点。

3. 旅游涉外纠纷

旅游涉外纠纷指客源发生国和旅游接待国之间或者客源发生国企业和旅游接待国企业之间的纠纷。此类纠纷具有涉外因素,涉及国家间争议的,其性质属公法范畴;涉及国家间企业争议的,则可能涉及私法范畴,应遵循国际条约、国际惯例、双边条约和对等的原则进行处理。

二、旅游纠纷的主要原因

引起旅游纠纷的原因较多,如旅游经营者的故意或过失造成的旅游纠纷,第三人的原因造成的旅游纠纷,旅游者自身原因造成的旅游纠纷,等等。旅游纠纷的主要原因概括为以下几个方面:

(1)旅游经营者单方违约。旅游经营者单方违约主要表现为旅行社在收取旅游费用后,擅自变更合同内容或取消旅游活动或旅游饭店取消预订等。此时,旅游者应立即与旅游经营者交涉,或向旅游质量监督管理部门投诉。

(2)旅游经营者提供的旅游服务明显"缩水"。例如,旅游者与旅游经营者根据合同约定住三星级以上宾馆,但实际履行时只住普通宾馆等降低承诺的服务标准。

(3)旅游经营者造成旅游者行李物品损失。例如,旅行社安排的旅馆没有安全保障,致使旅游者财物被盗;旅游者赴景点游览,旅行社未尽保管责任,致使旅游者物品损坏、丢失、被盗等。《中华人民共和国侵权责任法》(2009年)第三十七条规定:"宾馆、商场、银行、车站、娱乐场所等公共场所的管理人或者群众性活动的组织者,未尽到安全保障义务,造成他人损害的,应当承担侵权责任。因第三人的行为造成他人损害的,由第三人承担侵权责任;管理人或者组织者未尽到安全保障义务的,承担相应的补充责任。"

(4)旅游经营者故意或过失造成旅游者人身伤亡。在旅游活动中如果造成人身损害、伤亡,除按旅游安全事故的处理程序处理外,在赔偿方面,针对我国现行的死亡赔偿金计算方法中存在的缺陷,即因户口不同、户籍不同、国别不同而赔偿标准不同的"同命不同价"现象,《中华人民共和国侵权责任法》(2009年)第十七条规定:"因同一侵权行为造成多人死亡的,可以以相同数额确定死亡赔偿金",即"同命同价"赔偿原则。在旅游安全事故中,因旅游者的身份不同,获取的死亡赔偿金也不同,这种"同命不同价"容易造成原告之间互相攀比,引起当事人不满,产生许多矛盾,进而造成负面的社会影响。而且,司法在处理案件中,还要逐一核对身份,调查当地的人均收入标准,浪费司法资源。因此,《中华人民共和国侵权责任法》(2009 年)关于死亡赔偿的"同命同价"规定,对于处理同一事故多人死亡案件提供了法律保障。

(5) 旅游经营者欺诈旅游者,损害旅游者利益。例如,旅游经营者不标价、虚高标价、利用虚假的标价形式进行价格欺诈的现象或向旅游者推荐、兜售假冒伪劣商品,巧立名目、中途擅自增加旅游者费用等。

(6) 旅游经营单位职工私自收受回扣或索要小费。例如,一些导游人员从导游变身为"导购",哄骗旅游者到商店购物,从中索取回扣,或直接向旅游者索要小费等。

(7) 由于产品质量或产品责任造成旅游者人身伤害。旅游经营者在向旅游者提供产品或服务中,因产品存在缺陷或酒店、景点的设备设施不完善等造成旅游者损害的事故常有发生[①]。

三、旅游投诉及其特征

(一) 旅游投诉的概念

旅游投诉指旅游者认为旅游经营者损害其合法权益,请求旅游行政管理部门、旅游质量监督管理机构或者旅游执法机构对双方发生的民事争议进行处理的行为。通过旅游投诉程序,旅游行政管理机关能及时解决旅游纠纷,维护旅游者的合法权益。《旅游投诉暂行规定》(1991 年)是我国第一部规定旅游投诉和投诉程序的具有行政法规性质的部门规章,而后《旅游投诉处理办法》(2010 年)于 2010 年经审议通过并施行。旅游投诉制度是我国旅游活动中相对完善的一项法律制度,是处理旅游纠纷五种方式(协商、调解、投诉、仲裁、诉讼)中最具有旅游特色的一种[②]。

(二) 旅游投诉的特征

1. 旅游投诉人与投诉案件有直接利害关系

旅游投诉人是与投诉案件有直接利害关系的旅游者。直接利害关系人指因被投诉者的行为直接导致其合法人身、财产权益或者经营信誉受到损害而得以依法行使相应请求权的人,而与旅游投诉案件无直接利害关系的人员进行投诉将不会被受理。

2. 旅游投诉人的合法权益受到侵害

如果被投诉人没有给投诉人造成任何损害(如财产损害、人身权利损害等),那么这种投诉是不成立的;如果被投诉人损害的不是投诉人的合法利益,而是非法利益,那么这种投诉也不受保护。当被投诉人的损害行为具有违法、违纪、违反服务规则的性质时,该投诉才会被受理,才能称之为旅游投诉。属于被投诉者履行正当职务的行为,则应受到保护,不在投诉之列。

3. 被投诉人主观上有过错

过错有故意和过失之分。故意指行为人主观上明知危害结果的发生,故意追求此危害结果或听之任之;过失指行为人应当知道危害结果,因疏忽大意或过于自信而使其发

① 辛树雄.旅游法教程[M].北京:清华大学出版社,2014:251-253.
② 袁正新,等.旅游政策与法规[M].北京:北京大学出版社,2008:253.

生。无论是故意或是过失造成损害后果,被损害者都可以提起投诉。在旅游活动中,旅游者的合法权益受到损害,往往是由多种原因造成的。有些损害是由于旅游经营者或旅游辅助服务者的过错造成的,也有些损害是由旅游者自身的过错造成的,还有损害是由不可抗力造成的。其中,只有被投诉人主观上有过错,投诉人才能提出投诉。

4. 投诉所涉及的纠纷应当发生在旅游活动中,双方的争议属于民事争议

旅游投诉处理机构在处理旅游投诉中,发现被投诉人或者其从业人员有违法或犯罪行为的,应当按照法律、法规和规章的规定,作出行政处罚、向有关行政管理部门提出行政处罚建议或者移送司法机关。

5. 投诉的受理机关是旅游行政管理部门

《旅游法》(2018 年修正)第九十一条规定:"县级以上人民政府应当指定或者设立统一的旅游投诉受理机构。"在实践中,旅游投诉受理机构一般为旅游行政管理部门、旅游质量管理监督机构或旅游执法机构。《旅行社条例实施细则》(2009 年)第五十条规定,县级以上旅游行政管理部门,可以在其法定权限内,委托符合法定条件的同级旅游质监执法机构实施监督检查。据此,受理旅游投诉的机构,既可以是旅游行政管理部门,也可以是旅游质量监督管理机构或者旅游执法机构。

6. 旅游投诉受理机关是旅游投诉处理机构,其处理投诉的行为,是旅游行政管理部门的行政调解行为

旅游投诉处理机构处理投诉后,应当积极安排当事人双方进行调解,提出调解方案,促成双方达成调解协议。调解不成的,或者调解书生效后没有执行的,投诉人可以按照国家法律、法规的规定,向仲裁机构申请仲裁或者向人民法院提起诉讼。

第二节　旅游纠纷的处理机构与程序

一、处理机构及职责

(一) 旅游投诉处理机构的设置

依据《旅游投诉管理办法》(2010 年),我国的旅游投诉处理机构分为国家旅游投诉处理机构和地方旅游投诉处理机构。《旅游投诉处理办法》(2010 年)第三条规定:"旅游投诉处理机构应当在其职责范围内处理旅游投诉。地方各级旅游行政主管部门应当在本级人民政府的领导下,建立、健全相关行政管理部门共同处理旅游投诉的工作机制。"这明确了我国旅游投诉处理机构是旅游行政管理部门的一个内部工作机构,代表旅游行政管理机关处理旅游投诉案件,不具有独立行政机关法人地位,不能以自己的名义作出任何行政行为,所作出的投诉处理决定的后果应当由设立它的旅游行政管理部门承担。

(二) 旅游投诉处理机构的职责

1. 国家旅游投诉管理机关的职责

国家旅游投诉管理机关的具体职责包括:制定全国旅游投诉管理的规章制度并组织

实施;指导、监督、检查地方旅游行政管理部门的旅游投诉管理工作;对收到的投诉,可以直接组织调查并作出处理,也可以转送有关部门处理;受理对省、自治区、直辖市旅游行政管理部门作出的投诉处理决定不服的复议申请;表彰或者通报地方旅游投诉处理工作,组织交流投诉管理工作的经验与信息;管理旅游投诉的其他事项。

2. 地方旅游投诉管理机关的职责

地方旅游投诉管理机关的具体职责包括:贯彻执行国家旅游投诉规章制度;受理本辖区内的旅游投诉;受理对下一级旅游投诉管理机关作出的投诉处理不服的复议申请;协助上一级旅游投诉管理机关调查涉及本辖区内的旅游投诉;向上级旅游投诉管理机关报告本辖区内重大旅游投诉的调查处理情况;建立健全本辖区内旅游投诉管理工作的表彰或通报制度;管理本辖区内旅游投诉的其他事项。

二、旅游(纠纷)投诉管辖

(一) 旅游投诉管辖的概念

旅游投诉管辖指各级旅游投诉处理机构之间和同级旅游投诉处理机构之间受理旅游投诉案件的分工和权限。

(二) 旅游投诉管辖权的意义

(1) 明确各旅游投诉处理机构的责任,防止因管辖不明而互相推诿或争夺管辖权的情况发生,有利于旅游投诉处理机构迅速及时发现并制裁违法行为。

(2) 有利于投诉人找准投诉机关,进行及时有效的投诉。

(3) 有利于合理配置各旅游投诉处理机构的资源,充分发挥各旅游投诉处理机构的作用。

(三) 旅游投诉管辖的原则

(1) 效率原则。效率是行政管理的最高价值,因此,旅游投诉管理的确定,应当便于旅游行政管理部门迅速、及时发现并制裁违法行为,既要使投诉方便、及时,也要使日常的旅游行政管理的有关情况能及时反馈。

(2) 兼顾旅游行政管理部门的分工与案件性质的原则。我国旅游行政管理部门按层级组成,不同级别的机关职责不同,层次越高,其职能中的决策、综合、协调、指导和监督的内容就越多;反之,其职能中的执行内容就越多,处理具体案件和其他事务的任务就越重。据此,地方各级旅游投诉处理机构要处理较多的旅游纠纷,国家旅游投诉处理机构也要处理一些重要的、影响大的、性质恶劣的案件。

(3) 原则性与灵活性相结合的原则。确定旅游投诉处理机构,既要明确实施主体,也要给旅游投诉处理机构在管理上一定的灵活性,使管辖能适应各种情况的变化。

(四) 旅游投诉管辖制度

1. 级别管辖

级别管辖指划分上、下级旅游投诉管理机关之间对处理投诉案件的分工和权限。根据《旅游投诉处理办法》(2010 年)和《全国旅游质量监督所机构组织与管理暂行办法》

(1995 年)规定,国家旅游投诉管理机关管辖在全国范围内有重大影响或地方旅游投诉管理机关受理有困难的各类重大投诉案件、旅游质量投诉案件,重大的跨省、自治区、直辖市的旅游投诉,受理对省、自治区、直辖市的旅游行政管理部门作出的投诉处理决定不服的复议申请。

县级(含县级)以上的地方旅游投诉管理机关受理本辖区内的旅游投诉案件,受理对下一级旅游行政管理机关作出的投诉处理决定不服的复议申请,协助上一级旅游投诉管理机关调查涉及本辖区的重大旅游投诉。

2. 地域管辖

地域管辖指不同地区的旅游投诉处理机构对旅游投诉案件处理权限的划分,是由旅游活动的地区流动性和损害行为与损害结果发生的非同步性决定的。地域管辖的确立有利于快速、便利、准确地处理旅游投诉案件。《旅游投诉处理办法》(2010 年)第五条规定:"旅游投诉由旅游合同签订地或者被投诉人所在地县级以上地方旅游投诉处理机构管辖。需要立即制止、纠正被投诉人的损害行为的,应当由损害行为发生地旅游投诉处理机构管辖",从而确定了旅游投诉案件地区管辖的三个标准。

(1) 被投诉者所在地。被投诉者所在地就是被投诉者的住所地或主要活动场所。《中华人民共和国民法通则》(2009 年修正)规定:"公民以他的户籍所在地的居住地为住所,经常居住地与住所不一致的,经常居住地视为住所。"

(2) 损害行为发生地。损害行为发生地指被投诉者实施损害投诉者的人身、财产或其他合法权益行为的地方。赋予损害行为发生地的旅游投诉处理机构管辖权,有利于及时调查取证,作出正确处理。

(3) 旅游合同签订地。旅游合同签订地就是被投诉者与投诉者签订旅游合同的地方。旅游活动中,一些旅行社为了招揽旅游者及旅游者经验不足等原因造成合同履行过程中发生了许多纠纷,因此将旅游合同签订地的旅游投诉处理机构赋予管辖权,为旅游者及时提出投诉,方便源头处理提供了便利。

上述三个投诉管理标准无主次、先后之分,投诉者可根据自身情况,灵活自主地作出选择,无论投诉者选择的是被投诉人所在地、损害行为发生地,还是旅游合同签订地,该地区的旅游投诉处理机构都有权管辖。为避免在跨地区的旅游投诉中,各旅游投诉受理机关相互推诿或争夺管辖权,《旅游投诉处理办法》(2010 年)第七条明确规定:"发生管辖争议的,旅游投诉处理机构可以协商确定,或者报请共同的上级旅游投诉处理机构指定管辖。"

3. 其他管辖制度

(1) 共同管辖与选择管辖。在处理跨行政区的旅游投诉时,被投诉人所在地、损害行为发生地和损害结果地的投诉管理机关对某一投诉案件均有管辖权,因而产生了共同管辖和选择管辖问题。同一投诉,两个以上投诉管理机关均有管辖权的,称为共同管辖。同一投诉,两个以上投诉管理机关均有管辖权的,投诉人可以从有管辖权的管理机关中选择其中一个管理机关提出投诉,称为选择管辖。

(2) 指定管辖。指定管辖指上级旅游投诉管理机关指定下一级旅游投诉管理机关对某一投诉案件进行审理,行使管辖权。上级旅游投诉管理机关指定下一级旅游投诉管理机关对某一投诉案件行使管辖权,是一种具有法律效力的行政行为,应当以书面的方式进行。

(3)移送管辖。移送管辖指旅游投诉管理机关受理投诉后,发现该投诉案件本投诉机关无权管辖的,依法将其送至有管辖权的旅游投诉管理机关审理。受移送的投诉机关,认为受移送的案件依照规定不属于其管辖的投诉案件,应报请上级旅游投诉管理机关指定管辖,不得再移送。

三、旅游投诉的受理

(一)旅游投诉受理的概念

旅游投诉受理,即旅游投诉被受理,指有管辖权的旅游投诉管理机关,接到旅游投诉者的投诉状或者口头投诉后,经审查认定符合受理条件,予以立案的行政行为。简言之,旅游投诉受理指旅游投诉管理机关接受、审理投诉案件。

(二)旅游投诉受理的条件

(1)旅游投诉者与案件有直接利害关系。旅游投诉者必须是与案件相关的人员,直接利害关系则表明投诉人必须是案件的当事人,或案件处理结果对其有直接影响并承担由此产生的后果的当事人。若对与案件无直接利害关系的人员进行投诉,旅游行政管理机关对此投诉将不予受理。

(2)有明确的被投诉者。明确的被投诉者指损害投诉人合法权益或者与其发生民事争议的当事人应当由投诉人向旅游投诉受理机构明确无误地提出。旅游投诉必须有明确的投诉对象,其投诉行为是一种维护权益的行为。这种维权行为主要表现为恢复投诉者的权益或者补偿投诉者的权益。从一定意义上说,加害人和受害人之间建立了一种"债"的关系,在"债"的关系中债权人的权益得以实现必须依靠债务人的积极行为。因此,必须要有明确的被投诉者,投诉者的权益才能得以实现。若投诉人不能提出被投诉人,则投诉程序不能继续进行。

(3)有具体的投诉请求、事实和投诉理由。投诉请求是投诉受理机关处理投诉案件的重要条件,能在一定程度上反映出投诉者受损害的内容范围和程度。因此,投诉者提出的投诉请求必须具体、客观,不得模糊不清,缺乏具体的投诉请求会使得旅游投诉受理机关难以作出正确的处理。具体的投诉请求包括:投诉者的哪些合法权益受到损害,被投诉者因此应当向其履行什么义务和承担哪些责任等;事实和理由是投诉者提出投诉请求的事情的实际情况和有关规定。

(三)旅游投诉受理的范围

1. 旅游投诉予以受理的情形

根据《旅游投诉处理办法》(2010年)第八条规定,投诉人可以就下列事项向旅游投诉处理机构投诉:

(1)认为旅游经营者违反合同约定的。

(2)因旅游经营者的责任致使投诉人人身、财产受到损害的。

（3）因不可抗力、意外事故致使旅游合同不能履行或者不能完全履行，投诉人与被投诉人发生争议的。

（4）其他损害旅游者合法权益的。

2. 旅游投诉不予受理的情形

根据《旅游投诉处理办法》（2010 年）第九条规定，下列情形不予受理：

（1）人民法院、仲裁机构、其他行政管理部门或者社会调解机构已经受理或者处理的。

（2）旅游投诉处理机构已经作出处理，且没有新情况、新理由的。

（3）不属于旅游投诉处理机构职责范围或者管辖范围的。

（4）超过旅游合同结束之日 90 天的。

（5）不符合本办法第十条规定的旅游投诉条件的。

（6）本办法规定情形之外的其他经济纠纷。

属于前款第（3）项规定的情形的，旅游投诉处理机构应当及时告知投诉人向有管辖权的旅游投诉处理机构或者有关行政管理部门投诉。

（四）旅游投诉受理的程序

旅游投诉的受理程序指旅游投诉管理机关接受投诉者的投诉，依法立案审查所依据的程序和顺序。旅游投诉的受理必须遵循一定的程序，如接受投诉、立案审查等，以保证旅游投诉处理程序的效率与公平。根据《旅游投诉处理办法》（2010 年），旅游投诉受理的程序包括以下几个方面：

1. 投诉者提出投诉请求

投诉者提出投诉请求是受理投诉者投诉的第一程序，指投诉者通过投诉状或口头投诉等方式向旅游投诉处理机构提出投诉的意思表示。旅游投诉一般应采取书面形式，一式两份，并载明下列事项：投诉人的姓名、性别、国籍、通信地址、邮政编码、联系电话及投诉日期；被投诉人的名称、所在地；投诉的要求、理由及相关的事实根据。

投诉事项比较简单的，投诉人可以口头投诉，由旅游投诉处理机构进行记录或者登记，并告知被投诉人；对于不符合受理条件的投诉，旅游投诉处理机构可以口头告知投诉人不予受理及其理由，并进行记录或者登记。

投诉人委托代理人进行投诉活动的，应当向旅游投诉处理机构提交授权委托书，并载明委托权限。

《旅游法》（2018 年修正）第九十四条规定："旅游者与旅游经营者发生纠纷，旅游者一方人数众多并有共同请求的，可以推选代表人参加协商、调解、仲裁、诉讼活动。"《旅游投诉处理办法》（2010 年）规定，共同投诉指投诉人在 4 人以上，以同一事由投诉同一被投诉人的。共同投诉可以由投诉人推选 1～3 名代表进行投诉。代表人参加旅游投诉处理机构投诉过程的行为，对全体投诉人发生效力，但代表人变更、放弃投诉请求或者进行和解，应当经全体投诉人同意。

2. 审查

审查是决定是否受理投诉的关键环节，指旅游投诉处理机构对投诉者提出的投诉状和口头投诉进行的审核与调查,主要审查投诉者的投诉是否符合投诉条件,对符合条件的要及时受理,不符合条件的则不予受理。审查要求旅游投诉处理机构及其工作人员要深入实际,调查研究,在查明全部事实的基础上作出是否受理的决定,不得马马虎虎,主观臆断,草率行事。如果被投诉者直接接到旅游投诉的,应当自行调查核实,与投诉者协商解决纠纷,不能协商解决的,应及时将投诉移送投诉处理机构,由投诉管理机关审查处理。

3. 决定是否受理

根据《旅游投诉处理办法》(2010 年)的规定,旅游投诉处理机构接到投诉,应当在 5 个工作日内作出以下处理:投诉符合本办法的,予以受理;投诉不符合本办法的,应当向投诉人送达《旅游投诉不予受理通知书》,告知不予受理的理由;依照有关法律、法规和本办法规定,本机构无管辖权的,应当以《旅游投诉转办通知书》或者《旅游投诉转办函》,将投诉材料转交有管辖权的旅游投诉处理机构或者其他有关行政管理部门,并书面告知投诉人。

第三节　旅游纠纷的解决途径

一、协商

(一) 协商的概念

协商常称协商和解,是解决旅游纠纷经常使用的有效的方法之一。发生争议的双方当事人在自愿互谅的基础上,按照有关法律的规定或者合同的约定,直接进行谈判、磋商,自行达成协议,从而解决争议的一种方法。

与其他三种解决途径相比,协商无须第三者介入,完全依靠当事人自行解决纠纷,具有手续简单、周期较短、省时省力等优点。如果最终达成和解,不会伤害争议各方的感情,有利于各方在解决当次争议后能够继续合作。在实践中,协商适用于涉及标的不大、案情比较简单的争议。由于协商的相对优越性,旅游者在和旅游经营者发生纠纷后,往往首先选择协商的方式来解决争议,在协商不成后再考虑其他方式。

(二) 协商的原则

(1) 自愿原则。协商的双方当事人任何一方均有拒绝或随时终止协商的权利。任何一方当事人不得强迫对方同自己协商。此外,双方也并非有义务一定要通过协商解决争议。

(2) 平等原则。在协商过程中应坚持各方地位平等。在充分磋商、平衡利益、意思表示一致的基础上达成协议。任何一方不得采用欺诈、胁迫等手段使对方勉强接受自己的片面要求。

(3) 合法原则。当事人协商的结果不得与法律、法规相违背,不得损害国家利益、社会利益和第三方的利益。否则,协商达成的协议就无效。

协商是以自愿为基础解决纠纷的方式,在解决旅游纠纷的问题上存在一定局限性。具体表现为:在争议各方利益分歧严重时,协商往往难以通过;协商的结果在相当程度上取决于协商各方讨价还价的力量和实际需要,力量较弱的一方的利益常常得不到应有的维护;双方达成协议后,如一方故意毁约,协商结果也不能申请强制执行。

二、调解

(一)调解的概念

旅游纠纷调解指旅游纠纷当事人在第三方主持和协调下,就旅游纠纷进行协商,从而解决旅游纠纷所进行的活动。调解的主持者可以是行政机关,可以是人民调解委员会、消费者协会、仲裁机构,也可以是双方当事人所信赖的公民个人。

调解与协商具有各方当事人均在自愿的基础上进行,且各方当事人就调解或协商同意达成协议等共同点,但调解是在第三方主持下进行的,这是其与协商最大的区别。

《旅游法》(2018年修正)第九十三条规定:"消费者协会、旅游投诉受理机构和有关调解组织在双方自愿的基础上,依法对旅游者与旅游经营者之间的纠纷进行调解。"

(二)调解的方式

(1)民间调解指由当事人双方临时选任的不具备专门调解职能的单位或个人进行的调解。

(2)仲裁调解指在仲裁庭主持下进行的调解。根据《中华人民共和国仲裁法》(2017年修正)的规定,仲裁庭在作出裁决前,可以先行调解。当事人自愿调解的,仲裁庭应当调解。调解不成的,应当及时作出裁决。

(3)法院调解,又称诉讼中调解,指在民事诉讼中双方当事人在法院审判人员的主持和协调下进行的调解。法院调解在诉讼的各阶段、各审级中均可进行。调解可由当事人提出申请也可依职权主动提出建议,在征得当事人同意后开始调解。调解未达成协议或当事人一方拒绝签收调解书的,调解书不发生法律效力,人民法院应当及时判决。

(三)调解的效力

经调解达成的调解协议是当事人意思表示一致的结果,与一般的协议具有同等效力,当事人应当履行。当事人如果反悔,可以向法院起诉,法院应按照有关规定认定调解协议的性质和效力。凡调解协议的内容是双方当事人自愿达成的,且不违反国家法律、行政法规的强制性规定,不损害国家、集体、第三人及社会公共利益,不具有无效、可撤销或者变更法定事由的,应当确认调解协议的法律效力。

如果调解是在诉讼当中由法院审判人员主持下进行的,当事人签收的调解书与生效判决具有同等的法律效力,当事人不得以同一事实和理由再行起诉,对调解书也不得上诉。如果调解是在仲裁庭主持下进行的,仲裁调解书与裁决书具有同等的法律效力。当事人应当履行调解书规定的义务,一方当事人不履行的,另一方当事人可以向人民法院申请执行。

三、仲裁

(一)仲裁的概念

旅游纠纷仲裁指旅游纠纷当事人在自愿的基础上达成协议,将纠纷提交选定的仲裁委员会,由仲裁委员会作出对纠纷双方都有约束力的裁决的一种解决纠纷的制度或者方式。根据《中华人民共和国仲裁法》(2017年修正)规定,平等主体的公民、法人和其他组织之间发生的合同纠纷和其他财产权益纠纷可以仲裁,但婚姻、收养、监护、扶养、继承等纠纷不可仲裁,依法应当由行政机关处理的行政争议。

(二)仲裁的特点

仲裁作为一种民间性的裁判制度,是一种替代诉讼的重要的解决纠纷的方式。旅游纠纷仲裁与其他旅游纠纷解决方式相比,主要有以下特点:

(1)自愿性。仲裁以当事人的自愿为前提,即一项纠纷是否提交仲裁,交予谁仲裁,仲裁庭如何组成,由谁组成,仲裁的审理方式、开庭形式等都是在当事人自愿的基础上由双方协商确定的。

(2)专业性。旅游纠纷往往涉及法律、经济,以及旅游专业知识,而仲裁委员会一般都备有分专业的、由专家组成的仲裁员名册供当事人选择,能充分满足旅游仲裁的专业性需求。

(3)灵活性。仲裁中的诸多具体程序都可由当事人选择,因此,仲裁程序更加灵活更具弹性。

(4)保密性。仲裁以不公开进行为原则,有关的仲裁法律和仲裁规则也同时规定了仲裁员的保密义务,可以满足希望保密的当事人的要求。

(5)快捷性。仲裁实行一裁终局制,裁决一经作出即发生法律效力。而且,仲裁庭仲裁纠纷时,其中一部分事实已经清楚,可以就该部分先行裁决。这使得旅游纠纷能迅速得到解决。

(三)仲裁协议

当事人采用仲裁方式解决纠纷,应当双方自愿,达成仲裁协议。没有仲裁协议,一方申请仲裁的,仲裁委员会将不予受理。旅游仲裁协议必须以仲裁条款、仲裁协议书或其他书面文件形式订立。其中,仲裁条款指当事人在签订合同时就订立的,将可能的纠纷提交仲裁的条款;仲裁协议书指当事人在纠纷发生前或发生后订立的,同意将纠纷提交仲裁的一种独立的协议;其他书面文件表现的仲裁协议包括当事人之间往来的信函、电报、传真、电子邮件等材料包含了同意将纠纷提交仲裁的内容,也可构成仲裁协议。

四、诉讼

(一)诉讼的概念

旅游纠纷诉讼指法院在当事人和其他诉讼参与人的参加下,以审理、判决、执行等方式解决旅游纠纷的活动及由这些活动产生的各种诉讼关系的总和。

(二)诉讼的特征

我国并没有专门的规范旅游纠纷诉讼的法律,但旅游纠纷属于民事纠纷,可参照《中华人民共和国民事诉讼法》(2017年修正)的相关规定进行处理,且具有公权性、强制性和程序性等民事诉讼的一般特征。

（1）公权性。民事诉讼是以司法途径解决平等主体之间纠纷的方式,法院代表国家行使审判权来解决民事争议。

（2）强制性。调解、仲裁均建立在当事人自愿的基础上,只要一方不愿意,调解、仲裁将无从进行。而在民事诉讼中,只要原告起诉符合《中华人民共和国民事诉讼法》（2017年修正）规定的条件,无论被告是否愿意,诉讼均将发生。而且,法院的裁判有直接的强制执行力,当事人若不履行生效裁判确定的义务,法院可依法强制执行。

（3）程序性。民事诉讼有严格的程序,无论是法院、当事人,还是其他诉讼参与人,都应按照《中华人民共和国民事诉讼法》（2017年修正）规定的程序实施诉讼行为。

（三）诉讼的类别

诉讼可分为民事诉讼、行政诉讼和刑事诉讼。本节主要讨论旅游纠纷的解决,因此着重介绍的是民事诉讼和行政诉讼,不涉及刑事诉讼。

1. 民事诉讼

民事诉讼指人民法院行使国家审判权审理民事案件,当事人及其他诉讼参与人为解决民事纠纷、保护合法权益而进行的全部活动,以及由此产生的各种关系。旅游者和旅游经营者是具有平等地位的民事主体,发生在双方当事人之间的纠纷属于民事纠纷,在纠纷发生后,旅游者向人民法院提出民事诉讼,要求旅游经营者承担民事责任。

民事诉讼具有以下法律特征:① 诉讼标的的特定性;② 双方当事人在诉讼上对抗的特殊性;③ 当事人处分权利的自由性;④ 解决纠纷的强制性与最终性。

根据《中华人民共和国民事诉讼法》（2017年修正）规定,旅游者提起民事诉讼应具备以下法定条件:原告必须是与本案有直接利害关系的旅游者;起诉必须有明确的被告;起诉必须有具体的诉讼请求、事实和理由;起诉的案件必须属于人民法院受理的民事诉讼的范围和受诉人民法院管辖。

2. 行政诉讼

行政诉讼指当公民、法人和其他组织认为行政机关的具体行政行为侵犯了其合法权益,依法向人民法院提起诉讼,由人民法院对案件进行裁决的诉讼行为。行政诉讼与民事诉讼的最大差别在于,行政诉讼所处理的诉讼标的是具体行政行为是否合法性,因此当事人双方不得进行随意处分。

在旅游纠纷发生之后,旅游者和旅游经营者首先向行政机关请求处理,若认为行政机关的处理方式不正确,或应处理而未处理,旅游者或旅游经营者可以向人民法院提起诉讼。此时,当事人针对的是行政机关的具体行政行为,因此所提起的诉讼就是行政诉讼。

（四）诉讼的管辖

管辖指各级法院之间和同级法院之间受理第一审案件的分工和权限。我国的法院分为基层人民法院、中级人民法院、高级人民法院和最高人民法院四级。《中华人民共和国民事诉讼法》（2017年修正）对案件的管辖有许多具体规定,就旅游纠纷诉讼而言,要掌握以下几点:

（1）每一级法院都可受理第一审旅游纠纷案件。一般的旅游纠纷案件由基层人民法院管辖,性质重大、案情复杂、影响范围大、涉及金额多的旅游纠纷案件由级别较高的法院管辖。

（2）旅游纠纷诉讼的管辖法院一般实行"原告就被告"的原则,即以被告所在地确定管辖的法院。如果被告是公民,被告所在地即为被告住所地(户籍所在地),被告住所地与经常居住地(公民离开住所连续居住满一年的地方)不一致的,被告所在地为被告经常居住地。如果被告是法人或其他组织,被告所在地为法人或其他组织的主要办事机构所在地或主要营业地,没有办事机构的,被告所在地为其注册地。

（3）特殊的旅游纠纷案件管辖方面,因旅游合同纠纷提起的诉讼,可由被告住所地或者合同履行地人民法院管辖;因铁路、公路、水上、航空运输和联合运输合同纠纷提起的旅游诉讼,可由运输始发地、目的地或者被告住所地人民法院管辖;因侵权行为提起的旅游纠纷诉讼,可由侵权行为地或者被告住所地人民法院管辖;因铁路、公路、水上和航空事故请求损害赔偿提起的旅游诉讼,可由事故发生地或者车辆、船舶最先到达地、航空器最先降落地或者被告住所地人民法院管辖。

（4）两个以上人民法院都有管辖权的旅游纠纷诉讼,原告可以向其中一个人民法院起诉;原告向两个以上有管辖权的人民法院起诉的,由最先立案的人民法院管辖。

课堂讨论

根据文化和旅游部此前公布的数据,2021 年,春节假期全国国内旅游出游合计 2.56 亿人次,同比增长 15.7%,恢复至新冠肺炎疫情前同期的 75.3%;清明节假期全国国内旅游出游 1.02 亿人次,同比增长 144.6%,恢复至疫前同期的 94.5%;"五一"假期全国国内旅游出游共 2.3 亿人次,同比增长 119.7%;端午节假期全国国内旅游出游 8 913.6 万人次,同比增长 94.1%,恢复至疫前同期的 98.7%。

在旅游市场快速复苏的同时,在线旅游纠纷也明显增多。据大数据研究院监测数据,1 月 1 日至 6 月 30 日,共监测到有关在线旅游消费舆情信息 293 万余条。其中,正面舆情信息 14 万余条,占比 4.81%;中性舆情信息近 200 万条,占比 67.73%;负面舆情信息超 80 万条,占比 27.45%。虽然在线旅游消费舆情以中性信息为主,但负面舆情信息相对较多,达到正面舆情信息数量的近 6 倍。

梳理在线旅游负面舆情信息发现,因行程变更(包含消费者主动变更及因客观原因造成的被动变更)引发的退订、退款问题在 2021 年上半年旅游出行类投诉中占比 48.8%;其次是由旅游出行产品/服务体验本身原因引发的投诉,占比 19.4%;因商家格式条款(消费者主张的投诉理由)引发的投诉占比 15.9%。

"在线旅游订单退改纠纷一直是消费者投诉的热点。"《2021 年上半年在线旅游消费维权舆情分析报告》说,受疫情影响,2021 年上半年在线旅游退改纠纷问题最为突出。机票、酒店、度假团等旅游产品均出现不少退改纠纷。

大数据研究院有关专家分析指出,在线旅游订单退改纠纷问题,暴露出平台、航空公司以及相关商家在遇到突发情况时,往往通过自身优势或有关霸王条款把突发风险甚至自身管理问题转嫁到消费者头上。有的消费者因行程改变提前很长时间退票,或者因身体不适等原因退改订单,被要求收取高额手续费;而航空公司临时取消航班或酒店单方面取消订单,却不愿赔偿消费者相关损失。

值得注意的是,有的在线旅游平台还在订单退改上设置"灰色陷阱"、大打"擦边球",甚至很多订单纠纷恰恰来自一些平台背后预设的圈套。"有的机票销售代理商一度靠退票手续费盈利,通过大数据计算出退票概率,选择退票概率高的航线以超低价格销售机票吸引消费者,同时设定高昂的退票手续费,类似趋利做法在行业内甚至已形成较为完整的产业链条。"《2021年上半年在线旅游消费维权舆情分析报告》披露了这一鲜为人知的业内惯用操作手法。

材料来源(节选):光明网.在线旅游订单退改纠纷缘何居高不下[EB/OL].(2021 - 07 - 27)[2023 - 08 - 23].https://travel.gmw.cn/2021-07/27/content_35028778.htm.

思考:在"互联网"时代,在线旅游订单退改等在线旅游问题或旅游纠纷频频,旅游消费者如何维权,如何建立良好的旅游市场环境?

 复习思考

(1)产生旅游纠纷的主要原因有哪些?

(2)旅游投诉有什么特征?

(3)旅游投诉需要遵守什么样的管辖制度?

(4)简述旅游纠纷的四种不同解决途径及其分别适用的场景。

(5)旅游经营者应如何在经营活动中避免纠纷?

附录一

国家历年出台的旅游相关
政策(部分)一览

1. 1958 年《关于开展国外自费来华者接待工作和加强国际旅行社工作的通知》;国务院

2. 1979 年《关于大力发展旅游事业若干问题的报告》;国务院

3. 1981 年《国务院关于加强旅游工作的决定》;国务院

4. 1984 年《关于开创旅游工作新局面几个问题的报告》;中央书记处、国务院

5. 1985 年《国务院批准国家旅游局关于当前旅游体制改革几个问题的报告的通知》;国务院

6. 1993 年《国务院办公厅转发国家旅游局关于积极发展国内旅游业意见的通知》;国务院办公厅

7. 1995 年《关于开展创建和评选中国优秀旅游城市活动的通知》;原国家旅游局

8. 2000 年《国务院办公厅转发国家旅游局等部门关于进一步做好假日旅游工作的若干意见》;国务院办公厅

9. 2001 年《国务院关于进一步加快旅游业发展的通知》;国务院

10. 2003 年《创建旅游强县工作指导意见》;原国家旅游局

11. 2004 年《2004—2010 年全国红色旅游发展规划纲要》;国家发展改革委

12. 2005 年《中国旅游业发展第十一个五年计划纲要》;原国家旅游局

13. 2006 年《中国公民出境旅游突发事件应急预案》;外交部、原国家旅游局

14. 2007 年《国家旅游局 农业部关于大力推进全国乡村旅游发展的通知》;原国家旅游局、农业农村部

15. 2007 年《国务院关于加快发展服务业的若干意见》;国务院

16. 2007 年《国家旅游局关于大力发展入境旅游的指导意见》;原国家旅游局

17. 2008 年《中共中央关于推进农村改革发展若干重大问题的决定》;中国共产党第十七届中央委员会第三次全体会议

18. 2008 年《关于进一步促进红色旅游健康持续发展的意见的通知》;国家发展改革委、中国共产党中央委员会宣传部、财政部、原国家旅游局、教育部、民政部、住房城乡建设部、交通运输部、原铁道部、原文化部、中国民用航空局、国家文物局、中央文献研究室、中

央党史研究室

19. 2009 年《全面旅游标准化发展规划(2009—2015)》;原国家旅游局

20. 2009 年《国务院关于加快发展旅游业的意见》;国务院

21. 2009 年《国务院关于推进海南国际旅游岛建设发展的若干意见》;国务院

22. 2010 年《国务院关于鼓励和引导民间投资健康发展的若干意见》;国务院

23. 2011 年《中国旅游业"十二五"发展规划纲要》;原国家旅游局

24. 2011 年《2011—2015 年全国红色旅游发展规划纲要》;中共中央办公厅、国务院办公厅

25. 2012 年《关于金融支持旅游业加快发展的若干意见》;中国人民银行、国家发展改革委、原国家旅游局、中国银行业监督管理委员会、中国证券监督管理委员会、中国银行保险监督管理委员会、国家外汇管理局

26. 2012 年《关于鼓励和引导民间资本投资旅游业的实施意见》;原国家旅游局

27. 2013 年《中共中央关于全面深化改革若干重大问题的决定》;中国共产党十八届三中全会

28. 2013 年《国务院办公厅关于印发国民旅游休闲纲要(2013—2020 年)》;国务院办公厅

29. 2014 年《国务院关于促进旅游业改革发展的若干意见》;国务院

30. 2015 年《国务院关于支持沿边重点地区开发开放若干政策措施的意见》;国务院

31. 2015 年《国务院关于促进旅游业改革发展的若干意见》;国务院

32. 2015 年《国务院办公厅关于进一步促进旅游投资和消费的若干意见》;国务院办公厅

33. 2015 年《加快发展现代旅游职业教育的指导意见》;原国家旅游局、教育部

34. 2015 年《国土资源部 住房和城乡建设部 国家旅游局关于支持旅游业发展用地政策意见》;原国土资源部、住房和城乡建设部、原国家旅游局

35. 2015 年《关于促进中医药健康旅游发展的指导意见》;国家中医药管理局、原国家旅游局

36. 2015 年《关于开展"国家全域旅游示范区"创建工作的通知》;原国家旅游局

37. 2016 年《国务院关于印发"十三五"旅游业发展规划的通知》;国务院

38. 2016 年《国家旅游局关于深化导游体制改革加强导游队伍建设的意见》;原国家旅游局

39. 2016 年《2016—2020 年全国红色旅游发展规划纲要》;中共中央办公厅、国务院办公厅

40. 2016 年《国家旅游局 国家中医药管理局关于开展"国家中医药健康旅游示范区(基地、项目)"创建工作的通知》;原国家旅游局、国家中医药管理局

41. 2016 年《国务院办公厅关于加强旅游市场综合监管的通知》;国务院办公厅

42. 2016 年《国务院办公厅关于加快发展健身休闲产业的指导意见》;国务院办公厅

43. 2016 年《国务院办公厅关于进一步扩大旅游文化体育健康养老教育培训等领域消费的意见》；国务院办公厅

44. 2016 年《国家旅游局 国家体育总局关于大力发展体育旅游的指导意见》；原国家旅游局、国家体育总局

45. 2017 年《全国旅游厕所建设管理新三年行动计划（2018—2020）》；文化和旅游部公共服务司

46. 2017 年《国家旅游局关于印发"国家全域旅游示范区"创建工作导则的通知》；原国家旅游局

47. 2017 年《全国红色旅游公路规划（2017—2020 年）》；交通运输部

48. 2017 年《全国红色旅游经典景区三期总体建设方案》；国家发展改革委

49. 2017 年《促进乡村旅游发展提质升级行动方案（2017 年）》；国家发展改革委、工业和信息化部、财政部、原国土资源部、原环境保护部、住房城乡建设部、交通运输部、农业农村部、中国人民银行、原国家林业局、原国家旅游局、原国务院扶贫办、中国银行保险监督管理委员会、国家文物局

50. 2017 年《关于促进健康旅游发展的指导意见》；国家卫生和计划生育委员会、国家发展改革、财政部、原国家旅游局、国家中医药管理局

51. 2017 年《关于促进交通运输与旅游融合发展的若干意见》；交通运输部、原国家旅游局、国家铁路局、中国民用航空局、中国铁路总公司、国家开发银行

52. 2018 年《国务院办公厅关于促进全域旅游发展的指导意见》；国务院办公厅

53. 2018 年《促进乡村旅游发展提质升级行动方案（2018—2020 年）》；国家发展改革委、财政部、人力资源社会保障部、自然资源部、生态环境部、住房城乡建设部、交通运输部、农业农村部、文化和旅游部、卫生健康委等

54. 2018 年《文化和旅游部等 17 部门关于印发"关于促进乡村旅游可持续发展"的指导意见》；文化和旅游部等 17 部门

55. 2018 年《国务院关于推动创新创业高质量发展打造"双创"升级版的意见》；国务院

56. 2018 年《文化和旅游部关于印发"旅游市场黑名单管理办法（试行）"的通知》；文化和旅游部

57. 2018 年《文化和旅游部 财政部关于在旅游领域推广政府和社会资本合作模式的指导意见》；文化和旅游部、财政部

58. 2018 年《中共中央办公厅 国务院办公厅印发"关于实施革命文物保护利用工程（2018—2022 年）的意见"》；中共中央办公厅、国务院办公厅

59. 2019 年《中共中央办公厅、国务院办公厅印发"长城、大运河、长征国家文化公园建设方案"》；中共中央办公厅、国务院办公厅

60. 2019 年《国务院办公厅关于进一步激发文化和旅游消费潜力的意见》；国务院办公厅

61. 2019 年《国务院办公厅关于加快推进社会信用体系建设构建以信用为基础的新型监管机制的指导意见》；国务院办公厅

62. 2019 年《文化和旅游部关于实施旅游服务质量提升计划的指导意见》；文化和旅游部

63. 2019 年《文化和旅游部关于印发"关于促进旅游演艺发展的指导意见"》；文化和旅游部

64. 2019 年《文化和旅游规划管理办法》；文化和旅游部

65. 2019 年《关于修订印发文化旅游提升工程实施方案中央预算内投资管理办法》；国家发展改革委、住房城乡建设部、文化和旅游部、国家广播电视总局、国家新闻出版署、国家林业和草原局、国家文物局

66. 2020 年《国家发展改革委办公厅关于开展社会服务领域双创带动就业示范工作的通知》；国家发展改革委办公厅

67. 2020 年《文化和旅游部市场管理司关于实施 2020 年"金牌导游"培养项目的通知》；文化和旅游部市场管理司

68. 2020 年《关于支持新型冠状病毒感染的肺炎疫情防控有关税收政策的公告》；财政部、税务总局

69. 2020 年《文化和旅游部关于推动数字文化产业高质量发展的意见》；文化和旅游部

70. 2020 年《文化和旅游部、国家发展改革委等十部门联合印发"关于深化'互联网＋旅游'推动旅游业高质量发展的意见"》；文化和旅游部、国家发展改革委等

71. 2020 年《文化和旅游部办公厅关于修订印发"国家全域旅游示范区验收、认定和管理实施办法（试行）"和"国家全域旅游示范区验收标准（试行）"的通知》；文化和旅游部办公厅

72. 2021 年《文化和旅游部关于印发"十四五"文化和旅游发展规划》；文化和旅游部

73. 2021 年《国务院关于新时代支持革命老区振兴发展的意见》；国务院

74. 2021 年《长城国家文化公园建设保护规划》《大运河国家文化公园建设保护规划》《长征国家文化公园建设保护规划》；国家文化公园建设工作领导小组

75. 2021 年《关于依托现有各类园区加强返乡入乡创业园建设的意见》；国家发展改革委、科技部、工业和信息化部、财政部、人力资源社会保障部、自然资源部、住房城乡建设部、商务部、文化和旅游部、中国人民银行、税务总局、国家市场监督管理总局、中国银行保险监督管理委员会、中国证券监督管理委员会

76. 2021 年《文化和旅游部关于印发"十四五"文化和旅游科技创新规划》；文化和旅游部

77. 2021 年《文化和旅游部关于印发国家旅游科技示范园区管理办法（暂行）的通知》；文化和旅游部

78. 2021 年《文化和旅游部关于加强旅游服务质量监管 提升旅游服务质量的指导意

见》；文化和旅游部

79. 2021年《关于推动农村客运高质量发展的指导意见》；交通运输部、公安部、财政部、自然资源部、农业农村部、文化和旅游部、国家乡村振兴局、国家邮政局、中华全国供销合作总社

80. 2022年《文化和旅游市场信用管理规定》；文化和旅游部

81. 2022年《文化和旅游部办公厅 教育部办公厅 国家文物局办公室关于利用文化和旅游资源、文物资源提升青少年精神素养的通知》；文化和旅游部办公厅、教育部办公厅、国家文物局办公室

82. 2022年《文化和旅游部办公厅关于抓好促进旅游业恢复发展纾困扶持政策贯彻落实工作的通知》；文化和旅游部办公厅

83. 2022年《文化和旅游部 教育部 自然资源部 农业农村部 国家乡村振兴局 国家开发银行关于推动文化产业赋能乡村振兴的意见》；文化和旅游部、教育部、自然资源部、农业农村部、国家乡村振兴局、国家开发银行

84. 2022年《国家发展改革委等部门印发"关于促进服务业领域困难行业恢复发展的若干政策"的通知》；国家发展改革委、财政部、人力资源社会保障部、住房城乡建设部、交通运输部、商务部、文化和旅游部、卫生健康委、中国人民银行、国务院国资委、税务总局、国家市场监督管理总局、中国银行保险监督管理委员会、中国民用航空局

85. 2022年《文化和旅游部办公厅关于加强行业监管进一步规范旅游市场秩序的通知》；文化和旅游部办公厅

附录二

国家历年出台的旅游法律
法规（部分）一览

实施时间	名　　称	颁布单位	发　布　号	修订状况
1951	外国侨民出入及居留暂行规则	公安部	/	已废止
1954	外国侨民居留登记及居留证签发暂行办法	公安部	/	已废止
1954	外国侨民旅行暂行办法	公安部	/	已废止
1954	外国侨民出境暂行办法	公安部	/	已废止
1964	外国人入境出境过境居留旅行管理条例	国务院	国务院令第637号	失效
1982	中华人民共和国文物保护法	全国人民代表大会常务委员	全国人大常务委员会令第11号	分别于 2002、2007、2013、2015、2017 年修订
1986	中华人民共和国民法通则	全国人民代表大会常务委员	第六届全国人大第四次代表会议	已废止
1986	中华人民共和国国境卫生检疫法	全国人民代表大会常务委员	第六届全国人大常委会第十八次会议	分别于 2007、2009、2018 年修订
1987	中华人民共和国价格管理条例	国务院	/	/
1987	旅馆业治安管理办法	公安部	公安部公发36号	分别于 2011、2020 年修订
1990	中华人民共和国铁路法	全国人民代表大会常务委员	第七届全国人大第十五次会议	分别于 2009、2015 年修订

实施时间	名　　称	颁布单位	发 布 号	修订状况
1993	中华人民共和国消费者权益保护法	全国人民代表大会常务委员	主席令第 11 号	分别于 2009、2013 年修订
1994	中华人民共和国自然保护区条例	国务院	国务院令第 167 号	分别于 2011、2017 年修订
1995	导游人员管理条例	国务院	国务院第 263 号令	于 2017 年修订
1996	边境旅游暂行管理办法	原国家旅游局	国函〔1996〕15 号	/
1996	中华人民共和国民用航空法	全国人民代表大会常务委员	主席令第 56 号	分别于 2009、2015、2016、2017、2018 年修订
1997	中华人民共和国公路法	全国人民代表大会常务委员	第八届全国人大常委会第二十六次会议	分别于 1999、2004、2009、2016、2017 年修订
1999	中华人民共和国合同法	全国人民代表大会	第九届全国人大第二次会议	已废止
2002	互联网上网服务营业场所管理条例	国务院办公室	国务院(2002)363 号	分别于 2011、2016、2019 年修订
2002	中国公民出国旅游管理办法	国务院	国务院令第 354 号	于 2017 年修订
2005	营业性演出管理条例	国务院	国务院令 439 号	分别于 2008、2013、2016、2020 年修订
2006	风景名胜区条例	国务院	国务院令第 474 号	于 2016 年修订
2007	中华人民共和国护照法	全国人民代表大会常务委员	主席令第 50 号	/
2009	旅行社条例	国务院	国务院令第 550 号	于 2020 年修订
2009	中华人民共和国食品安全法	全国人民代表大会常务委员	主席令第 9 号	分别于 2005、2021 年修订
2010	旅游投诉处理办法	原国家旅游局	旅游局令第 32 号	/
2011	旅行社责任保险管理办法	原国家旅游局	旅游局令第 35 号	/
2012	旅游景区质量等级管理办法	原国家旅游局	旅办发〔2012〕166 号	/

续　表

实施时间	名　称	颁布单位	发布号	修订状况
2013	中华人民共和国出境入境管理法	全国人民代表大会常务委员	主席令第 57 号	/
2013	中华人民共和国旅游法	全国人民代表大会常务委员会	主席令第 3 号	分别于 2016、2018 年修正
2013	娱乐场所管理办法	原文化部	文化部令第 55 号	/
2013	旅游行政处罚办法	原国家旅游局	旅游局令第 38 号	/
2013	中华人民共和国外国人入境出境管理法实施细则	公安部、外交部	国务院令第 637 号	分别于 1986、1994 年修订
2015	旅游不文明行为记录管理暂行办法	原国家旅游局	旅办发〔2015〕117 号	/
2016	旅游安全管理办法	原国家旅游局	旅游局令第 41 号	/
2017	中华人民共和国网络安全法	全国人民代表大会常务委员会	主席令第 53 号	/
2019	中华人民共和国电子商务法	全国人民代表大会常务委员会	主席令第 7 号	/
2020	在线旅游经营服务管理规定	文化和旅游部	文化和旅游部令第 4 号	/
2021	中华人民共和国民法典	全国人民代表大会	主席令第 45 号	/

主要参考文献

［1］唐晓云.中国旅游发展政策的历史演进(1949—2013)：一个量化研究的视角[J].旅游学刊,2014,29(08)：15－27.

［2］沈姗姗,苏勤.中国旅游政策研究综述[J].资源开发与市场,2008,24(8),2－4.

［3］魏小安,等.旅游政策与法规[M].北京：北京师范大学出版社,2009.

［4］石培华,张毓利,徐楠,等.全域旅游示范区创建的经济发展效应评估研究：基于中国重点旅游城市的实证检验[J].贵州社会科学,2020,(05)：117－124.

［5］刘海洋,明镜.红色旅游：概念、发展历程及开发模式[J].湖南商学院学报,2010,17(01)：66－71.

［6］姚旻,赵爱梅,宁志中.中国乡村旅游政策：基本特征、热点演变与"十四五"展望[J].中国农村经济,2021(05)：2－17.

［7］马静,舒伯阳.中国乡村旅游30年：政策取向、反思及优化[J].现代经济探讨,2020(04)：116－122.

［8］傅雨飞.公共政策量化分析：研究范式转换的动因和价值[J].中国行政管理,2015(08)：116－120.

［9］舒伯阳,马静.中国乡村旅游政策体系的演进历程及趋势研究：基于30年数据的实证分析[J].农业经济问题,2019(11)：94－107.

［10］文枚,张连刚,陈天庆.乡村旅游发展顶层设计：政策演变与展望：基于2004—2020年"中央一号文件"的政策回顾[J].中南林业科技大学学报(社会科学版),2021,15(06)：101－107.

［11］王天琦,侯胜田,李享,等.基于IPA分析的国家中医药健康旅游示范区创建工作研究[J].中国医院,2022,26(01)：32－34.

［12］刘思鸿,张华敏,吕诚,等.中医药健康旅游的概念界定及类型探析[J].中医药导报,2019,25(19)：9－12.

[13] 江惺俊,孙健炜.中医药文化旅游发展策略[J].市场研究,2018,(01):25-26.

[14] 谢瀚鹏.体育旅游可持续发展与政策规制[J].特区实践与理论,2017,(01):65-68.

[15] 周姝辰.近十年我国体育旅游公共政策分析[J].旅游纵览(下半月),2017,(24):36-37.

[16] 钟玉姣,许焰妮.体育与旅游融合发展的产业政策特征分析[J].成都体育学院学报,2021,47(01):106-111.

[17] 高嘉蔚,刘杰,吴睿,等.我国交通与旅游融合发展政策研究与机制建议[J].公路交通科技(应用技术版),2019,15(05):313-316.

[18] 仓平,王维工.假日经济的成因、存在问题及对策[J].东华大学学报(社会科学版),2002,(02):13-16.

[19] 张广瑞,魏小安,刘德谦.旅游绿皮书:2001—2003年中国旅游发展:分析与预测.

[20] 张俐俐,蔡利平.旅游公共管理[M].北京:中国人民大学出版社,2009.

[21] 戴斌,等.中国出境旅游发展的阶段特征与政策选择[J].旅游学刊,2013,28(01):39-45.

[22] 包富华.中美两国出境旅游市场演化比较研究:基于内外双重视角的分析[J].旅游学刊,2022,37(07):133-147.

[23] 中华人民共和国国家旅游局.中国旅游统计年鉴[Z].北京:中国旅游出版社,2011.

[24] 中国旅游研究院.2012中国出境旅游发展年度报告[M].北京:中国旅游教育出版社,2012.

[25] 杨军.中国出境旅游"双高"格局与政策取向辨析:兼与戴学锋、巫宁同志商榷[J].旅游学刊,2006(06):65-68.

[26] 刘倩倩,刘祥艳,周功梅.中国出境旅游研究:一个文献综述[J].旅游论坛,2021,14(03):95-112.

[27] 李锋,唐晨.中国旅游产业政策研究:进展、争议与展望[J].北京第二外国语学院学报,2015,37(03):22-32.

[28] 姚延波,刘亦雪.旅游市场秩序概念模型与运行机理:基于扎根理论的探索性研究[J].旅游学刊,2019,34(5):62-75.

[29] Churchill Jr G A, Suprenant C. An Investigation into the Determination of Customer Satisfaction[J]. Journal of Marketing Research, 1982(17):491-504.

[30] 袁正新,等.旅游政策与法规[M].北京:北京大学出版社,2008.

[31] 李文汇,朱华.旅游政策与法律法规[M].北京:北京大学出版社,2014.

[32] 傅林放.旅游法读本[M].北京:清华大学出版社,2014.

[33] 童之伟.法律关系的内容重估和概念重整[J].中国法学,1999(06):24-32.

[34] 李兴荣,李其原.旅游法规[M].成都:西南财经大学出版社,2014.

[35] 周旺生.法、法律、法规诸概念使用和表现形式的改革[J].法学杂志,1993(05):6-8.

[36] 杨朝晖.旅游法规教程[M].2版.大连:东北财经大学出版社,2014.

［37］王莉霞.旅游法规：理论与实务［M］.3 版.大连：东北财经大学出版社,2014.

［38］赵利民.旅游法规教程［M］.4 版.北京：科学出版社,2015.

［39］李海峰,师晓华,陈文娟,等.旅游政策与法规［M］.北京：清华大学出版社,2015.

［40］黄兰萍.青年旅游者文明旅游行为形成机理［D］.湖南师范大学,2019.

［41］杨懿,常飞.旅游者不文明行为：内涵、机制与矫治［J］.资源开发与市场,2015,31(10)：1250－1253.

［42］韩玉灵.旅游法教程［M］.5 版.北京：高等教育出版社,2022.

［43］杨叶昆.旅游政策与法规(最新版)［M］.昆明：云南大学出版社,2007.

［44］辛树雄.旅游法教程［M］.北京：清华大学出版社,2014.

［45］孙东亮,余兵.旅游政策与法规［M］.武汉：武汉大学出版社,2014.

［46］王天星.旅游法立法研究［M］.北京：中国旅游出版社,2013.

［47］《〈中华人民共和国旅游法〉解读》编写组.《中华人民共和国旅游法》解读［M］.北京：中国旅游出版社,2013.

［48］卢世菊.旅游法教程［M］.5 版.武汉：武汉大学出版社,2014.

［49］杨富斌,杨洪浦.中国旅游法判例精解［M］.北京：旅游教育出版社,2018.

［50］傅远柏.旅游政策与法规：理论与实务［M］.北京：清华大学出版社,2015.

［51］王世瑛.旅游政策与法规［M］.2 版.北京：旅游教育出版社,2014.